BÈTES ET GENS.

CONTES ET ÉTUDES.

Corbeil — Typ. de Crété.

CONTES ET ÉTUDES

BÊTES ET GENS

PAR

P. J. STAHL (J. HETZEL)

PRÉCÉDÉS

D'UNE PRÉFACE PAR M. LOUIS RATISBONNE

Les amours du petit Job et de Belle Blandine. — Vie et opinions philosophiques d'un Pingouin. — A quoi tient le cœur d'un Lézard. — Le septième ciel, voyage au delà des nuages — Les aventures d'un Papillon racontées par sa gouvernante. — Oraison funèbre d'un Ver à soie, — L'espérance, — La Vie et la Mort — Histoire lamentable d'une Chouette et d'un Hibou. — Une scène de l'autre monde, — Reponse d'un voyageur fatigué des voyages, — Les étoiles, — Du monde à Paris et des gens du monde Les passants à Paris, — Ce que c'est que l'aumône, — La vie de jeune homme Après un bal de l'Opéra, — Théorie de l'amour et de la jalousie, Aventures de Tom Pouce, etc.

PARIS
VICTOR LECOU, LIBRAIRE-ÉDITEUR,
Rue du Bouloi, 10.

1854

PRÉFACE.

Bêtes et Gens! je ne craindrai pas, pour commencer, de complimenter l'auteur sur le titre qu'il a choisi. Un titre, ce n'est pas une chose indifférente et c'est une chose difficile. Il ne suffit pas qu'il soit simple et piquant, il faut qu'il résume en deux mots tout l'ouvrage et qu'il donne en même temps une idée du genre de l'écrivain, de sa manière, de sa tournure d'esprit. Bêtes et gens! voilà un heureux titre. Il est bien pensé et bien écrit. L'auteur aurait pu dire : *gens et bêtes*; le lecteur devine tout de suite que, s'il ne l'a pas fait, ce n'est pas seulement pour obéir aux lois de l'harmonie, ou pour se conformer à une politesse de syntaxe qui veut que quand on parle d'autrui on se place après lui; il se doute qu'il a affaire à un esprit libre des préjugés de son espèce à l'endroit des animaux, à un philosophe paradoxal, peut-être, mais sincère et qui n'a pas une idée exagérée du genre humain.

L'homme est étrange en effet dans ses prétentions, dans son mépris des autres créatures de ce monde. S'il se contentait d'être le roi des animaux, passe encore ; ce serait une question de souveraineté à débattre entre le lion et lui; mais c'est trop peu : il veut être d'une autre essence, sortir d'un autre limon, et dans l'ordre de la création tel qu'il l'a imaginé pour sa plus grande gloire, il s'est placé bien haut au-dessus d'eux. L'observation devrait le rendre plus modeste. Le moindre de ces êtres prétendus si inférieurs à l'homme, de ces animaux si méprisés, ne reproduit-il pas toujours quelque chose de l'homme, de sa physionomie extérieure comme de sa physionomie morale? Ce sont ses traits disséminés si l'on veut, mais enfin ce sont ses traits. Il diffère de chacun, cela est vrai, mais il ressemble à tous.

On est bien fort déjà en s'appuyant sur cette vérité d'expérience pour résoudre la fameuse question de savoir si les bêtes ont une âme. Homme orgueilleux! et pourquoi n'en auraient-elles pas aussi bien que toi? Le loup n'est-il pas avide et violent comme toi? comme toi le renard n'est-il pas égoïste et rusé, le paon vaniteux, le papillon changeant? Je sais qu'il y a de plus beaux côtés dans l'âme humaine; mais on trouve aussi de bons cœurs parmi les animaux. Ils ont des brebis qui sont douces et des colombes qui sont tendres, des chevaux qui souffrent sans se plaindre et des chiens qui sont dévoués. Pourquoi n'auraient-ils pas une âme? Est-ce parce qu'ils n'ont point de religion ou qu'ils ne font point de philosophie? Qu'en savez-vous? Ils ont des chats qui sont tartufes et des ânes qui sont philosophes. — Mais, dit-on, l'homme se perfectionne, il n'est plus aujourd'hui ce qu'il était hier, son état social change, sa nature morale se modifie, il devient de jour en jour meilleur, plus libre, plus heureux. L'animal lui ne change pas, il est aujourd'hui, il sera demain ce qu'il était il y a six mille ans : là est l'infériorité marquée, radicale. Oui, si cela était vrai, mais c'est là votre erreur. D'abord en fait d'état social, le progrès est sans doute une excellente et sainte chose dans nos sociétés imparfaites, et on doit s'apercevoir avec plaisir que l'homme y devient de jour en jour meilleur et surtout plus libre ; mais imaginez un état de société originellement parfait où l'on ne pourrait changer sans déchoir, et l'immobilité sera la marque même de sa perfection. Or n'avez-vous pas lu l'*ornithologie passionnelle*, un livre très-récent et très-spirituel de M. Toussenel ? Il y est prouvé que le phalanstère est établi et organisé depuis la création dans la république des oiseaux. Ils ne changent pas ; je le crois bien : ils ont le phalanstère et ils l'ont eu du premier coup, heureux oiseaux ! Pour nous, est-ce matière à nous vanter ? il ne sera jamais, si nous devons en jouir, qu'une conquête lente et pénible, qu'un progrès, — à moins que vous ne veuillez encore prétendre méchamment que le phalanstère ne serait pas un progrès. Quant à la nature morale, au caractère, aux mœurs privées des animaux, c'est aussi une erreur de croire qu'ils ne subissent pas comme chez l'homme d'incessantes modifications. Consultez, comparez entre eux leurs physiologistes, les fabulistes et les conteurs anciens et modernes, et vous verrez. Il y a longtemps qu'ils ne sont plus rigides, tout d'une pièce, concis et sentencieux comme dans Ésope, et depuis La Fontaine jusqu'à nous leur physionomie a bien changé. Ils ont perdu ces types franchement accusés, ce bon sens caustique, ce naturel, cette vérité, cette simplicité pleine de grâce qu'ils tenaient du grand siècle ; ils ont gagné, peut-être, comme nous-mêmes, les contes de M. Stahl en sont la preuve, des nuances plus variées, une sensibilité plus délicate. Ils se sont mis à rêver et avoir des nerfs. — Qu'objectez-vous encore ? Que les bêtes ne parlent pas ? S'il vous plaît de considérer cette différence comme une supériorité, vous oubliez le perroquet qui s'exprime comme les trois quarts des hommes. D'ailleurs tous les animaux ont un langage, ce n'est pas une chose qui vaille la peine d'être prouvée dans un temps où les tables se sont mises à parler, si bien que le seul miracle qu'on puisse désormais souhaiter c'est qu'on parvienne à les faire taire. N'en doutez pas, les bêtes parlent, et parfois elles ont de l'esprit : cela dépend, comme pour les fables, de celui qui les fait parler.

On a du plaisir à les entendre dans le livre de M. Stahl, et ceux qui liront ses jolis contes pourront se dispenser de mon plaidoyer. L'occasion est rare pour la critique d'avoir à louer un livre de pure et honnête fantaisie. En ce moment la fantaisie est en train de s'élever à des proportions exorbitantes, à des écarts monstrueux de pensée et de grammaire ; des plumes à jeun d'idées, mais ivres d'adjectifs, essaient de parer des noms de fantaisie et d'*humour* de vulgaires excentricités. M. Stahl, lui, est vraiment un *humouriste*, et ne l'est pas qui veut. Il a la bonne humeur ou plutôt la belle humeur de la pensée et du style, il a la fantaisie vagabonde, mais décente, la boutade enjouée, l'ironie légère.

L'humour est un mot d'importation anglaise, mais ce qu'il exprime n'est pas emprunté à nos voisins, comme on le croit communément. J'avancerai même, contrairement à l'opinion reçue, et au risque d'être accusé de paradoxe, que le véritable humour, comme il faut l'entendre, est beaucoup plus dans le tempérament, dans le génie français, que dans le génie anglais. Sterne et Fiedling, et le bon Goldsmith, et Swift, le malicieux auteur de Gulliver, celui qui conseillait aux Anglais de manger avec des choux-fleurs les petits des Irlandais, sont d'excellents humouristes. Mais je me persuade qu'il y a aussi de l'humour dans Montaigne et dans Érasme, dans Rabelais et dans Molière, qu'on en trouve, et du plus fin, dans Lesage. Sans doute si l'on veut exprimer par ce mot un genre de tempérament sombre et fantasque, l'excentricité naturelle ou calculée qui passe sans transition d'un ordre d'idées à un autre, de la raison à la déraison, du rire aux larmes, qui emploie les couleurs les plus disparates en prenant soin de ne pas les fondre et de les exagérer, la pensée détraquée qui monte dans les nues, qui retombe par terre, qui se perd dans l'extase, qui se cogne à l'absurde, en un mot un pot-pourri de tristesse intempérante et de saillies folles, de profondeur et d'extravagance, quelque chose comme le monologue d'Hamlet, déterrant le crâne du pauvre Yorick ; si l'humour est cela, les peuples du Nord, les Anglais et les Allemands, nous ont en effet donné les modèles du genre. Mais si on peut appeler ce genre de l'humour, il n'en est qu'une variété, et il n'en est pas, on en conviendra, la plus exquise. L'humour, ce n'est ni le sanglot ni l'éclat de rire, ce n'est ni le rire ni les pleurs : c'est tous les deux. L'humoriste jette un regard sur la vie, il voit qu'elle ressemble à une comédie et il s'égaie, il songe en même temps que cette comédie est sérieuse et il s'attriste. Janus à double visage, à la fois Héraclite et Démocrite, Jean qui rit et Jean qui pleure, il oscille entre le sourire et les larmes. Il ne s'amuse pas à déraisonner, mais il plaisante volontiers sur des matières qu'on regarde comme graves et disserte gravement sur des choses en apparence légères. Car, pour lui, à un certain point de vue où il se place, tout dans la vie et la vie elle-même, c'est à la fois chose plaisante et grave, légère et sérieuse. L'humouriste, c'est souvent le critique qui gémit intérieurement et rit au dehors, qui affecte la gaieté et l'insensibilité, parce qu'il a peur de la sensiblerie. Il raille la barque de l'existence qui erre à l'aventure, mais sa plaisanterie n'a rien d'insultant pour les passagers : il est à bord comme eux, et à l'émotion de sa voix on sent bien, malgré son rire, qu'il a pitié des autres et de lui-même. Au fond, c'est un philosophe sérieux, mais il n'est pas plus pédant qu'il n'est sceptique ; il n'aime pas à dogmatiser ; il fait naître plus d'idées justes qu'il n'en exprime, et, badiner, c'est sa manière d'instruire. C'était, il y a bien longtemps, la méthode de Socrate. Qu'on me pardonne de remonter si haut ; mais rien n'est nouveau sous le soleil. Quoi de plus charmant, en fait d'humour, que l'ironie socratique? Ce fils d'un sculpteur, qui avait renoncé à l'art de son père, pour sculpter, lui, de belles âmes, quand il voulait former ses disciples à la vertu, leur apprendre à se connaître eux-mêmes et les pénétrer de sa doctrine, se plaisait, on le sait, à procéder par des interrogations douces et railleuses; sa discussion, logique au fond, s'engageait dans une suite de détours aimables et de méandres capricieux. C'est ainsi, comme il le disait lui-même, par allusion à la profession de sa mère, qu'il « accouchait les esprits, » parce qu'au lieu d'affirmer dogmatiquement la vérité, il la faisait éclore peu à peu dans l'esprit de ceux qui l'écoutaient.

Pour se présenter avec cette grâce, la vérité est-elle moins pénétrante et moins persuasive? Si comme on l'a dit, la fable est le vêtement qu'elle a dû prendre dans l'origine pour se montrer, la douce ironie de l'humour n'est-ce pas l'expression qu'elle devait choisir et qui lui sied le mieux dans tous les temps? Et d'ailleurs, sur notre pauvre et faillible terre, qui a le droit d'offrir la vérité autrement? La vérité! bien des gens se croient certains de la posséder et voudraient l'affirmer carrément; ils semblent n'avoir à redouter pour elle que les préjugés et la haine. Mais dans les esprits bien faits, la raison n'a pas seulement peur de la persécution et des bûchers : elle voit ses propres contradictions et ses faiblesses; elle se défie et se moque un peu d'elle-même quand elle se montre.

Cette ironie, qui est la grâce du bon sens et qui fait le fond de l'humour, se diversifie avec les peuples, plus sarcastique en Angleterre, en Allemagne plus sentimentale, plus tempérée en France; mais elle est de tous les pays et de toutes les littératures, elle va à tous les genres, aux plus élevés comme aux plus familiers.

Les contes et études de M. Stahl relèvent un peu de la fantaisie germanique et de l'humour sentimental : il a une prédilection mélancolique pour le faible et pour l'opprimé, et sous le souffle léger de sa plaisanterie, il cache une sensibilité profonde. C'est un esprit de la famille de Charles Nodier et de Toppfer. Il n'a pas au même degré l'imagination ingénieuse du premier, son style, d'une délicatesse si exquise, tissu d'air et de lumière et brodé d'étincelles, ni l'observation fine, peut-être un peu verbeuse du second, mais ses contes qui ne manquent pas d'un sel fin, sont arrosés de sentiment et de grâce. On écoute son rêve parce qu'il émeut, et son paradoxe parce qu'il fait réfléchir. Et c'est là ce qu'il faut demander à une œuvre de pure fantaisie, c'est de n'être pas le fruit hétéroclite d'une imagination individuelle, c'est de saisir l'homme par quelque endroit, c'est de répondre à quelque coin de son esprit, à quelque fibre cachée de son cœur. Écoutez comme il défend avec un enjouement sérieux, avec passion et avec esprit le grain de vérité caché dans un paradoxe intitulé la *Vie de Jeune homme* :

« Être jeune, ô préjugé ! ô jeune homme, qui que tu sois,
« pauvre ou millionnaire, laboureur ou soldat, artiste ou arti-
« san, c'est-à-dire entrer dans cette carrière qu'on appelle
« la vie, y entrer la poitrine découverte et les yeux bandés
« pour y disputer à travers mille embûches ta part de peines
« et de misères, c'est-à-dire commencer sa toile si l'on est
« araignée, sa prison si l'on est ver à soie, essayer son vol
« par des chutes si l'on est oiseau, percer sa chrysalide avec
« des ailes mouillées avant d'en sortir papillon, entendre son
« premier coup de fusil si l'on est lièvre, dessiner des nez dans
« l'atelier d'un grand peintre à côté de ses chefs-d'œuvre, ba-

« layer le pont en qualité de mousse à bord d'un vaisseau ami-
« ral, partir comme soldat et s'arrêter à l'hôpital, chercher,
« le sourire de don Juan sur les lèvres, des femmes honnêtes
« à l'Opéra, être absurde, boursouflé, emporté si l'on est écri-
« vain, être en germe enfin, au lieu d'être en fruit, être gland
« en attendant qu'on soit chêne, si le hasard ne vous mène pas à
« la basse-cour, c'est le bonheur !............ eh bien, oui c'est le
« bonheur ! mais non pas le bonheur comme on l'entend,
« parce que tout est léger dans la vie de jeune homme et que
« rien n'y pèse ; mais parce que tout y pèse au contraire,
« parce que tout y est sérieux, depuis le duel pour offense
« faite à la vertu d'un débardeur, jusqu'à l'amour fou, insensé,
« inconsolable, pour la grisette du coin. — Heureux âge, en
« effet, où tout est désespoir, enthousiasme, passion, folie et
« sottise enfantine, mais sur lequel la raison, qui n'est peut-
« être que l'indifférence, n'a point encore mis sa main glacée ;
« heureux âge où le mal lui-même garde quelque chose d'in-
« nocent, dont les fautes ne sont que des erreurs, dont les
« fruits ne sont amers que parce qu'ils sont verts, où l'on sent
« si bien, pour tout dire, si on ne le sait pas, que la douleur
« elle-même n'est pas un mal, et que, comme dit Montaigne,
« elle tient à la volupté par un bout. — Oui, c'est le bonheur,
« mais quoi de mieux fait qu'on en convienne, pour prouver
« le peu qu'est le bonheur ! »

Le livre des Contes et Études contient plus d'une page écrite avec art, dans ce style ému et piquant. Par exemple, il ne faut pas y chercher de vrais contes, il ne faut pas y chercher le drame, la trame, l'intrigue ; le genre des humouristes c'est précisément de s'en passer.

Le petit sonneur Job, un enfant trouvé, seul au monde, se prend d'amour pour une femme de bois, une sainte mignonne, un chef-d'œuvre de mécanique qui frappe les heures et joue de la viole. Seul avec elle dans la vieille cloche de l'église, il colle ses oreilles et son cœur à la niche où elle est enfermée, et prend le vent qui souffle pour des soupirs qui répondent à son amour. Une nuit qu'il l'appelle avec plus de tendresse, elle paraît sur le seuil, il veut s'y précipiter pour l'embrasser : l'automate merveilleuse s'écroule avec l'horloge, et le pauvre Job est écrasé par celle qu'il aime. Voilà une histoire.

Ou bien ce sont les amours d'une lézarde et d'un lézard. La tendresse de la lézarde n'est pas d'abord payée de retour; le petit crocodile n'est amoureux que du soleil, et la pauvre lézarde, dans sa demeure, « qu'elle trouve immense en songeant qu'il ferait si bon d'y être deux, » rêve inutilement une crevasse et son cœur. A la fin un orage rapproche les deux amants, et ils célèbrent leur mariage en partageant une goutte de rosée.

Le fond n'est rien, on le voit bien; la broderie est tout; ce qui remplace le nœud, ce qui tient en suspens le lecteur, c'est à chaque instant un détail charmant, une pensée, une grâce.

Une jolie histoire, dans ce genre, est celle intitulée : *Septième ciel ou Voyage au delà des nuages.* C'est un tourtereau, encore un enfant abandonné (vous voyez : toujours de la sympathie pour la veuve et pour l'orphelin) ! Ce tourtereau a la pieuse idée de chercher à retrouver ses parents; mais, pendant ce temps, une tourterelle qu'il aimait s'ennuie de l'attendre; quand il revient il la trouve mariée, elle a des enfants, et le pauvre tourtereau meurt fou à l'hôpital de Darmstadt. Heureusement il eut là une vision délicieuse qu'il écrivit dans ses mémoires où l'auteur l'a trouvée. Il rêva qu'il était mort et transporté au septième ciel. « Il montait, immobile dans l'air immobile comme lui-même, sans le secours d'aucun mouvement et par cela seulement qu'il était une âme immortelle faite pour monter de la terre au ciel. » Arrivé au paradis il lut cette inscription sur la porte : Ici l'on aime toujours. Il douta d'abord, car il y venait seul; mais bientôt ses yeux aperçurent la tourterelle bien-aimée qui le rejoignait, il oublia tous ses chagrins sur son cœur fidèle, et elle lui disait : « Quand j'ai appris ta mort, je ne songeais point à te pleurer mais à te suivre, et j'eus le bonheur de devenir si triste que je mourus presque en même temps que toi. »

J'ai dit en commençant que les bêtes de M. Stahl avaient de l'esprit; on voit qu'elles ont au moins autant de cœur. Chaque page du livre pourrait porter, pour épigraphe, la devise du ciel rêvée par le tourtereau : « ici l'on aime! » C'est là le charme de ce petit livre plus facile à goûter qu'à analyser. La mode est aux Nouvelles et aux Contes. On en publie aujourd'hui de toutes sortes : *Contes de printemps et contes d'hiver, Contes pour les jours de pluie* et contes pour les jours de beau temps. *Bêtes et Gens* sont des contes indispensables pour les jours un peu gris, quand le soleil montre un sourire pâle entre deux nuages, et que le lecteur lui même, pris de rêverie, est trop mélancolique pour vouloir rire, et trop raisonnable pour pleurer.

LOUIS RATISBONNE.

PREMIÈRE PARTIE.

LES

AMOURS DU PETIT JOB

ET DE LA BELLE BLANDINE.

I

Dans la ville de*** se trouvait une belle église que chacun admirait. Au-dessus de cette église était un beau clocher, dans ce beau clocher une belle cloche sonore, et cette belle cloche avait un gentil sonneur qu'on appelait le petit Job.

Si vous tenez à savoir pourquoi le petit Job s'appelait ainsi, je vous dirai que, par une assez froide matinée de février, il avait été trouvé, au milieu du parvis de l'église, couché sur une demi-botte de paille et à peine enveloppé de pauvres langes, par un des bons prêtres qui desservaient l'église dont il s'agit, au moment même où ce bon prêtre allait dire sa messe de tous les matins.

Le charitable abbé, voyant ce petit enfant à demi nu, et presque mort de froid, s'était baissé pour le ramasser, l'avait réchauffé dans sa soutane et puis confié à un sacristain qui était un brave homme. — Après quoi il avait dit sa messe comme à l'ordinaire, en ajoutant toutefois à ses prières une prière encore plus fervente que les autres pour l'orphelin que le ciel venait de lui envoyer.

La messe dite, le digne homme s'en était allé à la sacristie; des arrangements avaient été pris entre lui et le sacristain, et il s'en était suivi que le petit Job, qui, une demi-heure auparavant, n'avait de fortune que sa demi-botte de paille, avait trouvé heureusement deux protecteurs, l'abbé d'abord et le sacristain ensuite, et aussi une maison, la maison du bon Dieu, une belle église.

Et quand on l'avait baptisé, on l'avait nommé Job, en mémoire de la paille sur laquelle on l'avait trouvé.

II

Le petit Job habitait avec le sacristain une maisonnette bâtie au pied de la tour qui conduisait à l'horloge. Quand il fut un peu plus grand, on l'employa au service de l'église; il balayait la sacristie, faisait reluire les chandeliers, remplissait les bénitiers dès qu'ils étaient vides, et servait la messe au besoin. Mais, ce qu'il faisait le mieux et avec le plus de plaisir, c'était tout ce qui concernait le service de l'horloge : aussi était-il dans les bonnes grâces du vieux sonneur.

Il faut que je vous parle de cette horloge, renommée pour sa grande beauté, et qu'on venait visiter de cent lieues et plus à la ronde.

Elle se composait, comme toutes les horloges, de rouages extrêmement compliqués, et marquait l'heure au temps vrai et au temps moyen, avec une ponctualité qui cût fait honneur au soleil lui-même. Mais ce chef-d'œuvre, enfermé dans son clocher, aurait pu traverser les siècles sans être remarqué si l'habile ouvrier, son auteur, n'y avait joint ce qui pouvait charmer les yeux de la multitude. Je ne parlerai ni des douze apôtres tournant autour du Christ à midi sonnant, ni de l'histoire tout entière de la passion qui s'y voyaient représentés, ni des figures symboliques d'Apollon et de Diane placées aux deux côtés de la mort personnifiée dans un squelette, ni même du grand coq qui, perché au sommet, chantait trois fois à midi en allongeant son grand cou et en agitant convulsivement ses grandes ailes d'acier bruni, mais je dirai seulement que sous le cadran de l'horloge, et en face du soleil levant, se trouvait une niche taillée dans la pierre, et que deux volets richement dorés et ciselés fermaient hermétiquement.

Dans cette niche habitait une gentille petite femme, haute de trois ou quatre coudées à peu près, et qui vivait là depuis que l'horloge avait été scellée dans le mur.

III

Blandine était son nom.

On lui avait donné ce nom parce qu'elle était blanche, parce qu'elle était douce, et surtout parce qu'elle était gracieuse.

Une demi-minute avant l'heure, Blandine ouvrait elle-même les deux battants de la porte de sa petite demeure, elle s'avançait hardiment jusque sur la plate-forme, saluait les quatre parties du monde, puis, tenant d'une main un tympanon, et de l'autre un petit marteau d'un acier fin et brillant, elle regardait le ciel comme pour prendre les ordres du soleil, et commençait de frapper à intervalles mesurés les coups qui marquaient l'heure. Après quoi, mettant le tympanon et le marteau dans sa poche, elle prenait une viole d'amour qu'elle portait suspendue à son cou par un beau cordon filé d'or et de soie, et en tirait des sons si célestes et si doux pendant deux minutes au moins, qu'on eût dit sainte Cécile ressuscitée.

On assurait qu'il ne s'était peut-être jamais commis de crime dans la ville de***, dont presque tous les habitants passaient pour être bons et humains, et on l'attribuait à cette douce petite musique qui se faisait entendre régulièrement d'heure en heure et qui ne leur suggérait que d'honnêtes pensées.

Lorsque Blandine avait donné sa sérénade, elle laissait retomber sa viole, saluait de nouveau, et de la meilleure façon du monde, puis rentrait dans sa cellule, dont elle fermait soigneusement les volets. Il y en avait alors pour une heure d'absence, et c'était bien long, car on ne se serait jamais lassé de la voir et de l'entendre, tant elle était avenante et habile musicienne.

Ceux qui aimaient le merveilleux, — pourquoi faut-il qu'on ait tort d'aimer le merveilleux ! — ceux-là disaient qu'elle n'était pas ce qu'elle paraissait être, une simple figure de bois. Ils racontaient que, pendant que le mécanicien fabriquait son horloge, une jeune fille qui l'aimait tendrement, voyant un jour son désespoir de ne pouvoir donner de la vie et du mouvement à une petite figure admirablement sculptée et coloriée dont l'emploi devait être de sonner les heures, avait offert sa part de paradis au diable, pour qu'il lui fût permis d'animer l'œuvre de son ami, et à la condition que le nom de ce grand artiste arriverait à la postérité tout couvert de gloire pour avoir fait un travail si miraculeux. Ils ajoutaient que le diable, friand avec raison d'une proie si jolie, s'était empressé d'accepter le marché.

Mais on dit bien des choses, et il ne faut pas tout croire. Pourtant, ce qui donnait quelque créance à cette histoire, c'est qu'on savait que la maîtresse de l'horloger, qui s'était appelée Blandine comme la statue, avait été renommée comme chanteuse de son vivant ; et puis surtout parce que, à certains jours, la petite Blandine de bois paraissait être pour de bon une créature animée.

Alors sa figure était plus riante, son sourire plus doux encore, et les sons de sa viole semblaient plus suaves et plus mélodieux.

Aussi ces jours-là étaient-ils des jours de fête dans le pays ; et les bourgeois de la ville, en se promenant le matin sur la place de la cathédrale, disaient-ils : « Nous aurons une bonne journée, Blandine est de bonne humeur aujourd'hui, ses yeux sont plus bleus qu'à l'ordinaire, et elle a encore mieux joué que d'habitude. »

Les plus âgés avaient remarqué que l'approche du beau temps exerçait une grande influence sur le caractère d'ailleurs assez fantasque de Blandine, et que ses caprices, comme ceux de presque toutes les jolies personnes, avaient souvent une cause puérile ; — je dis puérile, mais puérile en apparence seulement, car tout est sérieux, au fond, dans ce monde léger.

IV

En voilà assez, trop peut-être de Blandine ; revenons,

s'il vous plaît, au petit Job, qui, dès qu'il fut en âge d'aimer, pour les malheureux cet âge vient de bonne heure, l'avait aimée d'une si grande amitié, qu'il interrompait toujours son travail et même ses jeux pour venir la contempler quand elle se montrait sur la plate-forme, et qu'un des accords de la viole d'amour suffisait, au plus fort de ses colères d'enfant, pour le calmer et le rendre doux et patient comme un saint, — non comme un saint de chair et d'os seulement, mais comme un des saints de pierre qui ornaient les portiques de la cathédrale.

Il va sans dire que l'amour de Job pour Blandine augmenta avec l'âge et devint bientôt une grande et véritable passion, une de celles qui ne peuvent avoir de fin parce qu'il semble qu'elles n'aient point eu de commencement.

Vous croyez peut-être que Job se désespéra une seule fois à la pensée qu'il aimait une petite femme de bois, une statue! Ah bien oui! est-ce qu'il y a des statues pour les amoureux! Blandine eût été de marbre, elle eût été de fer, elle n'eût su remuer ni les bras, ni les jambes, ni les yeux, elle n'eût su ni marcher ni sourire, elle n'eût eu enfin ni les grâces — ni les articulations qu'elle avait, que le bon Job l'eût aimée tout de même et ne se fût pas pour cela avisé de penser que dans cette charmante créature il se pouvait qu'il n'y eût pas plus de cœur et d'âme, et de souffle divin que dans toute autre poupée. Qu'importe d'ailleurs, quand il ne s'agit que d'aimer, qui on aime et comment on aime, — le tout étant d'aimer!

Aussi résolut-il tout bonnement de passer sa vie entière auprès d'elle.

V

Sur ces entrefaites le vieux sonneur mourut. Ce fut un grand malheur pour Job, car l'idée lui vint de supplier l'abbé, qui était devenu curé, de lui faire avoir la place du défunt, donnant pour raison qu'ainsi il ne s'éloignerait ni de ses bienfaiteurs ni de son église bien-aimée ; mais de Blandine, bien qu'il ne pensât qu'à elle, il ne dit mot ; ce qui montre combien il l'aimait, l'amour vrai étant, de son essence, discret, je devrais dire muet.

Mais, dira-t-on, dans la mort du sonneur, le mal fut pour celui qui mourut. Pour Job, où pouvait-il être ? Du moment où il aimait Blandine, tout ce qui avait pour fin de le rapprocher d'elle ne devait-il pas être regardé comme un bonheur pour lui ? Prétendriez-vous dire qu'il faut fuir ce qu'on aime ?

Pour ceci, il se peut que la suite de cette histoire nous l'apprenne. Quant à moi, je me garderai bien d'avoir un avis en pareille matière.

Ou bien, dira-t-on encore, comment se fait-il que Job aimât Blandine d'un tel amour, qu'il songeât à lui consacrer sa vie ? L'amour ordinaire veut être partagé, et le plus sincère ne vit encore que de retour. La petite sonneuse, la petite joueuse de viole avait-elle donc de l'amour pour lui ?

Certes voilà une question qui méritait bien d'être faite, quoique pendant longtemps il eût été absolument impossible d'y répondre.

Néanmoins, s'il faut le dire, on est bien crédule quand on aime. — Job osa croire plus d'une fois que le cœur de Blandine, que ce cœur de bois répondait à son cœur ; et quand elle jouait sur sa viole ses plus touchantes mélodies, en jetant sur lui un long regard où se peignait le plus tendre encouragement, cent fois, mille fois il avait été sur le point d'escalader la plate-forme pour aller jurer à ses pieds de vivre et de mourir en l'aimant. Mais cent fois, mais mille fois il s'était arrêté, espérant qu'elle le devinerait et qu'alors peut-être elle l'aiderait à parler, ou même, et pourquoi pas ? — qu'elle daignerait parler la première ; — ou encore, que sans parler ils s'entendraient, ce qu'il eût préféré à tout, — la parole gâtant toute chose.

VI

Le jour de l'installation de Job comme sonneur arriva, et on le conduisit, en grande pompe ! à travers les escaliers tortueux, jusqu'à la porte du clocher, dont on lui remit solennellement les clefs.

Sa nouvelle fonction consistait à répéter sur la grosse cloche toutes les heures que sonnait Blandine, et il n'y devait manquer à aucun prix.

En effet, que serait-il arrivé si la petite ville de***, tout entière, avait été trompée d'une heure ! Certes l'univers en eût été troublé.

Job promit et jura tout ce qu'on voulut, et nul ne mit en doute son zèle et son exactitude, parce qu'on le savait honnête par-dessus tout.

Puis on le laissa seul.

De la place où il était obligé de rester pour sonner les heures, et cette place se trouvait précisément à l'opposé de celle de Blandine, Job entendit bientôt le petit bruit sec que faisaient en s'ouvrant les volets de la cellule, et peu après le tintement argentin du tympanon. Il était midi.

Vous dire sa douleur, dès les premiers coups, quand il vit que les devoirs de sa charge exigeaient ce qu'il n'avait pas prévu, qu'il tournât le dos à sa chère Blandine, c'est impossible.

Peu s'en fallut qu'il n'abandonnât le poste qui lui était confié; mais l'honneur, plus fort encore que l'amour dans un cœur bien placé, l'enchaînait à sa cloche, et il se résigna donc à attendre que le dernier coup fût sonné, pour répéter à son tour les douze coups qui lui semblaient en être cent mille, et ne devoir finir jamais.

Ils finirent cependant, et Job commença alors de sonner sa cloche en homme désespéré et avec tant de violence, qu'on eût dit qu'il voulait la punir de l'avoir éloigné de celle qu'il aimait.

VII

Toute colère éveille le malin esprit. A ces sons inaccoutumés et qui résonnaient dans le vieux clocher, en l'ébranlant jusque dans sa base, les oiseaux de nuit qui l'habitaient s'éveillèrent et vinrent voleter autour du novice sonneur, effleurant ses beaux cheveux blonds de leurs grandes ailes noires, et passant et repassant, et tournoyant autour de lui comme pour le narguer et insulter à sa peine, qui cependant était bien grande en ce moment.

Mais enfin tout bruit cessa : les chouettes, les hiboux, les effraies, les hulottes et les chats-huants s'éloignèrent :

les douze coups allèrent se perdre dans le passé, et le temps courut de nouveau vers l'heure prochaine.

VIII

Les amoureux croient-ils donc que ce soit sans raison qu'on a de tout temps représenté l'Amour avec un bandeau sur les yeux? ne sauront-ils jamais que rien ne gagne, pas même ce qu'on aime, à être vu de trop près; — et que si l'on était sage.... — mais si l'on était sage, serait-on amoureux ?...

Job, libre enfin, et furieux d'impatience, laissa là sa cloche et grimpa au plus haut de la plate-forme, au risque de se rompre le cou. Il n'avait qu'une pensée : celle de revoir Blandine.

Mais, si prompt qu'il eût été, elle l'avait été davantage, et quand il arriva il était trop tard! déjà elle était rentrée chez elle!

Il fallait attendre, attendre une heure encore. Sait-on attendre quand on est amoureux? Combien attendent cependant, qui attendront toujours!

Puisqu'il le fallait, Job attendit donc ; et non-seulement une heure, mais deux, mais trois, mais quatre, et tant et tant, en un mot, que toute cette journée passa, pour lui, — entre son devoir, qui à chaque heure, le rappelait à sa cloche, et son amour, qui le ramenait vers Blandine, — à fatiguer l'espérance : car, quoi qu'il pût faire, les heures se succédèrent sans qu'il fût venu à bout d'apercevoir Blandine. Il faillit en devenir fou.

Le pauvre enfant avait bien eu un instant la pensée

d'aller frapper à la porte de sa bien-aimée, mais il ne l'osa pas.

Il ne l'osa pas, tant qu'il fit jour ! mais enfin — vint la nuit ! — la nuit qui aime les amoureux, et sur laquelle, à ce titre, il avait bien le droit de compter.

Quand ce fut minuit passé, Job, tout à la fois tremblant et résolu, s'approcha sans bruit de la petite cellule. Ah ! combien son cœur battait et là !...

Mais cette fois ce fut tout ce qu'il put faire, et, se sentant mourir devant cette porte toujours fermée, il s'en retourna comme il était venu, remettant au lendemain à être, non plus amoureux, mais plus brave.

Vous qui riez de Job et de sa timidité, vous n'eussiez pas fait mieux que lui, ou vous n'avez jamais eu à frapper pour la première fois à une porte qui, après tout, pouvait bien ne pas s'ouvrir.

Le lendemain, à la même heure, — j'aurai le courage de le dire — Job n'en fit pas plus que la veille. Et ce ne fut que le surlendemain qu'il trouva la résolution qui jusqu'alors lui avait manqué. — Pour s'ôter toute réflexion il courut droit à la porte, et, d'une voix toute frémissante de crainte et d'amour, il vint à bout d'appeler par trois fois : « Blandine ! Blandine ! Blandine ! »

IX

La vérité est que rien ne lui répondit qu'un soupir plaintif ; mais ce soupir était si doux — et d'une expression si tendre, que le plus timide s'en fût trouvé encouragé et satisfait ; aussi Job, ravi et plus heureux et plus riche mille fois qu'il n'avait jamais espéré l'être, crut-il qu'il n'avait plus rien à demander ni à Dieu, ni même à Blandine, et qu'il n'en demanderait jamais davantage.

Il tomba à genoux, et ce qui se passa dans son cœur vous le savez si vous aimez, et, si vous n'aimez pas, vous ferez bien d'aimer pour le savoir.

Ce qu'on en sut, du reste, c'est parce que l'amour se trahit toujours de quelque façon.

On assure que le lendemain Blandine enchanta les habitants de la ville par les harmonies charmantes et interminables de sa viole, et que Job sonna sa cloche avec tant d'adresse et d'entente de la musique, qu'on s'arrêtait dans les rues pour écouter l'heure sonner, il fut décidé que, dans une nuit, il avait laissé loin de lui le vieux sonneur expérimenté, et qu'il pouvait en remontrer à tous les sonneurs du monde.

Pendant six mois et plus, toutes les fois que minuit venait de sonner, Job revint à la même place, et ce fut là tout son bonheur, — bonheur digne d'envie ! Car chaque jour un soupir lui répondait, et ce n'est pas rien qu'un soupir quand c'est celui qu'on attend.

X

Voulez-vous donc savoir où habita le bonheur pendant cette demi-année, que personne peut-être ne put le rencontrer ailleurs ? Il s'était réfugié dans ce clocher et s'y cachait à tous les yeux. Pourquoi n'y restait-il pas, sinon parce qu'il est inconstant et que souvent il s'en va de lui-même et d'où il est le mieux, sans qu'on en sache la raison.

XI

Jusqu'ici je me suis borné, historien fidèle, à parler de Job et de sa vie, sans presque risquer un jugement sur ce qu'il faisait ou ne faisait pas; mais qu'on me permette enfin de le blâmer, quoi qu'il m'en coûte, et de dire qu'il eut grand tort de ne pas se contenter du bonheur qu'il avait.

Pour moi, si j'étais heureux, et il se peut que je ne le sois pas, j'aurais grand soin de mon bonheur, si petit qu'il fût, et grand'peur de le compromettre en voulant l'augmenter.

Le cœur n'a d'infini que le désir, aussi doit-on croire qu'en toutes choses, et surtout quand il s'agit d'aimer, il est sage de rester à mi-route, aucun but ne pouvant être complétement atteint par nous en cette vie.

Mais chacun sait qu'il y a mille manières de raisonner sur un même sujet, et comme Job résonnait en amoureux, ce qui est la pire de toutes les manières de raisonner, il était bien loin de penser comme moi sur tout ceci, car chaque jour, le soupir de Blandine lui paraissait devenir plus tendre.

Un jour, jour heureux! jour fatal! ce soupir sembla lui dire tant de choses, que le pauvre enfant, emporté par la violence de sa passion, eut le courage, dans son délire, de frapper à la petite porte en s'écriant de toutes les forces de son âme : Blandine, m'aimes-tu? Blandine, aime-moi!

Alors, dit-on, se vit ce qu'on n'avait jamais vu. Car,

— contre toutes les lois de la science, — la porte s'ouvrit !... et Blandine parut sur le seuil.

Elle aimait Job.

Mais au moment même où celui-ci, éperdu, ivre de joie, se précipitait dans la petite cellule, la cloche, — chose effrayante ! — se mit à sonner toute seule, et dans le silence de la nuit son glas était si lugubre, que les habitants de la ville de ***, épouvantés, se réveillèrent en sursaut, croyant qu'il s'agissait tout au moins de la fin du monde. Ce n'est pas tout ! presque au même instant, un bruit terrible, plus terrible que celui du tonnerre, éclata au-dessus du vieux clocher, et l'horloge merveilleuse s'écroula — brisée en mille pièces !

Le lendemain quand le jour parut, et que les habitants de la ville de***, revenus de leur terreur profonde, se hasardèrent à pénétrer dans l'intérieur de l'église, on ne retrouva pas le plus petit vestige de cette horloge qui avait fait la gloire de leur contrée, — et de Blandine encore moins, et de Job, pas davantage.

Ce qu'on regretta le plus dans le pays, naturellement, ce fut l'horloge, — et aussi un peu Blandine, — à cause de sa viole.

Quant à Job, quelques bonnes âmes plaignirent sa triste destinée ; on s'occupa de lui pendant huit jours, — après quoi on l'oublia ; on le savait mort, et que tous les souvenirs ni tous les regrets du monde ne l'eussent pas ressuscité.

Heureux Job en ceci ! Combien en effet qui ne sont pas morts et qui déjà sont oubliés !

XII

CONCLUSION.

Il va sans dire qu'il se fit, pour expliquer ce désastre, plusieurs versions dans la ville de***.

La plus répandue, parmi les bonnes femmes, fut celle-ci, à savoir, que Blandine, qui aimait éperdument le petit Job, l'ayant reçu dans sa cellule, oublia tout ! et même de sonner l'heure ! Ce qui, aux termes de son pacte avec le diable, devait donner à Satan plein pouvoir sur elle ; aussi n'aurait-il pas manqué, dit-on, de l'emporter au fond des enfers avec son amoureux !

Quant à moi, je ne crois point à ceci et n'y veux point croire. J'aimerais mieux penser, dans tous les cas, que Dieu, dont la bonté est infinie, n'aurait point abandonné ainsi, au dernier moment, le pauvre Job et la belle Blandine, — aimer n'étant point un si grand crime.

Je penserai plutôt, avec ceux qui expliquent tout, que le mécanicien, — jaloux de son œuvre, — avait en effet, comme certains chroniqueurs l'attestent, construit son horloge merveilleuse de telle sorte, qu'au moyen d'un ressort secret qui aboutissait à la plate-forme, la machine devait infailliblement se disloquer tout entière au moment où un autre que lui mettrait le pied dans la cellule de Blandine, ce qui expliquerait suffisamment la catastrophe que je viens de raconter, — à moins pourtant qu'il ne soit plus vrai de dire, avec quelques autres, que Job, furieux de voir qu'il n'avait eu affaire qu'à une statue, et qu'en vain il chercherait un cœur dans cette trompeuse image, détruisit lui-même son idole, et s'ensevelit avec elle sous les ruines de l'horloge.

Si cette version est la bonne, — Job eut tort peut-être, et pour sûr il n'eut pas raison ; — il ne faut jamais brûler ce qu'on a adoré, l'idole fût-elle de bois. D'ailleurs, n'y a-t-il donc que les statues qui n'ont pas de cœur en ce monde ? et où en serions-nous, grand Dieu ! si tous les amoureux déçus devaient se venger de la sorte ?

1842.

VIE

ET OPINIONS PHILOSOPHIQUES

D'UN PINGOUIN

RACONTÉES PAR LUI-MÊME.

> Faut-il chercher le bonheur? demandai-je au Lièvre. — Cherchez-le, me répondit-il, mais en tremblant.
> — L'Oiseau anonyme. —

I

Si je n'étais pas né en plein midi, sous les rayons d'un soleil brillant dont les ardeurs me firent éclore, et qui, par conséquent, fut bien autant mon père que le brave Pingouin qui avait abandonné dans le sable l'œuf (très-dur) que j'eus à percer en venant au monde... et si d'ailleurs j'étais d'humeur à faire, en si grave matière, une mauvaise plaisanterie, je dirais que je suis né sous une mauvaise étoile.

Mais étant né, comme je viens de le dire, en plein soleil, c'est-à-dire en l'absence de toute étoile, bonne ou mauvaise, je me contenterai d'avancer que je suis né dans un mauvais jour, et je le prouverai à quiconque lira jusqu'au bout ce récit de mes aventures.

Quand je fus venu à bout de sortir de la coquille où j'étais emprisonné depuis longtemps, et fort à l'étroit, je vous l'affirme, je restai pendant plus d'une heure comme abasourdi de ce qui venait de m'arriver.

Je dois l'avouer, la naissance a quelque chose de si imprévu et de si nouveau, qu'eût-on cent fois plus de présence d'esprit qu'on n'a l'habitude d'en avoir dans ces sortes de circonstances, on garderait encore de ce moment un souvenir extrêmement confus.

— Ma foi, me dis-je aussitôt que j'eus, non pas repris, mais pris mes sens, qui m'eût dit, il n'y a pas un quart d'heure, quand j'étais accroupi dans cette abominable coquille où tout mouvement m'était interdit, qui m'eût dit qu'après avoir été trop gros pour mon œuf j'en viendrais à avoir trop de place quelque part?

Je me confesse pour être franc.

Je dirai donc que je fus étonné plutôt que ravi du spectacle qui s'offrit à ma vue, quand j'ouvris les yeux pour la première fois, et que je crus un instant, en voyant la voûte céleste s'arrondir tout autour de moi, que je n'avais fait que passer d'un œuf infiniment petit dans un œuf infiniment grand.

J'avouerai aussi que je fus loin d'être enchanté de me voir au monde, bien qu'en cet instant ma première idée fut que tout ce que je voyais devait m'appartenir, et que la terre n'avait sans doute jamais eu d'autre emploi que celui de me porter, moi et mon œuf.

Pardonnez cet orgueil à un pauvre Pingouin, qui depuis n'a eu que trop à en rabattre.

Quand j'eus deviné à quoi pouvaient me servir les yeux

que j'avais, c'est-à-dire quand j'eus regardé avec soin ce qui m'entourait, je découvris que j'étais, dans ce que je sus plus tard être le creux d'un rocher, pas bien loin de ce que je sus plus tard être la mer, et, du reste, aussi seul que possible.

Ainsi, des rochers et la mer, des pierres et de l'eau, un horizon sans bornes, l'immensité enfin, et moi au milieu comme un atome, voilà ce que je vis d'abord.

Ce qui me frappa davantage, ce fut que cela était en vérité bien grand, et je me demandai aussitôt :

« Pourquoi l'univers est-il si grand ? »

II

Cette question, la première que je m'adressai, combien de fois me la suis-je adressée depuis, et combien de fois me l'adresserai-je encore ?

Et, en effet, à quoi sert donc que le monde soit si grand ?

Est-ce qu'un petit monde, tout petit, dans lequel il n'y aurait de place que pour des amis, que pour ceux qui s'aiment, ne vaudrait pas mieux que ce grand monde, que ce grand gouffre dans lequel tout se perd, dans lequel tout se confond, où il y a de l'espace, non-seulement pour des créatures qui se détestent, mais encore pour des peuples entiers qui se volent, qui se frappent, qui se tuent, qui se mangent; pour des espèces ennemies, et l'une sur l'autre acharnées, pour des appétits contraires; pour des passions incompatibles enfin, et, qui pis est, pour des animaux qui doivent, après avoir respiré le même air, vu la même lune, et le même soleil, et les mêmes astres, mourir sottement, après s'être, par-dessus le marché, ignorés toute leur vie?

Je vous le demande à vous tous, Pingouins qui me lisez. Pingouins mes bons amis, est-ce qu'une petite terre par exemple, une terre sur laquelle il n'y aurait qu'une petite montagne, pas bien haute, qu'un petit bois planté d'arbres très en vie, chargés de feuilles, et poussant à merveille, et se couvrant à plaisir de ces belles fleurs et de ces beaux fruits qui font la gloire et la joie des branches qui les portent, et dans ce petit bois une ou deux douzaines de nids charmants, bien habités par de bons et joyeux oiseaux élégamment vêtus, riches en santé, en couleurs, en beauté, en grâces, en tout enfin, et non pas de pauvres diables de Pingouins comme vous et moi; est-ce que dans chacun de ces nids un cœur ou plusieurs cœurs ne faisant qu'un, et tout au fond quelques œufs chaudement et tendrement couvés, je vous le demande, est-ce qu'une petite terre ainsi faite ne ferait pas votre affaire, et l'affaire de tout le monde?

Qui donc réclamerait, je vous prie, contre cette douce petite terre, contre ce petit bois, contre ces beaux arbres, contre ces rares oiseaux s'aimant tous, se chérissant tous, tous amis, qui donc?

Certes, ce ne serait pas moi, qui écris ces lignes, et si ce devait être vous qui les lisez, je vous dirais, quoi qu'il pût m'en coûter : « Allez au diable; vous m'avez trompé, vous n'êtes pas même un Pingouin, fermez ce livre et brouillons-nous. »

— Mais pardon, ami lecteur, pardon; l'habitude d'être seul m'a rendu maussade, grossier même, et je m'oublie, et j'oublie qu'on n'a pas le droit de s'oublier quand on est face à face avec vous, puissant lecteur!

III

Je dois dire que, comme je ne savais pas alors grand'-chose, pas même compter jusqu'à deux, je ne m'étonnais pas d'être seul, tant je croyais peu qu'il fût possible de ne l'être pas !

Je ne me permis donc aucune lamentation sur les malheurs de la solitude, qui était mon partage.

L'occasion était bonne pourtant, un peu plus tard, je ne l'aurais pas laissée échapper.

Cela semble si bon de se plaindre, que j'ai cru quelquefois que c'était là tout le bonheur.

Je n'existais pas depuis une heure, que j'avais déjà connu le froid et le chaud, la vie tout entière ; le soleil avait disparu tout d'un coup, et de brûlant qu'il était, mon rocher était devenu aussi froid que s'il se fût changé subitement en une montagne de glace.

N'ayant rien de mieux à faire, j'entrepris alors de remuer.

Je sentais à mes épaules et sous mon corps quelque chose que je supposais n'être pas là pour rien. J'agitai comme je le pus ces espèces de petits bras, ces espèces de petites ailes, ces quasi-jambes que venait de me donner la nature (laquelle vit depuis trop longtemps, selon moi, sur sa bonne réputation de tendre mère, aimant également tous ses enfants), et je fis si bien, qu'après de longs efforts, je réussis enfin... à rouler du haut de mon rocher.

C'est ainsi que je fis mon premier pas dans la vie, lequel fut une chute, comme on voit.

On dit qu'il n'y a que le premier pas qui coûte, que ne dit-on vrai !

J'arrivai à terre plus mort que vif et tout meurtri.

Comme un vrai enfant que j'étais, je frappai de mon pauvre bec le sol insensible contre lequel je m'étais blessé, et me blessai davantage, ce qui me donna à penser.

— Évidemment, me dis-je, il faut se défier de son premier mouvement, et avant d'agir réfléchir.

Je commençai alors à me poser de la façon la plus sérieuse la question de ma destinée comme Pingouin, non pas que j'eusse la moindre prétention à la philosophie ; mais quand on se trouve obligé de vivre, et qu'on n'en a pas l'habitude, il faut bien se dire quelque chose pour trouver les moyens d'en venir à bout.

Qu'est-ce que le bien ?

Qu'est-ce que le mal ?

Qu'est-ce que la vie ?

Qu'est-ce qu'un Pingouin ?

Je m'endormis avant d'avoir résolu une seule de ces graves questions.

Qu'il est bon de dormir !

IV

La faim me réveilla.

Oubliant mes résolutions, je ne me demandai pas : Qu'est-ce que la faim ? et je fis mon premier repas de quelques coquillages qui me semblaient bâiller sur la plage à mon intention, avant de m'être livré à aucune dissertation préliminaire sur les dangers possibles de cet ancien usage.

J'en fus puni : car, dans ma candeur, ayant mangé trop vite, je faillis m'étrangler.

Je ne vous dirai pas comment il se fit que je pus apprendre successivement à boire, à manger, à marcher, à remuer, à aller à droite ou à gauche, à mesurer de l'œil les distances, à savoir qu'on ne tient pas tout ce qu'on voit, à descendre, à monter, à nager, à pêcher, à dormir debout, à me contenter de peu et quelquefois de rien, etc., etc. Il suffira que je vous dise que chacune de ces études fut pour moi l'objet de peines sans nombre, de mésaventures fabuleuses, d'épreuves inouïes !

Et c'est ainsi qu'il m'arriva de passer les plus beaux jours de ma vie, faisant tout à la sueur de mon front, et petit à petit devenant gros et gras, et d'une belle force pour mon âge.

V

Que penses-tu des Pingouins, Dieu suprême ! Que feras-tu d'eux au jour du jugement ? A quoi as-tu songé quand tu as promis la résurrection des corps ?

Importait-il donc à ta gloire de créer un oiseau sans plumes, un poisson sans nageoires, un bipède sans pieds ?

— Si c'est là vivre, me suis-je écrié bien souvent, je demande à rentrer dans mon œuf.

Un jour qu'à force de méditer j'avais fini par m'endormir, il me sembla que j'entendais pendant mon sommeil un bruit qui n'était ni celui des vagues, ni celui des vents, ni aucun autre bruit que je connusse.

— Réveille-toi donc, me disait intérieurement cette partie active de notre âme qui semble ne dormir jamais, et que je ne sais quelle puissance tient constamment éveillée en nous pour notre salut ou pour notre perte ; réveille-toi donc, ce que tu verras en vaut bien la peine, et ta curiosité sera satisfaite.

— Assurément je ne me réveillerai pas, répondait tout en dormant cette autre excellente partie de nous-même à laquelle nous devons de dormir en toute circonstance, je ne suis point curieuse, et ne veux rien voir. Je n'ai que trop vu déjà.

Et comme l'autre insistait :

— J'aurais bien tort, en vérité, de secouer pour si peu ce bon sommeil, reprenait la dormeuse ; d'ailleurs je n'entends rien ; vous voulez me tromper, ce bruit n'est pas un bruit ; je dors, je rêve, et voilà tout. Laissez-moi donc dormir. Y a-t-il rien au monde qui vaille mieux qu'un bon somme ?

Et comme, à vrai dire, je tenais à dormir, je m'y obstinais, fermant les yeux de mon mieux et me cramponnant au sommeil qui allait m'échapper, avec tous ces petits soins qu'ont de leur repos les vrais dormeurs, pendant même qu'ils s'y livrent.

Mais il était sans doute écrit que je devais me réveiller. Hélas ! hélas ! je me réveillai donc !

Que devins-je, moi qui m'étais cru la Bête la plus considérable, et même la seule Bête de la création (je m'étais bien trompé !), que devins-je en apercevant une demi-douzaines au moins de charmantes créatures vivant, parlant, volant, riant, chantant, caquetant, ayant des plumes, ayant des ailes, ayant des pieds, tout ce que j'avais enfin, mais tout cela dans un degré de perfection telle, que je ne doutai pas un instant que ce ne fussent des habitants d'un monde plus parfait, de la lune par exemple,

n'était que le regret d'avoir mal fait. Aussi, dès qu'elle
me vit consolé, s'envola-t-elle avec ses compagnes.

Ce brusque départ me surprit à un tel point, qu'il me
fut impossible de trouver un geste ou une parole pour
l'empêcher, et je recommençai à être seul.

C'est-à-dire que chaque jour triste avait son plus triste
lendemain, car dès lors la solitude me devint insupportable.

VI

Pour tout dire, j'étais fou, car j'étais amoureux, et c'est
tout un ; je ne me pardonnais pas de n'avoir rien fait
pour la retenir que souffrir !

— Il s'agissait bien de souffrir, me disais-je; tu n'es
qu'un sot, il fallait te faire aimer... Mais faites-vous donc
aimer, vous tous et vous toutes qu'on n'aime pas !

Et les reproches que je me faisais étaient si vifs, et je
sentais si bien que je ne les méritais que trop, que je fus
je ne sais combien de temps à me remettre en paix avec
moi-même.

J'avais tant de chagrin que je ne pouvais plus ni boire
ni manger ; je restais des jours entiers et des nuits entières à la même place et dans la même position, n'osant
bouger ni respirer, parce qu'il me semblait que, s'il ne se
faisait aucun bruit, l'ingrate que j'aimais pourrait peut-
être bien revenir.

Quelquefois je fermais les yeux et les tenais fermés le
plus longtemps possible.

— Peut-être, quand je les rouvrirai, sera-t-elle là, me
disais-je ; n'est-ce pas ainsi qu'elle m'apparut une première fois ?

Où j'étais encore le moins mal, c'était sur le bord de la mer; je trouve que nulle part on n'est aussi bien que là pour être très-triste.

Cette eau sans fin, au bout de laquelle il semble qu'il n'y ait rien, ne ressemble-t-elle pas, en effet, à ces douleurs dont on n'aperçoit pas le terme?

Je ne me lassais pas de regarder au loin, demandant à l'horizon ce que l'horizon m'avait emporté, et fixant dans l'espace le point où je l'avais vue disparaître.

— Reviens, m'écriais-je, car je t'aime!

Et j'étais si fort persuadé que, quelle que soit la distance, ce qu'on demande ainsi doit être exaucé, que quand je voyais qu'elle ne revenait pas, et qu'elle ne reviendrait pas, je tombais à la renverse, et ne me relevais que pour l'appeler encore.

VII

— Je n'y puis plus tenir! me dis-je un jour, et je me jetai à la mer.

VIII

Malheureusement je savais nager, de façon que mon histoire ne finit pas là.

IX

Quand je revins sur l'eau, — on revient toujours une ou deux fois sur l'eau avant de se noyer définitivement,

— cédant à ma passion pour les monologues, je me laissai aller à me demander si j'avais bien le droit de disposer de ma vie, si le monde n'en irait pas plus mal quand il y aurait un Pingouin de moins dans la nature, si je trouverais mon ingrate au fond des eaux (parmi les perles), ou si, ne l'y trouvant pas, j'y trouverais au moins quelques compensations, etc., etc., etc., etc.

De sorte que le monologue fut très-long, et que j'eus le temps de faire sept cents lieues en allant toujours tout droit avant d'avoir pris aucun parti.

De temps en temps, de centaine de lieues en centaine de lieues, par exemple, il m'était bien arrivé, un peu pour l'acquit de ma conscience, je l'avoue, de m'abîmer de quelques pieds sous les flots, dans la louable intention d'aller tout au fond pour y rester; mais, pour une raison ou pour une autre, je me retrouvais bientôt à la surface, et, je dois le dire, après chaque nouvelle tentative, l'air me paraissait toujours meilleur à respirer.

Je venais de manquer mon septième ou huitième suicide, et j'étais bien décidé à en rester là et à vivre, puisque enfin je paraissais y tenir, quand, en revoyant la lumière, je trouvai tout d'un coup à mes côtés un Oiseau dont l'air simple, naïf et sensé me gagna le cœur tout d'abord.

— Qu'avez-vous donc été faire là-dessous, monsieur le Pingouin? me dit-il en me faisant un beau salut.

Comme la question ne laissait pas que d'être embarrassante, je lui fis signe que je n'en savais rien.

— Et où allez-vous? ajouta-t-il.

— Je ne le sais pas davantage, lui répondis-je.

— Eh bien, alors allons ensemble.

J'acceptai bien volontiers; car, à vrai dire, j'en avais par-dessus la tête d'être seul.

Chemin faisant, je lui racontai mes malheurs, qu'il écouta avec beaucoup d'attention et sans m'interrompre.

Quand j'eus fini, il me demanda ce que je comptais faire; je lui dis alors que j'avais une demi-envie de courir après celle que j'aimais.

— Tant que vous courrez, cela ira bien, me répondit-il, car en amour mieux vaut poursuivre que tenir; mais s'il vous arrive de trouver celle que vous cherchez, vos misères recommenceront.

Et, comme j'avais l'air surpris de cette singulière assertion :

— Comment voulez-vous qu'une Mouette vous aime? reprit-il; les Mouettes s'aiment entre elles, comme les Pingouins doivent s'aimer entre eux. Quelle idée vous a pris, à vous qui êtes un Oiseau plein d'embonpoint, d'aimer une de ces vivantes bouffées de plumes qui ne peuvent pas rester en place, et que le diable et le vent emportent toujours?

— Ma foi! m'écriai-je, si je sais quelque chose, ce n'est pas comment vient l'amour. Quant au mien, il m'est venu, ou plutôt il m'est tombé du ciel, comme j'ai eu l'honneur de vous le dire.

— Du ciel! s'écria à son tour mon compagnon de route. Voilà bien le langage des amoureux! A les en croire, le ciel serait toujours de moitié dans leurs affaires.

— Vous m'avez l'air bien revenu de tout, lui dis-je, monsieur ; que vous est-il donc arrivé? Est-ce que vous êtes malheureux!

Mon nouvel ami ne répondit à ma question que par un sourire assez triste; il se trouvait là un rocher que la marée basse avait laissé à découvert, il y grimpa après m'avoir témoigné qu'il serait bien aise de se reposer un peu, et je fis comme lui.

Et comme il se taisait, je me tus aussi, me contentant de l'examiner en silence. Il avait l'air extrêmement préoccupé, et, par discrétion, je me tins à l'écart.

Au bout de quelques minutes il fit un mouvement, et je crus pouvoir me rapprocher de lui.

— A quoi pensez-vous ? lui demandai-je.

— A rien, me répondit-il.

— Mais enfin qui donc êtes-vous, lui dis-je, Oiseau qui parlez et qui vous taisez comme un sage ?

— Je suis, me répondit-il, de la famille des Palmipèdes totipalmes ; mais de mon nom particulier on m'appelle Fou.

— Vous Fou ! m'écriai-je ; allons donc !

— Mais oui, Fou, reprit-il. On nous appelle ainsi parce qu'étant forts nous ne sommes pas méchants, et à un certain point de vue qui n'est pas le bon, on a raison.

X

O justice !

— Mais ce n'est pas de moi qu'il s'agit, me dit cet Oiseau véritablement sublime, parlons de vous. Il y a de par le monde, et pas bien loin d'ici, une île qu'on appelle l'île des Pingouins. Cette île est habitée par des Oiseaux de votre espèce, des Pingouins, des Manchots, des Macareux, tous Brachyptères comme vous ; c'est là qu'il faut aller, mon ami. Dans cette île, vous ne serez pas plus laid qu'un autre, et il se peut même que relativement on vous y trouve très-beau.

— Mais je suis donc laid? lui dis-je.

— Oui, me répondit-il. Votre Mouette avec son élégant manteau bleu couleur du temps, son corps blanc comme neige et sa preste allure, vous paraissait-elle jolie?

— Une Fée! c'était une Fée! une perfection!

— Eh bien, me répondit-il, lui ressemblez-vous?

— Partons! m'écriai-je. Avec vous, ô le plus sage des Fous, j'irais au bout du monde.

XI

Comment il se fit que, tout en cinglant vers l'île des Pingouins, nous nous trouvâmes, après des fatigues de tout genre, en vue d'une île qui n'était pas celle que nous cherchions, voilà ce qui n'étonnera que ceux qui ne se sont jamais trompés de chemin.

Comment il se fit encore qu'après être partis avec des vents favorables et par un temps superbe, nous rencontrâmes sur notre route une grosse tempête, voilà ce qui n'étonnera personne non plus, si ce n'est pourtant ceux qui ne sont jamais sortis de leur coquille.

Du reste, tant que dura la tempête, qui fut horrible, cela alla bien. Soit que nous fussions au fond ou au-dessus de l'abîme, le calme de mon mentor ne se démentit point.

— O maître, lui dis-je quand la colère des flots fut apaisée, qui donc vous a appris à vivre tranquillement au milieu des orages?

— Quand on n'a rien à perdre, on n'a rien à sauver, et partant rien à craindre, me répondit mon compagnon de voyage, en souriant une fois encore de ce triste sourire que je lui avais déjà vu.

— Mais nous pouvions mille fois perdre la vie ! m'écriai-je.

— Bah! reprit-il, il faut bien mourir, qu'importe donc comment on meurt... pourvu qu'on meure, ajouta-t-il après un moment de silence, mais tout bas et comme quelqu'un qui se parlerait à lui-même et oublierait qu'on peut l'entendre.

Assurément, pensai-je, mon bon ami a dans le fond du cœur un grand chagrin qu'il me cache; et j'allais, au risque d'être indiscret, le supplier de me raconter ses peines comme je lui avais raconté les miennes, et de se plaindre un peu à son tour, quand, reprenant tout d'un coup la conversation où il l'avait laissée :

— Tiendriez-vous donc maintenant à la vie, me dit-il, vous qui tout à l'heure encore pensiez à vous l'ôter?

— Hélas! lui dis-je, monsieur, j'en conviens, depuis que vous m'avez fait espérer qu'il pouvait y avoir un coin de terre où l'on ne me rirait pas au nez en me regardant, le courage m'est revenu, et je crois bien que je ne serais pas fâché de vivre encore un peu, ne fût-ce que par curiosité. Ai-je tort ?

— Mon Dieu non, me répondit-il.

XII

L'ILE HEUREUSE.

— Parbleu! s'écria mon guide quand nous eûmes mis pied à terre et que nous nous fûmes un peu secoués pour nous sécher, c'est inouï comme on vient quelquefois à bout de reculer sans faire un seul pas en arrière ! voilà un coin de terre qui devrait être à cinq cents lieues derrière nous.

Et comme je lui demandais où nous étions :

Cette île est l'île Heureuse, reprit-il ; son nom ne se trouve, que je sache, sur aucune carte, et elle n'est guère connue ; mais en somme elle mérite de l'être, et pour un Pingouin de votre âge, un séjour de quelques heures dans ce pays peut n'être pas sans profit. Si donc vous le voulez, nous irons plus avant dans les terres.

— Si je le veux ! m'écriai-je.

Et déjà je baisais avec transport l'île fortunée qui avait pu mériter un si beau nom.

La, la, calmez-vous, me dit mon guide, ceci n'est encore ni le Pérou ni le Paradis des Pingouins ; vous laisserez-vous donc toujours prendre à l'étiquette du sac ?

« L'île Heureuse n'a été ainsi nommée que parce que ses habitants apportent tous en naissant une si furieuse envie d'être heureux, que leur vie tout entière se passe à essayer de satisfaire cette envie ; si bien qu'ils se donnent plus de mal pour atteindre leur chimère qu'il ne saurait leur en coûter jamais pour être tout bonnement malheureux comme doit l'être et comme consent à l'être toute créature qui a tant soit peu d'expérience et de sens commun.

« Ces dignes insulaires ne peuvent pas se persuader qu'il est bon que dans le monde il y ait toujours quelque chose qui aille de travers, que le bien de tous se compose du mal de chacun, que, quoi qu'on fasse, on n'est jamais heureux qu'à ses propres dépens, et qu'enfin, s'y il a des heures heureuses, il n'y a pas de jours heureux.

est belle, ou bien : *Ah! quel plaisir d'être phalanstérien!* et non en criant et en se lamentant comme cela s'est pratiqué à tort jusqu'à présent.

« On vivra sans souffrir, et après une vie heureuse on quittera le bonheur lui-même sans regrets; en un mot, on en viendra à mourir pour son plaisir.

« Sans quoi on ne mourrait plutôt pas.

« Nous allons voir quel peut être le résultat de ce nouveau spécifique.

« Voici là-bas une grande maison qui n'est pas trop belle, et dans laquelle ces nouveaux apôtres du bonheur sur la terre se livrent à leurs jeux innocents.

« Allons-y; peut-être en aurons-nous pour notre argent. »

Sur la porte on lisait .

PHALANSTÈRE.

PREMIER CANTON D'ESSAI. — ASSOCIATION DE BAS DEGRÉ.

(HARMONIE HONGRÉE.)

C'est-à-dire, en langage vulgaire : *Nous sommes ici quatre cents tous heureux.*

Un immense avantage en éducation harmonienne, c'est de neutraliser l'influence des parents, qui ne peut que retarder et pervertir l'enfant (1).

Dans une des salles d'entrée nous vîmes d'abord d'excellentes petites mères qui refusaient de couver leurs œufs.

« C'est déjà bien assez, s'écriaient-elles, qu'on soit obligé de les pondre soi-même. »

---

(1) *Association composée,* Fourier.

Après quoi elles s'en allaient modestement chercher et rejoindre dans les jardins, au beau milieu des groupes des choutistes, des ravistes et autres amis des légumes, leurs préférés amovibles ou amoureux.

Ou bien encore, si, tant bien que mal, les pauvres petits étaient éclos :

« Je vous ai pondus, et qui plus est, je vous ai couvés, disaient-elles à leurs nouveau-nés ; que d'autres vous nourrissent. Nous viendrons vous gâter plus tard si nous y pensons. »

Et vous croyez peut-être que les œufs et les petits restaient là.

Pas du tout.

Comme il a été reconnu que dans le système d'association composée les vrais pères et les vraies mères, ceux et celles que donnent la loi de la nature, la logique du cœur et le bon Dieu, ne valent pas le diable, l'association ne manque pas de leur substituer des individus qui, pour n'être que des pères adoptifs, n'en sont évidemment que meilleurs, puisqu'ils n'ont eu aucune raison pour le devenir.

De temps en temps arrivaient à quatre pattes de vieux patriarches et de bonnes mères nourrices qui s'emparaient des orphelins et s'en allaient leur donner gratis la becquée, et les préparer à l'harmonie, chacun selon son degré d'âge ou de caractère, dans les salles destinées aux hauts poupons, mi-poupons, bas poupons et autres.

Un Nilgaud sibyllin nous apprit que les patriarches et les bonnes mères nourrices étaient d'excellents Renards et des Fouines compatissantes, voire même de vieilles Couleuvres, dont l'attraction pour les œufs éclos et à éclore était incontestable.

Un peu plus loin les Loups dévoraient des Agneaux, lesquels, pour que les pauvres Loups ne mourussent pas de faim, se laissaient croquer à belles dents.

Quelques-uns même, qui n'étaient pas mangés encore, semblaient attendre leur tour avec impatience.

— Quoi ! leur dis-je, seriez-vous vraiment pressés d'être dévorés, et est-ce bien pour votre plaisir que vous attendez une pareille mort ?

— Pourquoi non ? me répondit un charmant petit Agneau, c'est une attraction comme une autre ; s'il plaît à ceux-ci de vivre, il faut bien qu'il nous plaise de mourir.

— . . . . . Le ciel permit aux Loups
D'en croquer quelques-uns…

me dit un Singe qui avait entendu ma question.

— Ils les croquèrent tous,

ajouta en riant dans sa barbe, et en trempant sa mouillette dans un œuf auquel il était supposé servir de père, un des Renards nourriciers que j'avais vus dans la première salle.

Mais où je vis le plus distinctement tout le parti qu'on pouvait tirer de la nouvelle doctrine, ce fut dans un séristère ou étable principale qui se trouvait au centre.

Sur un des panneaux de la porte on lisait :

SALLE D'ÉTUDE. — TRAVAIL ATTRAYANT.

L'assemblée était nombreuse, les travailleurs étaient couchés les uns sur les autres, les plus gros sur les plus petits, comme de juste.

Il y avait là des Sangliers civilisés qui ne manquaient pas de se coucher sur le dos quand ils étaient fatigués d'être sur le ventre, des Bœufs qui avaient abandonné leur charrue, et des Chameaux qui essayaient de faire porter leurs bosses à leurs voisins, lesquels auraient désiré sans doute que les bosses fussent plates, si en pleine phalange un phalanstérien pouvait avoir quelque chose d'impossible à désirer.

Ceux qui ne dormaient pas bâillaient ou allaient bâiller, ou avaient bâillé, et tous semblaient s'ennuyer profondément.

Au centre était assis un Singe, qui, tenant un de ses genoux dans ses mains, la tête un peu penchée en arrière, semblait absorbé dans ses réflexions et penser pour les autres, bien qu'à vrai dire il s'en souciât fort peu.

— Monsieur, lui dis-je, ces gens si tristes sont-ils vraiment heureux ?

— J'ai bien peur que non, me répondit-il, quoiqu'ils n'aient rien de mieux à faire. Quant à moi, continua-t-il, je suis bien mal sur ce tabouret ; si je n'étais pas chef de phalange, je me coucherais comme les autres.

En nous en allant nous passâmes devant la boutique d'un maréchal ferrant, qui, comme tous ses confrères, s'était fait cordonnier et vendait aux chevaux qui avaient les pieds sensibles des escarpins, des brodequins et des pantoufles en tapisserie.

— Ma foi, dis-je à mon compagnon de route, j'en ai assez de l'île Heureuse et de cette promenade en harmonie. Ce serait à dégoûter du bonheur, si c'était là le bonheur.

— Quand les partisans de ce nouveau système n'auront plus rien à manger et à faire manger à leur système, j'espère bien qu'à moins qu'ils ne se mangent les uns les autres ils en viendront à...

Je ne pus achever, tant ce que je vis m'étonna.

Mon guide, que j'avais pu croire au-dessus de toute émotion, comme l'Oiseau dont parle le poëte : *Impavidum ferient ruinæ* ; mon guide jusque-là impassible, s'étant arrêté pour se désaltérer sur le bord d'une petite rivière, s'était mis tout à coup à donner les signes du plus violent désespoir.

— Que je suis malheureux ! s'écriait-il ; que je suis malheureux !

Et il poussait de si profonds soupirs, que je courus à lui les larmes aux yeux.

— Pour Dieu ! qu'avez-vous, mon bien cher ami ? lui dis-je.

— Ce que j'ai ? me répondit-il ; et il me montrait sur l'autre rive un groupe de Canards musqués qui barbotaient avec beaucoup de fatuité autour d'une des plus belles Oies frisées que j'aie vues de ma vie. Ce que j'ai ?.. Je n'ai rien, sinon que j'ai aimé comme un fou cette dame que tu aperçois là-bas, et elle m'aimait aussi !!! mais hélas ! un jour elle disparut. Jusqu'à présent j'avais eu le bonheur de la croire morte, et n'avais cessé de la pleurer ; aussi n'ai-je pas été maître de mon émotion en la retrouvant ici dans cette sotte île, et en la voyant prodiguer ses faveurs à ces petits imbéciles de Canards musqués qui l'entourent.

— Consolez-vous, lui dis-je, ou du moins cherchez à vous consoler.

— Chercher à se consoler, me répondit-il en relevant la tête, c'est n'avoir pas la patience d'attendre l'indifférence. On ne se console pas, on oublie. J'oublierai.

Et s'étant couvert de ses ailes comme d'un sombre

nuage, il se dirigea vers la mer, où nous arrivâmes sans qu'il eût prononcé un seul mot ni jeté un regard en arrière.

— Amour redoutable, pensai-je, faut-il donc croire tout le mal qu'on dit de toi? Comment cette Oie frisée a-t-elle pu tromper ce bon Oiseau? Qui m'assure que celle que j'aime?...

Mais à quoi bon vous dire cela, cher lecteur?

XIII

L'ILE DES PINGOUINS.

Deux jours après nous étions enfin dans l'île des Pingouins.

— Que veut dire ceci? dis-je en apercevant deux ou trois cents individus de mon espèce qui étaient rangés sur la côte et comme en bataille; est-ce pour nous faire honneur ou pour nous mal recevoir que ces Oiseaux, mes frères, bordent ainsi le rivage?

— Sois tranquille, me répondit mon ami; ces Pingouins, tes semblables, sont là pour ne rien faire, et nous n'avons rien à craindre. Ils ont, comme tant d'autres, l'habitude de se rassembler sans but, et ne font guère autre chose, tant que dure le jour, que de rester plantés les uns à côté des autres comme des piquets. Cela ne fait de mal à personne, et cela leur suffit.

On nous reçut avec beaucoup de bonhomie, et les premiers que nous rencontrâmes nous conduisirent, avec toutes sortes de prévenances, vers un vieux Manchot, qu'ils nous dirent être le roi de l'île, et qui l'était en effet;

ce qui ne nous étonna pas quand nous le vîmes, car c'était le plus gros Manchot qu'on pût voir, et nous ne pûmes nous empêcher de l'admirer.

Ce bon roi était assis sur une pierre, qui lui servait de trône, et entouré de ses sujets, qui avaient tous l'air d'être au mieux avec lui.

— Illustres étrangers, s'écria-t-il du plus loin qu'il nous aperçut, vous êtes les bienvenus, et je suis enchanté de faire votre connaissance.

Et comme la foule qui l'entourait nous empêchait d'arriver jusqu'à sa personne :

— Ça, dit-il, mes enfants, rangez-vous donc un peu pour laisser passer ces messieurs.

Aussitôt les dames se mirent à sa gauche, et les Pingouins à sa droite.

Puis, s'étant excusé de ce qu'il ne se dérangeait point sur l'extrême difficulté qu'il éprouvait à marcher, ce bon monarque nous fit signe d'approcher.

— Messieurs les étrangers, nous dit-il, faites ici comme chez vous, et si vous vous y trouvez bien, restez-y. Dieu merci, il y a de la place pour tout le monde dans mon petit royaume.

Nous lui répondîmes qu'il était bien bon et que son petit royaume nous paraissait très-grand, ce qui le mit tout à fait en bonne humeur.

Cet excellent roi nous demanda alors d'où nous venions, et dès qu'il sut que nous avions beaucoup voyagé, il nous fit raconter l'histoire de nos voyages, qu'il écouta avec tant de plaisir, que, lorsqu'il croyait que nous allions nous arrêter, il nous criait : « Encore ! » ce qui nous redonnait beaucoup de courage.

Lorsque ce fut pour de bon fini, n'y pouvant plus tenir,

il jeta par-dessus sa tête l'antique bonnet phrygien qui, de temps immémorial, servait de couronne aux rois de ce pays; il jeta aussi la marotte, symbole de sagesse qui lui tenait lieu de sceptre, ainsi que l'œuf vide qui, dans sa main, figurait l'univers, et, s'étant ainsi débarrassé, il nous ouvrit ses bras en nous disant :

— Embrassez-moi, vous êtes d'honnêtes Oiseaux que j'aime; et, s'il vous plaît, nous ne nous quitterons plus.

— Ma foi, sire, lui dis-je, je crois que nous aurions tort de vous refuser; si donc mon ami pense comme moi, nous resterons.

— Qu'en dites-vous, monsieur le Fou? c'est à vous de parler. Regardez cette île, et si, parmi ces rochers qui dominent la mer, il y en a un qui vous convienne, il est à vous.

— Sire, répondit mon ami, des rois comme vous et des royaumes comme le vôtre sont très-rares, et je ne demande pas mieux que de vivre et de mourir chez vous.

— Bien dit! s'écria le roi; d'ailleurs, cher monsieur, ajouta-t-il, vous ne serez pas le seul Fou de cette île, et, vous savez... plus on est de fous, plus...

Et comme la plaisanterie fut très-goûtée :

— Mes enfants dit le prince au comble du bonheur, ces messieurs sont des nôtres, traitez-les bien.

Chacun se mit alors à crier :

« Vive le roi! vive le roi! »

Et ma foi! nous criâmes comme les autres, et plus fort que les autres :

« Vive le roi! »

Après quoi :

— Quant à vous, ajouta ce grand monarque en s'adressant plus particulièrement à moi, ce n'est pas tout. J'ai une idée! êtes-vous marié?

— Sire, lui répondis-je, je suis garçon.

— Il est garçon! dit Sa Majesté en se retournant du côté des Dames; garçon!!!

— Lui garçon! s'écrièrent-elles toutes aussitôt; c'est un péché, il faut le marier.

— Vous l'avez dit, s'écria le roi en riant de tout son cœur, et j'étais sûr que vous le diriez!

— Mais, sire, m'écriai-je, voyant enfin, mais trop tard, où il voulait en venir, mon cœur est...

— Ta, ta, ta, chansons; taisez-vous, me dit-il; votre cœur est bon, et vous ne me refuserez pas d'être mon gendre; je n'ai point de fils, vous m'en servirez, vous me succéderez, et je mourrai content. Qu'on aille bien vite me chercher la princesse, ajouta-t-il.

Je m'attendais si peu à cette proposition que je restai muet d'étonnement.

— Qui ne dit mot consent! s'écria le roi.

Et je n'avais pas encore eu le temps de prendre un parti, que déjà la princesse, à laquelle on avait dit de quoi il s'agissait, était arrivée toujours courant, de façon que, quand je levai les yeux sur elle, je rencontrai les siens, qui, hélas! ne me parurent point cruels.

— Regardez-la donc, me disait celui qui voulait devenir mon beau-père, et regardez-la bien. N'êtes-vous pas ravi? n'êtes-vous pas trop heureux? ne la trouvez-vous pas jolie?

— Bonté divine! pensai-je, elle, jolie! elle qui me ressemble comme deux gouttes d'eau se ressemblent.

— Et si vous saviez quelle bonne fille cela fait, et quelle bonne grosse femme vous aurez là! disait le pauvre père en jetant sur la jeune princesse des regards attendris.

Sans compter, ajouta-t-il, que pas une de mes sujettes n'a les pieds plus larges, la taille plus épaisse, les yeux plus petits, le bec plus jaune. Et sa robe, disait-il encore, n'est-elle pas superbe? et ses petits bras ne sont-ils pas aussi courts qu'on peut les désirer? et cette espèce de palatine qui s'arrondit gracieusement sur son dos, en avez-vous vu de plus belles?

— Hélas! dis-je tout bas à mon ami, il y a des siècles que les palatines sont passées de mode!

— Tu auras le meilleur beau-père qu'on puisse voir, me répondit-il.

— Mais ce n'est pas lui qui sera ma femme! lui dis-je.

— Le mariage est le meilleur des maux, reprit-il; si ce n'est déjà fait, oublie ta Mouette.

— Hélas! pensais-je, le souvenir nous tue; mais qui de nous voudrait oublier?

Pendant ce temps-là :

— A quand la noce? disaient les jeunes gens.

— Cela fera un beau couple, disaient les vieillards.

— Et ils auront beaucoup d'enfants, ajoutaient les commères.

— Il n'est pas malheureux! disaient les jaloux. Pour un Pingouin de rien, né on ne sait où et d'un œuf inconnu, une princesse! je crois bien qu'il accepte!

— Mariez-vous! mariez-vous! mariez-vous! me disait-on de tous côtés.

Je me mariai donc.

Le beau-père fit tous les frais de la noce : car, en Pingouinie, les rois ont, comme les plus pauvres de leurs sujets, de quoi marier et doter convenablement leurs filles.

Et voilà comment je devins fils de roi, et voilà comment on fait de sots mariages; et c'est ainsi que tous mes tourments finirent par un malheur : car ma femme se trouva n'être pas trop bonne, et je ne fus guère heureux.

Aussi n'oubliai-je rien.

XIV

Je pourrais en rester là ; mais, puisque j'en ai tant dit, j'irai jusqu'au bout : car, aussi bien, j'ai encore un aveu à faire.

Je rêvai un jour que je revoyais celle que j'avais tant aimée, et qu'elle m'appelait.

Dans mon rêve, je la revis si bien, ainsi que la place où je croyais la voir, que, quand je me réveillai, je me persuadai que, si cette place existait quelque part, en cherchant bien, je la trouverais.

Je résolus donc de partir, et, après avoir fait quelques préparatifs et prétexté une mission diplomatique, je m'en allai, laissant là ma femme et mes enfants, ce qui était fort mal.

Pendant deux ans, tout au moins, je courus le monde sans rien rencontrer de ce que je cherchais, et ne retirai aucun fruit de mes voyages, sinon que j'appris que les vagues de la Méditerranée sont plus courtes que celles de l'Océan, et qu'il y a sur ce globe sept fois plus de surface d'eau que de surface de terre, ce qui me donna, entre autres idées, une grande idée des poissons.

Mais tout d'un coup, et au moment où je commençais à désespérer, je retrouvai sur un banc de sable... et accroupie sur les restes immondes d'une Baleine échouée... et en compagnie d'un ignoble Cormoran, le plus lâche des Oiseaux de mer, cette Mouette éthérée, cette beauté parfaite, cette péri, cette sylphide, dont la séduisante image avait obsédé ma vie.

Et c'est ainsi que j'appris que tout ce qui brille n'est pas or, et qu'avant de donner son cœur, on ne ferait pas mal d'y regarder à deux fois; que dis-je? à cent fois, dut-on finir par y voir toujours trop clair, et ne le donner jamais.

O mon premier amour! combien il m'en coûta de rougir de vous! Que devins-je quand je découvris que j'avais couru après un fantôme, que j'avais adoré un faux dieu, et que cette Mouette sans égale n'était qu'une Mouette de la pire espèce.

L'habitude du malheur finit par rendre ingénieux à s'en consoler.

— Tout est bien! m'écriai-je; mieux vaut la dure vérité que le plus doux mensonge.

Et je mis à la voile pour l'île des Pingouins, bien résolu, cette fois, de n'en plus sortir, et de devenir à la fois bon époux, bon père et bon prince.

XV

Dès mon arrivée, j'allai visiter notre peuple, qui se portait fort bien, et mon beau-père, qui, Dieu merci! se portait encore mieux que notre peuple; et puis, ensuite, je me mis en quête de ma chère femme, que je retrouvai avec mes deux enfants, — *et, bénédiction céleste!... deux enfants de plus!*

XVI

Ce que voyant, je m'en allai trouver mon ami le Fou.

Le roi, qui avait su l'apprécier, avait voulu faire de lui son premier ministre; mais mon ami s'en était excusé sur sa santé, qui était en effet fort délabrée.

Un médecin, qu'on avait consulté, avait même paru craindre que sa poitrine ne fût attaquée.

— Mon ami, lui dis-je, vous n'avez pas bonne mine, il faudrait vous soigner.

— Bah! dit-il, chaque heure nous blesse; heureusement, la dernière nous tue.

Il demeurait sur un rocher qui surpassait tous les autres en hauteur; il y vivait très-retiré, ne voyant personne ou presque personne, parce que, disait-il, quand on est seul, on est encore avec ceux qu'on aime.

L'Oiseau anonyme, le Silencieux et le Solitaire, faisaient toute sa société.

— Décidément, lui dis-je après lui avoir conté ce qui venait de m'arriver, je ne suis pas heureux.

— Et pourquoi diable le seriez-vous? me dit-il; avez-vous mérité de l'être? Voyons, qu'avez-vous trouvé? que tirez-vous de votre sac? montrez-moi votre trésor. Avez-vous assez couru! vous êtes-vous assez remué! êtes-vous trop puni? Enfin, me disait-il, aucun but valait-il donc la peine de tant d'efforts?

— Vous aurez beau dire, m'écriai-je, je n'aurais pas été fâché d'être heureux, ne fût-ce qu'un peu, pour savoir ce que c'est que le bonheur.

— Mille diables! reprit-il avec une incroyable vivacité,

quel maudit entêtement! Mais où avez-vous appris, Pingouin que vous êtes, qu'on pouvait être heureux? Est-ce qu'on est heureux?

« Pour l'être, il faudrait préférer les nuages au soleil, la pluie au beau temps, la douleur au plaisir, mettre son bonheur à pleurer, n'avoir rien et se trouver trop riche de moitié, croire aux balivernes et que les vessies sont des lanternes, se persuader qu'on vit quand on rêve, qu'on rêve quand on vit, adorer des prestiges, des apparences, des ombres, avoir un pont pour toutes les rivières, se payer de belles paroles, nier le diable au milieu des diableries, tout savoir et ne rien apprendre, bouleverser la mappemonde, et mettre enfin chaque chose à l'envers.

« D'ailleurs, ajouta-t-il, après avoir toutefois repris haleine, si vous êtes malheureux, attendez, le temps détruit tout. »

J'attends, donc!

Si vous êtes malheureux, lecteur, faites comme moi : tout prend fin, même cette histoire.

1840.

A QUOI TIENT

LE COEUR D'UN LÉZARD.

(Fragment des souvenirs d'une vieille Corneille.)

I

J'aime les ruines.

Dans une des pierres les plus pittoresques d'un vieux mur qui m'avait séduite, vivait un Lézard, le plus beau, le plus distingué, le plus aimable de tous les Lézards; pour peu qu'on eût du goût, il fallait admirer la taille svelte, la queue déliée, les jolis ongles crochus, les dents fines et blanches, les yeux vifs et animés de cette charmante créature. Rien n'était plus séduisant que sa gracieuse personne. Il n'était aucune de ses changeantes couleurs dont le reflet ne fût agréable. Tout enfin était délicat et doux dans l'aspect de ce fortuné Lézard.

Quand il grimpait au mur en frétillant de mille façons élégantes et coquettes, ou qu'il courait en se faufilant dans l'herbe fleurie sans seulement laisser de traces de son joli petit corps sur les fleurs, on ne pouvait se lasser de le regarder, et toutes les Lézardes en avaient la tête tournée.

Du reste, on ne saurait être plus simple et plus naïf que ne l'était ce roi des Lézards. — Comme un Kardouon célèbre, il aurait été de force à prendre des louis d'or pour des ronds de carotte. Ceci prouve qu'il avait toujours vécu loin du monde.

Je me trompe : une fois, mais une fois seulement, il avait eu l'occasion d'aller dans le monde, dans le monde des Lézards bien entendu, et quoique ce monde soit cent fois moins corrompu que le monde perfide des Serpents, des Couleuvres et des Hommes, il jura qu'on ne l'y reprendrait plus, et n'y resta qu'un jour qui lui parut un siècle.

Après quoi il revint dans sa chère solitude, bien résolu de ne plus la quitter, et sans avoir rien perdu, heureusement, de cette candeur et de ce bon naturel qui ne se peut guère garder qu'aux champs, dans la vie qu'un Animal dont le cœur est bien placé peut mener au milieu des fleurs et en plein air, devant cette bonne nature qui nous caresse de tant de façons. — C'est le privilége des âmes candides d'approcher le mal impunément. — Il demeurait au midi, dans ce superbe vieux mur, et avait eu le bon esprit, ayant trouvé au beau milieu d'une pierre un brillant petit palais, d'y vivre sans faste, plus heureux qu'un prince, et de n'en être pas plus fier pour cela.

C'était en vain qu'un Geai huppé lui avait assuré qu'il descendait de Crocodiles fameux et que ses ancêtres avaient trente-cinq pieds de longueur. Se voyant si petit, et voyant aussi que le plus grand de ses ancêtres ne l'aurait pu grandir d'une ligne ni ajouter seulement un anneau aux anneaux de sa queue, il se souciait fort peu de son origine et ne s'inquiétait guère d'être né d'un œuf imperceptible ou d'un gros œuf, pourvu qu'il fût né de manière à être heureux, et il l'était. Il ne se serait pas dérangé d'un pas pour aller contempler ce qui restait de ses pères, dont il ne restait que des os, si honorable qu'il fût pour ces restes illustres d'être conservés à Paris, dans le jardin des Plantes, ce tombeau de sa noble famille, comme disait le Geai huppé.

Enfin, sans avoir les faiblesses contraires, il n'avait point de faiblesses aristocratiques, et n'aurait pas refait la Genèse pour s'y donner une plus belle place. — Il était content de son sort, et, du moment où le soleil brillait pour tout le monde, peu lui importait le reste.

II

Qui le croira? Au dire de toutes les Lézardes des environs, il manquait quelque chose à un Lézard si bien doué, puisqu'aucune d'elles n'avait encore trouvé le chemin de son cœur. Ce n'était pas que beaucoup ne l'eussent cherché. Mais hélas! le plus beau des Lézards était aussi le plus indifférent de tous, et il ne s'était même pas aperçu du bien qu'on lui voulait.

C'était vraiment dommage, car il ne s'était peut-être jamais vu de Lézard de meilleure mine. Mais qu'y faire, et comment épouser un Lézard qui ne veut pas qu'on l'épouse? La plupart avaient porté leur cœur ailleurs.

III

Le plus beau Lézard du monde ne peut donner que ce qu'il a, et ce qu'on a donné une fois, on ne l'a plus. Or, le plus beau Lézard du monde avait donné son cœur, et donné sans réserve. Voilà ce que personne ne savait, et lui-même n'en savait pas plus que les autres. Cet amour lui était venu sans qu'il s'en aperçût : c'est ainsi que l'amour vient quand il doit rester ; et il était entré si avant dans ce cœur bien épris, que, l'eût-il voulu, il n'y aurait pas eu moyen de l'en faire sortir. Voilà comme on aime quand on aime bien, et quand on a raison d'aimer ce qu'on aime.

Vous lui eussiez dit qu'il était amoureux que vous l'eussiez offensé, et qu'il ne vous eût pas cru. Amoureux, lui ! dites dévoué, dites reconnaissant, dites respectueux, dites religieux, dites pieux, ou plutôt faites un mot tout à la fois plus grand et plus simple, plus chaste et plus pur que tous ces mots, un mot tout exprès. Mais amoureux ? il ne l'était pas ; il n'aurait osé, ni voulu, ni daigné, ni su l'être.

Aimer et rien qu'aimer, c'est bien peu dire ! — Peut-être, si ce mot n'eût été, comme tant d'autres mots de notre langue, gâté et profané, eût-il laissé dire qu'il adorait ce qu'il aimait ; mais, à coup sûr, le plus humble silence pouvait seul exprimer convenablement ce qu'il sentait. Telle était son innocence, qu'il ne s'était jamais rendu compte de l'état de son cœur.

Sans doute, il lui plaisait de ne rien faire et de vivre au printemps, et de regarder fleurir les fleurs nouvelles par un beau jour, ou bien d'aller, de venir et de revenir, et de courir en liberté, au milieu de l'herbe embaumée, après

les fils de la bonne Vierge, ces blanches toiles d'Araignée
que le ciel envoie toutes garnies de mouches excellentes
à ses Lézards privilégiés. — Il aimait aussi la chasse aux
Sauterelles, et écoutait volontiers la vieille chanson des
Cigales, quand il ne préférait pas les manger, dans l'intérêt des fleurs ses amies.

Mais ce qu'il aimait par-dessus tout, et de toutes ses
forces, et autant que Lézard peut aimer, c'était le soleil.
Le soleil! dont Satan lui-même devint à la fois amoureux
et jaloux. — Quand le soleil était là, il était tout entier au
soleil, et ne pouvait songer à autre chose. Dès le matin,
vous l'eussiez vu paraître, sans bruit, sur le seuil de sa
demeure, se tourner doucement, ainsi que l'héliotrope,
son frère en amour, vers ce roi des astres et des cœurs
que les poëtes, et, parmi les poëtes, les aveugles eux-
mêmes, ont chanté; et là, couché sur la pierre brûlante,
son âme, ravie, se fondait sous les rayons d'or de son
bien-aimé. Heureux, trois fois heureux! Il dormait tout
éveillé, et réalisait ainsi les doux mensonges des rêves.

IV

Partout où il y a des Lézards, il y a des Lézardes. Or,
non loin de la pierre dans laquelle demeurait mon Lézard,
il y avait une autre pierre au fond de laquelle logeait un
cœur qui ne battait que pour lui, et que rien n'avait pu
décourager. Ce petit cœur tout entier appartenait à l'ingrat, qui ne s'en doutait seulement pas. La pauvre petite
amoureuse passait des journées entières à la fenêtre de sa
crevasse à contempler son cher Lézard, qu'elle trouvait

le plus parfait du monde; mais c'était peine perdue, et elle le voyait bien. Mais que voulez-vous? Elle aimait son mal, et ne désirait point en guérir. Elle savait que le plus grand bonheur de l'amour, c'est d'aimer. Pourtant, quelquefois, sa petite demeure lui paraissait immense. Il eût été si bon d'y vivre à deux. Quand cette pensée lui venait, ses petits yeux ne manquaient pas de se remplir de larmes. Que n'eût-elle pas donné pour essayer de cet autre bonheur qu'elle ne connaissait pas, celui d'être aimée à son tour!

— Une jolie crevasse et un cœur dévoué, c'est pourtant une belle dot, pensait-elle.

Ou ce Lézard était aveugle, ou il était de pierre.

L'espérance la soutint aussi longtemps qu'elle crut que son Lézard n'aimait rien.

Mais que devint-elle, grand Dieu! quand elle s'aperçut qu'elle avait pour rival, elle petite Lézarde, humble Lézarde, le soleil! et que l'ingrat n'avait d'yeux que pour lui.

Aimer le soleil! Sans le profond respect que lui inspirait son étrange rival, elle eût cru que son Lézard avait perdu la tête; car, à vrai dire, elle ne se rendait pas bien compte d'une passion aussi singulière, et, pour sa part, elle ne comprenait pas bien qu'un Lézard intelligent ne pût s'arranger de façon à aimer à la fois et le soleil et une Lézarde.

C'était une bonne âme, mais elle n'était nullement artiste, et n'entendait rien aux sublimes extravagances de la poésie.

A la fin, le désespoir s'empara d'elle, et sans en rien dire à personne, elle se prit d'un si grand dégoût de la vie, qu'elle résolut d'y mettre fin. A la voir, on ne l'eût jamais soupçonnée d'avoir cette folle envie de mourir à la fleur de l'âge et dans tout l'éclat de sa beauté. Mais telle était sa fantaisie, et rien ne pouvait l'en détourner.

Poursuivie par ses sombres pensées, elle courait, au péril de ses jours, à travers les fossés profonds et les échaliers serrés, et la lisière des bois verdoyants, et les semailles, et les moissons, et les vergers, et les routes poudreuses, sans craindre ni le pied de l'Homme ni la serre de l'Oiseau de proie. Que lui servait de vivre et d'être jolie, d'avoir une belle robe bien ajustée, et d'en pouvoir changer tous les huit jours, et de porter à son cou un collier d'or qui eût fait envie à une princesse, du moment où elle ne savait que faire de tout cela?

Vous tous, qui avez souffert comme elle, vous comprenez qu'elle songeât à la mort !

V

— Vivre ou mourir, disait-elle, lequel des deux vaut le mieux?

Un vieux Rat, à moitié aveugle, passait en ce moment au bas de la ruine?

— Mieux vaut mourir que rester misérable, murmurait le vieux Rat, qui marchait avec peine, et qui pensait tout haut, comme beaucoup de vieilles gens. — Ceux de MM. les Animaux domestiques qui s'étonnent de tout, s'étonneront peut-être de voir ces paroles dans la bouche d'un Rat des champs. Mais y a-t-il deux manières de formuler une même vérité? Seulement à la ville et chez les Hommes la vérité se chante, ailleurs on la crie, ou on l'étouffe.

La pauvre Lézarde était superstitieuse; elle vit dans ces paroles, que le hasard seul lui apportait, dans cette vieille rengaine de tous les vieux Rats, une réponse directe à sa question et un avertissement du ciel.

Elle pouvait encore apercevoir la queue pelée de son oracle qui traînait après lui dans la poussière, que déjà son parti était pris.

— Je mourrai! s'écria-t-elle, mais il saura que je meurs pour lui.

VI

Tel est l'empire d'une grande résolution, que cette Lézarde, qui jusque-là n'avait jamais osé regarder en face celui qu'elle aimait, se trouva, comme par miracle, à côté de lui.

Quand le Lézard vit cette jolie Lézarde venir à lui d'un air si déterminé, il se retira de quelques pas en arrière parce qu'il était timide.

Quand de son côté, la Lézarde vit qu'il allait s'en aller, elle faillit s'en aller comme lui, parce qu'elle était timide aussi. Timide! direz-vous. Soyez moins sévère, chère lectrice, pour une Lézarde qui va mourir. D'ailleurs, il lui en avait tant coûté d'avoir du courage, qu'elle ne voulut pas avoir fait un effort inutile.

— Reste, lui dit-elle; écoute-moi, et laisse-moi parler.

Le Lézard vit bien que la Lézarde était émue, mais il était à cent lieues de croire qu'il fut pour quelque chose dans cette émotion, car il ne se rappelait pas l'avoir jamais vue. Pourtant, comme il avait de la bonté, il resta et la laissa parler.

— Je t'aime ! lui dit alors la Lézarde, d'une voix dans laquelle il y avait autant de désespoir que d'amour, et tu ne sais pas seulement que j'existe. Il faut que je meure.

Un Lézard de mauvaises mœurs aurait fait bon marché de la douleur et de l'amour de la pauvrette; mais notre Lézard qui était honnête, ne songea pas un instant à nier cette douleur, parce qu'il ne l'avait jamais ressentie; il songea encore moins à en abuser. Il fut si étourdi de ce qu'il venait d'entendre, qu'il ne sut d'abord que répondre, car il sentait bien que de sa réponse dépendait la vie ou la mort de la Lézarde.

Il réfléchit un instant.

— Je ne veux pas te tromper, lui dit-il, et pourtant je voudrais te consoler. Je ne t'aime pas, puisque je ne te connais pas, et je ne sais pas si je t'aimerai quand je te connaîtrai, car je n'ai jamais pensé à aimer une Lézarde. Mais je ne veux pas que tu meures.

La Lézarde avait l'esprit juste; si dure que fût sa réponse, elle trouva qu'une si grande sincérité faisait honneur à celui qu'elle aimait. Je ne sais ce qu'elle lui répondit. Peu à peu le Lézard s'était rapproché d'elle, et ils s'étaient mis à causer si bas, si bas, et leur voix était si faible, que c'était à grand'peine que je pouvais saisir de loin en loin quelques mots de leur conversation : tout ce que je puis dire, c'est qu'ils parlèrent longtemps, et que, contre son ordinaire, le Lézard parla beaucoup. Il était facile de voir à ses gestes qu'il se défendait, comme il pouvait, d'aimer la pauvre Lézarde, et qu'il était souvent question du soleil qui, en ce moment, brillait au ciel d'un éclat sans pareil.

D'abord la Lézarde ne disait presque rien; c'est aimer

peu que de pouvoir dire combien l'on aime, et, pendant que son Lézard parlait, elle se contentait de le regarder de toutes les façons qui veulent dire qu'on aime et qu'on est encore au désespoir ; plus d'une fois je crus que tout était perdu pour elle. Mais un poëte l'a dit (un poëte doit s'y connaître) : « Le hasard sert toujours les amoureux quand il le peut sans se compromettre ; » et le hasard voulut qu'un gros nuage vînt à passer sur le soleil, juste au moment où son petit adorateur lui chantait son plus bel hymne.

— Tu le vois, s'écria la petite Lézarde bien inspirée, ton soleil te quitte, te quitterai-je, moi? Son rival n'était plus là, et le courage lui était revenu. — Il faut qu'on aime, dit-elle au Lézard devenu attentif, en lui montrant des fleurs l'une vers l'autre penchées, et tout auprès un œillet-poëte qui faisait les yeux doux à une rose sauvage ; les fleurs aux fleurs se marient, et les Lézardes sont faites pour être les compagnes des Lézards : le ciel le veut ainsi.

Le hasard eut le bon cœur de se mettre décidément du côté du plus faible ; le nuage qui avait passé sur le soleil fut suivi de beaucoup d'autres nuages qui s'étendirent en un instant sur tout l'horizon. Un grand vent parti du nord essaya, mais en vain, de disputer l'espace à l'orage, les trèfles redressaient leurs tiges altérées, les Hirondelles rasaient la terre, et les Moucherons éperdus cherchaient partout un refuge ; tout leur était bon, et l'herbe la plus menue leur paraissait un sûr asile. Le Lézard se taisait et la Lézarde se serait bien gardée de parler, l'orage parlait mieux qu'elle. Le Lézard inquiet tournait la tête de côté et d'autre, et se demandait si c'en était fait de la pompe de ce beau jour ; un grand combat se livra dans son âme, et pour la première fois il se disait que les jours sans soleil devaient être bien longs.

Un coup de tonnerre annonça que le soleil était vaincu et que les nuages allaient s'ouvrir.

La Lézarde attendait toujours, et Dieu sait avec quelle mortelle impatience son cœur battait dans sa petite poitrine.

— Tu es une bonne Lézarde, lui dit enfin le Lézard vaincu à son tour, tu ne mourras pas.

VII

Comment dire le ravissement de la pauvre Lézarde, et combien elle était charmée d'être au monde, et combien étaient joyeux les petits sifflements qui sortaient de sa poitrine délivrée; elle se redressait sur ses petits pieds, et elle faisait la fière, et elle était si glorieuse qu'elle avait tout oublié. Il était bien question vraiment de ses peines passées! Le Lézard, content de voir cette joie qu'il avait faite, trouva sa petite Lézarde charmante ; il partagea aussitôt avec elle une goutte de rosée qui s'était tenue fraîche dans la corolle d'une fleurette (ce qui est la manière de se marier entre Lézards), et ce fut une affaire terminée.

L'orage allait éclater, et il fallait rentrer.

— J'ai un palais et tu n'as qu'une chaumière, lui dit-il, mais mon palais est si petit, que ta chaumière vaut mieux que mon palais. Puisque dans ta chaumière il y a place pour deux, veux-tu m'en céder la moitié?

— Si je le veux ! répondit la bienheureuse Lézarde.

Et elle le conduisit triomphante à sa grotte, dont l'entrée était cachée à dessein par quelques feuilles d'alleluia, de bois gentil et de romarin.

L'emménagement fut bientôt fait, car il n'emporta rien que sa personne. Quand il entra chez son amie, il trouva une petite demeure si bien tenue et si parfaitement disposée, que c'était assurément la plus agréable lézardière du monde. Mon Lézard, qui aimait les jolies choses et les choses élégantes, admira le bon goût qui avait présidé à l'ameublement de cette gentille caverne. Elle était divisée en deux parties : l'une était plus grande que l'autre, et c'était là qu'on allait et venait; l'autre était garnie de duvet de chardon bénit et de fleur de peuplier, et c'était là qu'on dormait.

Il mit le comble à la joie de sa compagne en l'accablant de compliments. Il est si bon d'être loué par ce qu'on aime !

Le bonheur ne tient guère de place, car ce jour-là il semblait s'être réfugié tout entier dans ce charmant réduit. Où n'entrerait-il pas s'il le voulait, puisqu'il est si petit ?

Tout Lézard est un peu poëte; il fit quatre vers pour célébrer ce beau jour, mais il les oublia aussitôt. Il était encore plus Lézard que poëte.

Enfin ils étaient mariés, et ils entrevoyaient des millions de jours fortunés.

VIII

Que ne puis-je laisser là ces jeunes époux, puisqu'ils sont heureux, et croire à l'éternité de leur bonheur ! Que les devoirs de l'historien sont cruels quand il veut accomplir sa tâche jusqu'au bout !

Une fois mariée (on serait si fâché d'être heureux !) la Lézarde devint songeuse. Elle ne pouvait oublier que c'était au hasard, à un nuage, à une goutte d'eau, qu'elle avait dû son mari. Sans doute quand il l'aimait il l'aimait bien, mais il ne l'aimait pas comme les Lézardes veulent être aimées, c'est-à-dire à toute heure, et sans cesse et sans partage. Tant que le soleil brillait, elle ne pouvait avoir raison de son mari, car il appartenait au soleil, et quand il était une fois couché sur l'herbe à demi tiède, soit seul, soit avec un Lézard de ses amis, il ne se serait pas dérangé pour un empire.

La jalousie rend *féroce* quand elle est impuissante. — Que n'ai-je, avant de me marier, mangé seulement une demi-feuille d'hellébore ! disait-elle souvent. Dois-je l'écrire ? il lui arrivait quelquefois de regarder d'un œil d'envie la scabieuse, cette fleur des veuves, car elle ne pouvait s'empêcher de songer *à quoi tient le cœur d'un Lézard*.

Quant au Lézard, quand il n'était pas au soleil, il était à sa *femme ;* et il croyait si bien faire en faisant ce qu'il faisait, qu'il ne s'aperçut jamais que sa Lézarde eût changé d'humeur.

1841.

LE SEPTIÈME CIEL.

VOYAGE AU DELA DES NUAGES.

LE BONHEUR SE FAIT AVEC DES RÊVES !
(Extrait des Mémoires inédits d'un Tourtereau allemand, mort à la maison des fous de Darmstadt, le 1er ... 184.)
— Chapitre des rêves. —

I

J'étais donc mort...

Mort comme on meurt peut-être quand on ne sait pas bien lequel vaut le mieux, de vivre ou de mourir ; — mort sans savoir comment, ni à quelle occasion, — sans secousse, et le plus facilement du monde.

Si facilement, que mon âme ne s'aperçut pas d'abord qu'elle était séparée de mon corps, — tant elle avait peu souffert pour en sortir.

Qu'est-ce que vivre, si mourir n'est rien ?

Du moment précis qui, d'un Tourtereau vivant, fit de moi un Tourtereau mort, je n'ai gardé aucun souvenir, sinon qu'avant que je fusse mort la lune brillait doucement au milieu d'un ciel sans nuages, et que, lorsque mon âme, étonnée, s'aperçut qu'elle n'appartenait plus à la terre, la douce lune n'avait pas cessé de briller, ni le ciel d'être pur ; sinon encore que j'avais pu mourir sans que rien fût changé aux lieux mêmes que je venais de quitter.

Mais qu'importe à la nature féconde qu'une pauvre créature comme moi vive ou meure !

II

J'ai pensé que cette séparation de mon âme et de mon corps n'avait été si facile qu'en raison de l'habitude qu'avait prise mon âme de ne se guère inquiéter de mon corps, — se fiant sans doute, pour sa conduite ici-bas, aux instincts honnêtes de ce serviteur dévoué.

Combien de fois, en effet, aux jours de leur union, ne l'avait-elle pas, en quelque sorte, laissé seul déjà, et presque oublié, afin de pouvoir rêver plus à son aise à cette autre vie, dont les âmes, auxquelles la terre ne suffit pas, ont, dès ce monde, ou comme un pressentiment ou comme un souvenir !

Et n'est-il pas possible que des rêves de ce genre conduisent d'une vie à l'autre sans qu'on s'en aperçoive..

III

Pourtant, voyant sans vie cet ami fidèle, ce corps qui, tout à l'heure encore, lui était soumis, et pensant qu'il allait falloir l'abandonner, — l'abandonner à la mort, c'est-à-dire à la destruction et presque au néant, — c'est-à-dire à cette implacable solitude qui s'établit autour des morts et qui s'empare d'eux, et qui fait que les morts sont toujours seuls, quoi que ce soit qui s'agite autour d'eux, mon âme le regarda, — non sans tristesse.

« Que n'es-tu mort d'une mort moins prompte! lui
« dit-elle; que n'ai-je pu te sentir mourir, et partager ton
« mal, et souffrir avec toi, si tu as souffert!

« Je t'aurais assisté à tes derniers moments, et nous
« nous serions du moins quittés après un adieu fraternel.

« Pauvre corps muet! ajouta-t-elle, entends-moi et ré-
« veille-toi, et jette un dernier regard sur ces riches cam-
« pagnes que tu aimais tant, et qu'un mouvement, qu'un
« seul mouvement de toi me convainque que toute cette
« vie que nous venons de passer ensemble n'est point un
« songe, et que tu as vécu en effet. »

IV

Pour la première fois, cet appel de mon âme resta sans réponse.

« Pourquoi aimer ce qui doit mourir? s'écria-t-elle at-
« tristée. Quand on n'a pas devant soi l'éternité, pour-
« quoi agir, pourquoi s'unir? »

« Puisqu'il le faut, quittons-nous donc, dit-elle enfin;
« mais de même qu'il a été dans notre destinée que nous
« fussions séparés, de même il est écrit qu'à l'heure où
« les âmes iront rejoindre leurs corps, je saurai recon-
« naître entre toutes les poussières ta poussière, — et te
« rendre cette vie que tu viens de perdre.

« Adieu donc, et compte sur moi, — et n'aie pas peur
« que je me trompe ; car, à toi seul, je reviendrai, et,
« cette fois, ce sera pour toujours. »

V

Le silence de la nuit paisible n'était interrompu que par le faible bruit que font en se détachant des arbres qui les portent les feuilles qui meurent aussi.

Tout à coup on entendit au loin le cri lugubre de l'Oiseau de proie.

« Tombez sur ce corps sans défense, petites fleurs des
« arbres ! s'écria mon âme épouvantée ; et vous, vert feuil-
« lage qu'il chérissait, couvrez-le de votre ombre protec-
« trice, et dérobez-le aux regards du Vautour impie. »

Mais, hélas ! le cri funèbre se fit de nouveau entendre, et, cette fois, ce n'était plus au loin.

Et, en cet instant, la dernière goutte du sang qui avait animé mon corps s'arrêta dans mes veines, et s'y glaça.

VI

Et une voix, à laquelle il fallait obéir, ayant dit à mon âme de quitter cette terre, où sa mission était accomplie, pour retourner au ciel, la patrie des âmes, je sentis en moi un désir si doux d'aller où la voix me disait d'aller, que je m'élevai aussitôt dans les airs, comme si j'eusse été ravie sur les ailes invisibles de ce pur désir.

VII

Et, en cet instant aussi, j'oubliai que j'avais eu un corps, et ce fut pour moi comme si je n'avais jamais été qu'un pur esprit.

Et je montais immobile, dans l'air immobile comme moi-même, sans le secours d'aucun mouvement, et par cela seulement que j'étais une âme immortelle, faite pour monter de la terre au ciel.

J'obéissais ainsi à ma nouvelle condition, à peu près comme on aime sur terre et comme on pense, sans s'expliquer comment on aime ni comment on pense.

VIII

Je fus bientôt loin de la terre, si loin que je l'apercevais à peine, comme un point perdu dans l'immensité, et je volai ainsi — longtemps; et puis enfin, ayant cessé de la voir, je me souvins tout à coup, par un retour soudain, que je l'avais quittée seule.

« Hélas ! s'écria mon âme, ce qui m'attend au ciel doit-il
« me faire oublier ce que je perds ? Qui me rendra celle
« qui m'aimait dans ce monde que j'abandonne ? O dou-
« leur ! tu es donc immortelle, toi aussi ! »

IX

Pourquoi le Ciel, qui favorise les affections honnête ,

n'accorderait-il pas aux âmes qui se sont aimées, pendant la vie, d'une affection sincère, de s'aimer encore jusqu'au milieu des gloires du ciel, et de s'y garder un fidèle souvenir ?

X

Mais il fallait monter toujours, et je ne tardai pas à dépasser les nuages, qui glissaient sans bruit dans l'espace.

Je vis alors des milliers d'étoiles, et volant d'astres en astres :

« Doux astres, leur disais-je, parure des anges, où vais-je ? »

Et sans me répondre, mais non sans me comprendre, les étoiles se rangeaient pour me laisser libre le chemin que je devais suivre.

XI

Bientôt, toute cette partie du ciel d'où sortent les rayons bienfaisants qui font ouvrir les fleurs et mûrir les fruits de la terre, se trouva au-dessous de moi, comme un tapis d'azur parsemé de diamants célestes, et j'arrivai là où il n'y a plus d'étoiles.

Je fus alors saisi d'une crainte respectueuse, et je m'arrêtai éperdu.

« Va toujours, et rassure-toi, me dit une voix. Ne sais-
« tu pas que tu es dans le ciel, que le mal en est banni,
« et que tu n'as rien à craindre ? Suis-moi donc ; car
« nous ne nous arrêterons que là où tu seras heureux
« d'arriver. »

« Heureux ! lui dis-je, heureux ! »

Et comme j'hésitais :

« Crois-moi, et suis-moi, » ajouta la voix.

Et je la suivis et je la crus ; car la confiance habite au ciel.

XII

Celle qui me parlait, c'était une belle petite âme immortelle, l'âme bienheureuse d'une blanche Colombe, à laquelle la mort, qui l'avait cueillie dès les premiers jours de son printemps, avait à peine laissé le temps d'éclore, et que le contact des misères humaines n'avait point eu le temps de souiller.

Sa mission, au ciel, était de recevoir, à leur arrivée, les âmes novices comme la mienne, et de les conduire bien vite où il leur appartenait d'aller.

XIII

Ce fut là que je vis ce que je n'avais pu voir encore, parce que, jusque-là, ma vue était restée imparfaite.

C'était une foule d'âmes de toutes espèces, qui, comme moi, allaient chacune à sa destination.

Et, comme moi, chacune avait un guide.

Me trouvant au milieu de toutes ces âmes, et ne sachant ce qui allait arriver, je me sentais en même temps et retenu par une vague frayeur, et poussé par une espérance vague aussi.

« Petite âme qui me guidez, dis-je à la Colombe que

je suivais, le paradis des Tourterelles est-il bien loin encore ?

— Vois, me répondit-elle, non sans sourire de mon trouble et aussi de mon impatience, vois ce point qui brille là-haut au plus haut des cieux : là, seulement, est le septième ciel, et c'est là aussi qu'on t'attend. »

— Ah ! qui peut m'attendre là-haut, pensai-je, si elle vit encore ?

Et, tout en montant, je ne pouvais m'empêcher de dire :

— Pourquoi suis-je mort, puisque la mort devait nous séparer ?

XIV

Et quand nous eûmes monté, pendant longtemps encore, à travers des mondes et des sphères sans nombre, nous arrivâmes jusqu'à une porte d'où s'échappaient des rayons plus éclatants mille fois que les rayons mêmes du soleil, et, sur cette porte, on lisait ces mots écrits en caractères de feu :

« Ici l'on aime toujours. »

Et la porte s'ouvrit, et ce que je vis, je ne saurais le dire ; car, comment parler de la toute lumière du ciel même, d'une lumière à la fois si éblouissante et si douce, qu'elle rend clair ce qu'on croyait obscur, sans qu'il en coûte ni une douleur, ni même un effort pour tout voir et pour tout comprendre !

XV

« Et maintenant, c'est là ! me dit la petite colombe ; et je te laisse, puisque tu es arrivé. »

Et elle parlait encore que mes yeux charmés, avaient déjà aperçu, dans un coin du ciel, dans un nuage d'air trois fois plus pur que les autres nuages, une perle divine, une fleur perpétuelle, un trésor, mon trésor ! toi enfin, ô ma Tourterelle chérie !

« Ah ! m'écriai-je, âme de ma sœur, est-ce bien vous que je vois ? »

Et je t'abordai avec tant de joie, que toi :

« Ah ! que tu m'aimes bien ! » t'écrias-tu.

Tu n'étais pas changée, et cependant il y avait en toi quelque chose de plus divin ; et plus je te regardais, plus il me semblait que tu devenais plus belle.

Ce que je lus d'amour dans ton premier regard, comment te le dire ?

Va, ma sœur, on guérit en un instant de tous ses chagrins sur un cœur fidèle.

« Quand j'ai appris ta mort, me dis-tu, je ne songeai point à te pleurer, mais à te suivre, et j'eus le bonheur de devenir si triste, que je mourus presque en même temps que toi. »

NOTICE BIOGRAPHIQUE

sur l'auteur du fragment qu'on vient de lire.

Nous croyons qu'on nous saura gré de placer ici quelques

détails biographiques concernant l'auteur du fragment qu'on vient de lire.

Ces détails, nous ayant été communiqués par le directeur de la maison des fous de Darmstadt, sont de la plus grande authenticité.

Le Tourtereau, dans les papiers duquel ce fragment a été trouvé, est mort, il n'y a pas plus de quinze jours, à la maison des fous de la ville de Darmstadt.

Quoiqu'il fût à la fleur de son âge, la nouvelle de cette mort prématurée, et de la maladie qui la causa, n'étonnera aucun de ceux qui avaient connu sa vie, et n'étonnera sans doute pas non plus nos lecteurs.

Son enfance avait été difficile et malheureuse.

Tout jeune, il s'était trouvé orphelin, son père et sa mère ayant disparu, un jour, sans qu'on pût savoir ce qu'ils étaient devenus.

Pourtant, comme ces bons Oiseaux étaient généralement, à cause de la simplicité de leurs mœurs, aimés et honorés dans la forêt qu'ils habitaient, on s'accorda à penser que la mort seule, ou tout au moins la violence, avaient pu les séparer de leur cher enfant ; — mais, depuis ce jour fatal, on n'avait plus entendu parler d'eux.

Le pauvre petit vint à bout de vivre, néanmoins, Dieu aidant, et aussi quelques charitables voisines qui lui donnaient, en passant, quelques rares becquées qu'elles économisaient sur la part de leurs propres couvées.

Dès que l'orphelin eut à ses ailes assez de plumes pour voler, il résolut, en bon fils, de se mettre à la recherche de ses parents, et partit plein de courage, et aussi, hélas ! plein d'illusions.

« Je les retrouverai, répondait-il obstinément à tous ceux qui lui représentaient que, si louable qu'en fût le but, il userait ses forces sans aucun résultat possible dans une pareille entreprise; je les retrouverai — ou je mourrai à la peine. »

Longtemps il battit l'air et la terre de ses ailes, allant partout où son espoir le poussait, et demandant à chacun ce qu'il avait perdu, — mais en vain.

Dans l'une de ses courses, il lui était arrivé de rencontrer et d'aimer une jeune Tourterelle qui était belle comme le jour, et la Tourterelle l'avait aimé aussi : il était si malheureux !

Mais dans les âmes honnêtes, l'amour ne fait pas oublier le devoir, bien au contraire ; et, loin d'abandonner sa pieuse entreprise, il se sentit des forces nouvelles pour la poursuivre.

— Je reviendrai, dit-il en quittant celle qu'il aimait.

— Et moi, j'attendrai, avait répondu la Tourterelle désolée.

Et ils s'étaient séparés, — et lui s'était mis en route en se disant :

— Elle m'attendra.

Elle l'attendit en effet.

Mais, après avoir attendu bien longtemps, la pauvrette (il faut bien le dire), la pauvrette, ne le voyant pas revenir, avait fini par devenir la Tourterelle d'un autre Tourtereau.

Les Tourterelles ont peur de rester filles.

Quand, après bien des courses vaines, bien des peines perdues, le Tourtereau, découragé, revint vers celle qu'il aimait... il la trouva entourée de toute une famille qui n'était pas sa famille, et de beaux enfants dont il n'était pas le père.

Sa douleur fut telle, qu'il en perdit la raison.

On la perdrait à moins.

Sans doute, si la Tourterelle eût été bien sûre qu'il reviendrait, elle n'eût jamais cessé de l'attendre. Mais les vieux Tourtereaux disent tant de mal des amoureux, qui ne sont pas là pour se défendre, aux jeunes Tourterelles à marier, que l'innocente, les ayant crus sur parole, avait cédé, non sans regret, pourtant ; car sa conscience et son cœur lui faisaient bien quelques secrets reproches.

Aussi, lorsque reparut, dans le pays, son premier fiancé, et qu'elle le vit plus malheureux que jamais, son désespoir et ses remords furent-ils au comble.

Mais qu'y faire ?

En Tourterelle sensée, elle continua d'être une bonne mère de famille, elle redoubla de soins pour ses enfants, et son mari ne cessa pas d'être un heureux mari.

Et puis, elle garda sa peine, et personne n'en vit rien, et, en la voyant dans son petit ménage, chacun disait d'elle :

— Regardez donc comme elle est heureuse !

On en dit autant de beaucoup de gens qui n'ont jamais su ce que c'est que le bonheur.

Quand au pauvre Tourtereau, comme il ne pouvait être dangereux pour personne, sa folie étant de celles dont beaucoup de gens sensés s'arrangeraient peut-être, on le laissa aller où il voulut, et il se retira sur le riche sommet d'une belle montagne.

Là, nuit et jour il rêvait.

Ce qu'il n'eût pas trouvé sur la terre solide, peut-être, parfois, le rencontrait-il dans ce pays mouvant des rêves, où l'on aimerait tant à voyager s'il ne fallait pas en revenir pour vivre et pour mourir.

Ce qui le prouverait, c'est qu'après sa mort on découvrit, caché sous un monceau de feuilles mortes, un manuscrit qu'il avait intitulé : *Mémoires d'un fou*, avec cette épigraphe : *Le bonheur se fait avec des rêves !*

Ce manuscrit était presque entièrement écrit en prose ; la poésie qui sort du cœur sans rimes pouvant convenir bien plus que la poésie rimée et mesurée à ce que sa pensée avait de libre et de spontané.

Il va sans dire que le passage que nous avons cité, c'est à sa Tourterelle qu'il l'adressait ; car, pour lui, il n'y avait jamais eu qu'une Tourterelle dans le monde.

Quelques Oiseaux rieurs pourront être disposés à se moquer du pauvre Tourtereau et de ses malheurs, et surtout de ses écrits ; mais ce ne seront point les Tourterelles.

C'est à elles que je le demande, en est-il une seule au monde qui n'eût voulu rencontrer sur sa route un Tourtereau aussi fidèle ?

P. S. Il faut dire, pour ceux qui tiennent à ce que rien ne reste obscur dans un récit, que, pour ce qui est de la Tourterelle, quand elle eut appris la mort de son Tourtereau, — elle n'y put résister ; ses enfants, d'ailleurs, ayant toutes leurs plumes, n'avaient plus besoin d'elle, et on la vit s'éteindre à son tour sans que rien au monde pût la rattacher à la vie.

Fasse le Ciel que les bons rêves ne mentent pas, et qu'ainsi que l'avait rêvé notre Tourtereau, son amie l'ait retrouvé là-haut, — là-haut, — où nous persistons à croire qu'il doit y avoir place pour tous les bons sentiments.

On dira et on écrira peut-être que, du moment où cette Tourterelle devait mourir pour son Tourtereau, elle eût mieux fait de l'attendre et de vivre pour lui.

Mais cela est bien aisé à dire.

Pour nous, ce que nous devons constater, c'est avant tout la vérité.

Bellevue, 1839.

LES AVENTURES
D'UN PAPILLON

RACONTÉES PAR SA GOUVERNANTE.

SON ENFANCE. — SA JEUNESSE.
VOYAGE SENTIMENTAL DE PARIS A BADEN. — SES ÉGAREMENTS.
SON MARIAGE ET SA MORT.

Si j'avais à parler de moi je n'aurais point entrepris d'écrire, car je ne crois pas qu'il soit possible de raconter sa propre histoire avec convenance et impartialité. Les détails qui vont suivre ne me sont donc point personnels. Il suffira au lecteur de savoir qu'étant de la grande famille des Hyménoptères neutres, et condamnée ainsi par ma naissance même au célibat, je me suis vouée, pour tromper mon cœur, à l'enseignement.

Un Papillon de haut parage, qui vivait tout près de Paris, dans les bois de Belle-Vue, et qui m'avait sauvé la vie, se sentant mourir, me supplia de vouloir bien être la gouvernante de son enfant qu'il ne devait pas voir, et dont la naissance approchait.

Après quelques hésitations bien légitimes, sans doute, je pensai que, si je me devais aux Hyménoptères me frères, la reconnaissance me faisait pourtant un devoir impérieux d'accepter ce difficile emploi. Je promis donc à mon bienfaiteur de consacrer ma vie à l'œuf qu'il me confiait, et qu'il avait déposé dans le calice d'une fleur. L'enfant vit le jour le lendemain de la mort de son père; un rayon de soleil le fit éclore.

J'eus le chagrin de le voir débuter dans la vie par un acte d'ingratitude. Il quitta la Campanule, sa mère d'adoption, qui lui avait prêté l'abri de son cœur, sans songer seulement à dire un dernier adieu à la pauvre fleur, qui se courba jusqu'à terre en signe d'affliction.

Sa première éducation fut difficile : il était capricieux comme le vent, et d'une légèreté inouïe. Mais les caractères légers n'ont pas la conscience du mal qu'ils font : de là vient qu'on arrive souvent à les aimer. J'eus donc le bonheur, ou le malheur plutôt, de me prendre d'affection pour ce pauvre enfant, quoiqu'il eût, à vrai dire, tous les défauts d'une petite Chenille. Ce mot, tout vulgaire qu'il soit, peut seul rendre ma pensée.

Je lui répétai mille fois, et toujours en vain, les mêmes leçons, je lui prédis mille fois les mêmes malheurs; plus incrédule que l'Homme lui-même, l'étourdi ne tenait aucun compte des prédictions. M'arrivait-il, le croyant endormi sous un brin d'herbe, de le quitter un instant, si courte qu'eût été mon absence, je ne le retrouvais plus à la même place; je me rappelle qu'un jour, et à cette époque ses seize pattes le portaient à peine, une visite que j'avais dû faire à des Abeilles de mon voisinage s'étant prolongée, il avait trouvé le moyen de grimper, par un grand vent, jusqu'à la cime d'un arbre, au péril de sa vie.

Bientôt, cependant, sa vivacité le quitta.

Je crus un instant que mes conseils avaient fructifié, mais je ne tardai pas à reconnaître que ce que j'avais pris pour de la sagesse, c'était une maladie, une véritable maladie pendant laquelle il semblait sous le poids d'un engourdissement général. Il demeura de quinze à vingt jours sans mouvement, comme s'il eût dormi d'un sommeil léthargique. « Qu'éprouves-tu ? lui disais-je quelquefois. Qu'as-tu mon cher enfant ? — Rien, me répondait-il d'une voix altérée, rien, ma bonne gouvernante ; je ne saurais remuer, et pourtant je sens en moi des élans inconnus ; le malaise qui m'accable n'a pas de nom, tout me fatigue, ne me dis rien, c'est bon de se taire et de ne pas remuer. »

Il était méconnaissable. Sa peau, d'un jaune pâle, avait l'apparence d'une feuille sèche ; cette vie vraiment insuffisante ressemblait tant à la mort, que je désespérais de le sauver, quand un jour, par un soleil resplendissant, je le vis se réveiller peu à peu, et bientôt la guérison fut entière. Jamais transformation ne fut plus complète ; il était grand, beau et brillant des plus riches couleurs. Quatre ailes d'azur à reflets charmants s'étaient comme par enchantement posées sur ses épaules, de gracieuses antennes se dressaient sur sa tête, six jolies petites pattes bien déliées s'agitaient sous un fin corselet de velours tacheté de rouge et de noir ; ses yeux s'ouvrirent, son regard étincela, il secoua un instant ses ailes légères, la Chrysalide avait disparu, et je vis le Papillon s'envoler.

Je le suivis à tire-d'aile.

Jamais course ne fut plus vagabonde, jamais essor ne fut plus impétueux ; il semblait que la terre entière lui appartînt, que toutes les fleurs fussent ses fleurs, que la lumière fût sa lumière, et que la création eût été faite pour lui seul. Cet enivrement fut tel, et cette entrée dans la vie, si furieuse, que je craignis que les trésors de sa jeunesse ne pussent suffire à des élans si démesurés.

Mais bientôt sa trompe capricieuse délaissa ces prés d'abord tant aimés, dédaigna ces campagnes déjà trop connues. L'ennui vint, et contre ce mal des riches et des heureux, toutes les joies de l'espace, toutes les fêtes de la nature furent impuissantes. Je le vis alors rechercher de préférence la plante chérie d'Homère et de Platon, l'Asphodèle, symbole des pâles rêveries. Il restait des minutes entières sur le Lichen sans fleurs des rochers arides, les ailes rabattues, n'ayant d'autre sentiment que celui de la satiété ; et plus d'une fois j'eus à l'éloigner des feuilles livides et sombres de la Belladone et de la Ciguë.

Il revint un soir très-agité, et me conta avec émotion qu'il avait rencontré sur un Souci des champs un Papillon fort aimable, nouvellement arrivé de pays lointains, desquels il lui avait raconté des merveilles.

L'amour de l'inconnu l'avait saisi.

On l'a dit : qui n'a pas quelque douleur à distraire ou quelque joug à secouer?

« Il faut que je meure ou que je voyage ! s'écria-t-il.

— Ne meurs pas, lui dis-je, et voyageons. »

Soudain la vie lui revint, il déploya ses ailes ranimées, et nous partîmes pour Baden.

Vous dire sa folle joie au départ, ses ravissements, ses extases, cela est impossible ; il était si radieux, si léger, que moi, pauvre insecte dont les chagrins ont affaibli les ailes, j'avais peine à le suivre.

Il ne s'arrêta qu'à Château-Thierry, non loin des bords vantés de la Marne qui virent naître la Fontaine.

Ce qui l'arrêta, vous le dirai-je! ce fut une humble

Violette qu'il aperçut au coin d'un bois. « Comment ne ne pas t'aimer, lui dit-il, petite Violette, toi si douce et si modeste? Si tu savais comme tu as l'air honnête et charmant, comme tes jolies feuilles vertes te vont bien, tu comprendrais qu'il faut t'aimer. Sois bonne, consens à être ma sœur chérie, vois comme je deviens calme et reposé près de toi ! Que j'aime cet arbre qui te protége de son ombre, cette paisible fraîcheur et ce parfum d'honneur qui t'environnent ; que tu fais bien d'être bleue et gracieuse et cachée ! Si tu m'aimais, quelle douce vie que la nôtre !

— Sois une pauvre fleur comme moi, et je t'aimerai, lui dit la fleur sensée ; et, quand l'hiver viendra, quand la neige couvrira la terre, quand le vent sifflera tristement dans les arbres dépouillés, je te cacherai sous ces feuilles que tu aimes, et nous oublierons ensemble le temps et ses rigueurs. Laisse là tes ailes, et promets-moi de m'aimer toujours.

— Toujours, répéta-t-il, toujours ; c'est bien long, et je ne crois pas à l'hiver. » Et il reprit son vol.

« Console-toi, dis-je à la Violette attristée, tu n'as perdu que le malheur. »

Au-dessous de nous passèrent les blés, les forêts, les villes et les tristes plaines de la Champagne. Tout près de Metz, un parfum venu de la terre l'attira. « Le fertile pays! me dit-il ; le vaste horizon! que cette eau qui revient des montagnes doit arroser de beaux parterres ! »

Et je le vis se diriger d'un vol coquet vers une Rose, une Rose unique qui fleurissait sur les rives de la Moselle. « La magnifique Rose! murmurait-il ; les vives couleurs! la riche nature ! Quel air de fête et quelle santé.

— Mon Dieu ! que je vous trouve belle et pleine d'attraits ! lui dit-il ; jamais le soleil n'a brillé sur une plus belle Rose. Accueillez-moi, je vous prie, je viens de loin ; souffrez que je me pose un instant sur une des branches de votre rosier.

— N'approche pas, répondit la rose dédaigneuse, sais-je d'où tu viens ? Tu es présomptueux et tu sais flatter ; tu es un trompeur, n'approche pas. »

Il approcha et recula soudain. « Méchante ! s'écria-t-il, tu m'as piqué ! » Et il montrait son aile froissée. « Je n'aime plus les Roses, ajouta-t-il ; elles sont cruelles et n'ont point de cœur. Volons encore, le bonheur est dans l'inconstance. »

Tout près de là, il aperçut un Lis ; sa distinction le charma, mais l'aristocratie de son maintien, son imposante noblesse et sa blancheur l'intimidèrent. « Je n'ose vous aimer, lui dit-il de sa voix la plus respectueuse, car je ne suis qu'un Papillon, et je crains d'agiter l'air que votre présence embaume.

— Sois sans tache, répondit le Lis, ne change jamais, et je serai ton frère. »

Ne changer jamais ! En ce monde, il n'y a plus guère que les Papillons qui soient sincères : il ne put rien promettre. Et un coup de vent l'emporta sur les sables d'argent des bords du Rhin.

Je le rejoignis bientôt.

« Suis-moi, disait-il déjà à une Marguerite des champs, suis-moi, et je saurai t'aimer toujours parce que tu es simple et naïve ; passons le Rhin, viens à Baden. Tu aimeras ces fêtes brillantes, ces concerts, ces parures et ces palais enchantés et ces montagnes bleues que tu vois au fond de l'horizon. Quitte ces bords monotones, et tu seras a plus gracieuse de toutes ces fleurs que le riant pays de Baden attire.

— Non, répondit la fleur vertueuse, non, j'aime la France, j'aime ces bords qui m'ont vue naître, j'aime ces Pâquerettes, mes sœurs, qui m'entourent, j'aime cette terre qui me nourrit ; c'est là que je dois vivre et mourir. Ne me demande pas de mal faire. Ce qui fait qu'on peut aimer les Marguerites, c'est qu'elles aiment le bien et la constance.

« Je ne puis te suivre, mais toi, tu peux rester ; et, loin du bruit de ce monde dont tu me parles, je t'aimerai. Crois-moi : le bonheur est facile, confie-toi en la douce nature. Quelle fleur t'aimera donc mieux que moi ? Tiens, compte mes feuilles, n'en oublie aucune, ni celles que je t'ai sacrifiées, ni celles que le chagrin a fait tomber ; compte-les encore, et vois que je t'aime, que je t'aime beaucoup, et que c'est toi, ingrat, qui ne m'aimes pas du tout. »

Il hésita un instant, et je vis la tendre fleur espérer...
« Pourquoi ai-je des ailes ? » dit-il, et il quitta la terre.

« J'en mourrai ! fit la Marguerite en s'inclinant.

— C'est bien tôt pour mourir, lui dis-je ; crois-moi, ta douleur elle-même passera, il est rare de bien placer son cœur. »

Et je récitai avec Lamartine ce beau vers qui a dû consoler tant de fleurs.

N'est-il pas une terre où tout doit refleurir ?

« *Wergiss mein nicht*, aime-moi, aime-moi ; tourne ta blanche couronne et ton cœur vers ce petit coin de terre où tu es adorée ; je suis une petite plante comme toi, et j'aime tout ce que tu aimes, » disait tout bas à la Marguerite désolée une fleur bleue, sa voisine, qui avait tout entendu.

« Bonne fleur, pensai-je, si les fleurs sont faites pour s'entr'aimer, peut-être seras-tu récompensée. » Et je pus rejoindre moins triste mon frivole élève.

« J'aime le mouvement, j'ai des ailes pour voler, répétait-il avec mélancolie. Les Papillons sont bien à plaindre ! Je ne veux plus rien voir de ce qui tient à la terre. Je veux oublier ces fleurs immobiles, ces rencontres m'ont profondément attristé ! Cette vie m'est odieuse... »

Et je le vis s'élancer vers le fleuve comme s'il eût été emporté par une résolution soudaine ! Un funeste pressentiment traversa mon cerveau... « Grand Dieu ! m'écriai-je, voudrait-il mourir ! » Et j'arrivai éperdue au bord de l'eau, que je savais profonde en cet endroit.

Mais déjà tout était calme, et rien ne paraissait à la surface que les feuilles flottantes du Nénuphar autour desquelles des Araignées aquatiques décrivaient des cercles bizarres.

Vous l'avouerai-je? mon sang se glaça !

Folle que j'étais, j'en fus quitte, Dieu merci, pour la peur, une touffe de Roseaux me l'avait caché.

« Bon Dieu ! me criait-il d'une voix railleuse, que fais-tu là depuis si longtemps, ma sage gouvernante? Prends-tu le Rhin pour un miroir, ou bien songerais-tu à te noyer? Viens donc de ce côté ; et, si tu as quelque affection pour moi, sois heureuse, car j'ai trouvé le bonheur ! J'aime enfin, et cette fois pour toujours... non plus une triste fleur, attachée au sol et condamnée à la terre, mais bien un trésor, une perle, un diamant, une fille de l'air, une fleur vivante et animée qui a des ailes enfin, quatre ailes minces et transparentes, enrichies d'anneaux précieux, des ailes plus belles que les miennes peut-être, pour franchir les airs et voler avec moi. »

Et j'aperçus, posée sur la pointe d'un Roseau, et doucement balancée par le vent, une gracieuse Demoiselle aux vives allures.

« Je te présente ma fiancée, me dit-il.

— Quoi ! m'écriai-je, les choses en sont-elles déjà là.

— Déjà ? répartit la demoiselle ; nos ombres ont grandi, et ces Glaïeuls se sont fermés depuis que nous nous connaissons. Il m'a dit que j'étais belle, et je l'ai aimé aussitôt pour sa franchise et pour sa beauté.

— Hélas ! Mademoiselle, lui répondis-je, s'il faut se ressembler pour se marier, mariez-vous et soyez heureux. Je n'ai pas encore pris parti contre le mariage. »

Je dois convenir qu'ils arrivèrent à Baden du même vol, ou peu s'en faut. Ils visitèrent ensemble, le même jour, avec une rare conformité de caprice, les beaux jardins du palais des Jeux, le vieux château, le couvent, Lichtentalh, la vallée du ciel, et la vallée de l'enfer, sa voisine. Je les vis s'éprendre tous deux du frais murmure du même ruisseau, et le quitter tous deux avec la même inconstance.

Le mariage avait été annoncé pour le lendemain. Les témoins furent, pour la Demoiselle, un Cousin et un Capricorne de sa famille, et pour le Papillon, un respectable Paon de nuit, qui s'était fait accompagner de sa nièce, jeune Chenille fort bien élevée, et d'un Bousier de ses amis.

On assure que dans le moment où le Cerf-Volant qui les maria ouvrit le Code civil au chapitre VI, concernant *les droits et les devoirs respectifs des époux*, et prononça d'une voix pénétrée ces formidables paroles :

« ART. 212. — Les époux se doivent mutuellement
« *fidélité*, secours, assistance.

« ART. 213. — Le mari doit protection à sa femme, la
« femme *obéissance* à son mari.

« ART. 214. — La femme est obligée d'habiter avec
« le mari et de le suivre *partout* où il est obligé de ré-
« sider. »

La mariée fit un mouvement d'effroi qui n'échappa à aucun des assistants. Une vieille Demoiselle, qu'une lecture intelligente de la *Physiologie du mariage* de M. de Balzac avait confirmée dans ses idées de célibat, et qui avait fait de ce livre son *vade mecum*, dit qu'assurément une Demoiselle n'aurait point ainsi rédigé ces trois articles. La plus jeune des sœurs de la mariée, Libellule très-impressionnable, fondit en larmes en cette occasion pour se conformer à l'usage.

Le soir même, une grande fête fut donnée sur la lisière des beaux bois qui entourent le château de la Favorite, dans le sillon d'un champ de blé qu'on avait disposé à cette intention.

Des lettres d'invitation, imprimées en couleur et en or par Silbermann de Strasbourg, sur des feuilles de mûrier superfin, avaient été adressées aux étrangers de distinction que le soin de leur santé et de leur plaisir avait amenés dans le duché, et aux notables Insectes badois que les époux voulaient rendre témoins de leur fastueux bonheur.

Les préparatifs de cette fête firent tant de bruit, que les chemins furent bientôt couverts par l'affluence des invités et des curieux. Les Escargots se mirent en route avec leurs équipages à la Daumont ; les Lièvres montèrent sur les Tortues les plus rapides ; les Écrevisses, pleines de feu, piaffaient et se cabraient sous le fouet impatient de leurs cochers. Il fallait voir surtout les Vers à mille pattes galoper ventre à terre et brûler le pavé. C'était à qui arriverait le premier.

Dès la veille, des baladins avaient dressé leurs théâtres en plein vent dans les sillons voisins de ce sillon fortuné. Une Sauterelle verte exécuta, avec et sans balancier, sur une corde faite avec les pétioles flexibles de la Clématite, les voltiges les plus hardies. Les cris d'enthousiasme du peuple des Limaçons et des Tortues émerveillés se mêlaient aux fanfares du cavalier servant de cette danseuse infatigable. Le triomphant Criquet s'était fait une trompette de la corolle d'un Liseron tricolore.

Mais bientôt le bal commença. La réunion fut nombreuse et la fête brillante. Un Ver luisant des plus entendus s'était chargé d'organiser une illumination *a giorno* qui surpassa toute imagination, les Lucioles, ces petites étoiles de la terre, suspendues avec un art infini aux guirlandes légères des Convolvulus en fleur, furent trouvées d'un si merveilleux effet, que tout le monde crut qu'une fée avait passé par-là. Les tiges dorées des Astragales, couvertes de Fulgores et de Lampyres, répandaient une telle lumière, que les Papillons de jours eux-mêmes ne purent d'abord soutenir l'éclat sans pareil de ces vivantes flammes ; quant aux Noctuelles, beaucoup se retirèrent avant même d'avoir pu faire la révérence aux nouveaux époux, et celles qui, par amour-propre, s'étaient obstinées à rester, s'estimèrent heureuses de pouvoir s'ensevelir, tant que dura la fête, sous le velours de leurs ailes.

Quand la mariée parut, l'assemblée entière éclata en transports d'admiration, tant elle était belle et bien parée. Elle ne prit pas un moment de repos, et chacun fit compliment à l'heureux époux (qui, de son côté, n'avait pas manqué une contredanse) des grâces irrésistibles de celle à laquelle il unissait sa destinée.

L'orchestre, conduit par un Bourdon, violoncelliste habile et élève de Batta, joua avec une grande perfection les valses encore nouvelles et déjà tant admirées de Reber, et les contredanses, toujours si chères aux Sauterelles, du pré aux fleurs.

Vers minuit, une rivale de Taglioni, la signorina Cavaletta, vêtue d'une robe de nymphe assez transparente, dansa une saltarelle qui, devant cette assemblée ailée, n'obtint qu'un médiocre succès. Le bal fut alors coupé par un grand concert vocal et instrumental, dans lequel se firent entendre des artistes de tous les pays que la belle saison avait réunis à Baden-Baden.

Un Grillon joua, sur une seule corde, un solo que Paganini avait joué peu d'heures avant sa mort.

Une Cigale, qui avait fait *furore* à Milan, cette terre classique des Cigales, fut fort applaudie dans une cantilène de sa composition, intitulée *le Parfum des Roses*, et dont le rhytme monotone rappelait assez heureusement l'épithalame chez les anciens. Elle chanta avec beaucoup de dignité, en s'accompagnant elle-même sur une lyre antique, que quelques mauvais plaisants prirent pour une guitare.

Une jeune grenouille genevoise chanta un grand air dont les paroles étaient empruntées aux *Chants du Crépuscule* de M. Victor Hugo. Mais la fraîcheur de la nuit avait un peu altéré le timbre de sa voix.

Un Rossignol, qui se trouvait par hasard spectateur de cette noce quasi royale, céda avec une bonne grâce infinie aux instances de l'assemblée. Le divin chanteur, du haut de son arbre, déploya dans le silence de la nuit toutes les richesses de son gosier, et se surpassa dans un morceau fort difficile qu'il avait entendu chanter une seule fois, disait-il, avec une inimitable perfection, par une grande artiste, madame Viardot-Garcia, digne sœur de la célèbre Maria Malibran.

Enfin le concert fut terminé par le beau chœur de *la Muette* : *Voilà des fleurs, voilà des fruits,* qui fut chanté, avec un ensemble fort rare à l'Opéra, par des Scarabées de rose blanche et des Callidies.

Pendant cette dernière partie du concert et avec un à-propos que l'on voulut bien trouver ingénieux, un souper composé des sucs les plus exquis, extraits des fleurs du jasmin, du myrthe, et de l'oranger, fut servi dans le calice des plus jolies petites clochettes bleues et roses qu'on puisse voir. Ce délicieux souper avait été préparé par une Abeille dont les secrets eussent fait envie aux marchands de bonbons les plus renommés.

A une heure, la danse avait repris toute sa vivacité, la fête était à son *apogée*.

A une heure et demie, des bruits étranges commencèrent à circuler, chacun se parlait à l'oreille ; le marié, furieux, disait-on, cherchait, et cherchait en vain, *sa femme* disparue depuis vingt minutes.

Quelques Insectes de ses amis lui affirmèrent obligeamment, pour le rassurer sans doute, qu'elle venait de danser une redowa avec un insecte fort bien mis et beau danseur, son parent, le même qui le matin avait assisté comme témoin à la célébration du mariage. « La perfide !

s'écria le pauvre mari désespéré; la perfide! je me vengerai! »

J'eus pitié de son désespoir. « Viens, lui dis-je, calme-toi et ne te venge pas, la vengeance ne répare rien. Toi qui as semé l'inconstance, il est triste, mais il est juste que tu recueilles ce que tu as semé. Oublie : cette fois, tu feras bien. Il ne s'agit pas de maudire la vie, mais de la porter.

— Tu as raison! s'écria-t-il; décidément, l'amour n'est pas le bonheur. » Et je parvins à l'entraîner loin de ce champ tout à l'heure si animé, dont la nouvelle de son infortune avait fait un désert.

La colère des Papillons n'a guère plus de portée qu'une boutade. La nuit était sereine, l'air était pur, c'en fut assez pour que sa belle humeur lui revînt; et, en quittant les jardins de la Favorite, il souhaita presque gaiement le bonsoir à une Belle-de-Nuit qui veillait près d'une Belle-de-Jour endormie.

Arrivés sur la route : « Tiens, me dit-il, vois-tu cette diligence qui retourne à Strasbourg? profitons de la nuit et posons-nous sur l'impériale : ce voyage à travers les airs me fatigue.

—Non pas, lui répondis-je, tu as échappé aux épines, à l'eau et au désespoir, tu n'échapperais pas aux Hommes. Il se peut qu'il y ait quelque filet dans cette lourde voiture. Crois-moi, rentrons en France, sur nos ailes, tout simplement. Le grand air te fera du bien, et d'ailleurs nous arriverons plus vite et sans poussière. »

Bientôt Kelh, le Rhin et son pont de bateaux furent derrière nous. Arrivés à Strasbourg, ce fut avec le plus grand étonnement que je le vis s'arrêter devant la flèche de la cathédrale, dont il admira l'élégance et la hardiesse en des termes qu'un artiste n'eût pas désavoués. « J'aime tout ce qui est beau ! » s'écria-t-il.

Les esprits légers aiment toujours, c'est pour eux un état permanent et nécessaire, c'est seulement l'objet qui change ; s'ils oublient, c'est pour remplacer. Un peu plus loin, il salua la statue de Guttemberg, quand je lui eus dit que ce bronze de David était un hommage rendu tout récemment à l'inventeur de l'imprimerie.

Un peu plus loin encore, il s'inclina devant l'image de Kléber. « Ma bonne gouvernante, me dit-il, si je n'étais Papillon, j'aurais été artiste, j'aurais élevé de beaux monuments, j'aurais fait de beaux livres ou de belles statues, ou bien je serais devenu un héros et je serais mort glorieusement. »

Je profitai de l'occasion pour lui apprendre qu'il n'est pas donné à tous les héros de mourir en combattant, et que Kléber mourut assassiné.

Le jour venait, il fallut songer à trouver un asile ; j'aperçus heureusement une fenêtre qui s'ouvrait dans une salle immense que je reconnus pour appartenir à la bibliothèque de la ville. Elle était pleine de livres et d'objets précieux. Nous entrâmes sans crainte, car, à Strasbourg comme partout, ces salles de la science sont toujours vides.

Son attention fut attirée par un bronze antique de la plus grande beauté. Il loua avec enthousiasme les lignes nobles et sévères de cette imposante Minerve, et je crus un instant qu'il allait écouter les conseils d'airain de l'impérissable sagesse. Il se contenta de remarquer que les hommes faisaient de belles choses.

« Mais, oui, lui répondis-je, il n'est presque pas une seule de leur ville qui ne possède une bibliothèque pleine de chefs-d'œuvres, que bien peu d'entre eux savent apprécier, et un musée d'histoire naturelle qui devrait donner à penser aux Papillons eux-mêmes. »

Cette réflexion le calma un peu, et il se tint coi jusqu'au soir. Mais, après tout un jour de repos, à la tombée de la nuit, rien ne put l'arrêter, et il reprit son vol de plus belle.

« Attends-moi ! lui criai-je, attends-moi ! dans ces murs habités par nos ennemis, tout est piège, tout est à craindre. »

Mais l'insensé ne m'écoutait plus, il avait aperçu la vive lueur d'un bec de gaz qu'on venait d'allumer, et, séduit par cet éclat trompeur, enivré par l'éblouissante lumière, je le vis tournoyer un moment autour d'elle, puis tomber...

« Hélas ! me dit-il, ma pauvre mie, soutiens-moi ; cette belle flamme m'a tué, je le sens, ma brûlure est mortelle : il faut mourir, et mourir brûlé !... c'est bien vulgaire !

« Mourir, répétait-il, mourir au mois de juillet, quand la vie est partout dans la nature ! ne plus voir cette terre émaillée ! Ce qui m'effraye de la mort, c'est son éternité.

— Détrompe-toi, lui dis-je ; on croit mourir, mais on ne meurt pas. La mort n'est qu'un passage à une autre vie. » Et je lui exposai les consolantes doctrines de Pythagore et de son disciple Archytas sur la transformation successive des êtres, et, à l'appui, je lui rappelai qu'il avait été déjà Chenille, Chrysalide et Papillon.

« Merci, me dit-il d'une voix presque résolue, merci, tu m'auras été bonne jusqu'à la fin. Vienne donc la mort, puisque je suis immortel ! Pourtant, ajouta-t-il, j'aurais voulu revoir avant de mourir ces bords fleuris de la Seine où se sont écoulés si doucement les premiers jours de mon enfance. »

Il donna aussi un regret à la Violette et à la Marguerite ; ce souvenir lui rendit quelques forces. « Elles m'aimaient, dit-il ; si la vie me revient, j'irai chercher auprès d'elles le repos et le bonheur. »

Ces riants projets, si tristes en face de la mort, me rappelèrent ces jardins que font les petits enfants des Hommes en plantant dans le sable des branches et des fleurs coupées, qui le lendemain sont flétries.

Sa voix s'affaiblit subitement. « Pourvu, dit-il si bas que j'eus peine à l'entendre, pourvu que je ne ressuscite ni Taupe, ni Homme, et que je revive avec des ailes !

Et il expira.

Il était dans toute la force de l'âge et n'avait vécu que deux mois et demi, à peine la moitié de la vie ordinaire d'un Papillon.

Je le pleurai ; et pourtant quand je songai à la triste vieillesse que son incorrigible légèreté lui préparait je me pris à penser que tout était pour le mieux dans le meilleur des mondes possibles. Car je suis de l'avis de la Bruyère : c'est une grande difformité dans la nature qu'un vieillard frivole et léger.

Quant à la Demoiselle qu'il avait épousée, si vous tenez à savoir ce qu'elle devint, vous pouvez la voir, fixée enfin, au moyen d'une épingle, sous le numéro 1840, dans la collection d'un Grand-Duc allemand, amateur passionné d'Insectes, qui chassa incognito au filet, dans ses propriétés situées à quelques lieues de Baden, le lendemain de ces noces funestes.

Vous verrez tout auprès un bel Insecte fixé par le

même procédé sous le numéro 1841. La Demoiselle et l'Insecte avaient été pris le même jour, du même coup de filet, par l'heureux prince que le ciel semblait avoir fait naître pour qu'il servît ainsi d'instrument aveugle à son inexorable justice.

Paris, 1839.

ORAISON FUNÈBRE

D'UN

VER A SOIE.

Le soleil, fatigué sans doute d'avoir brillé tout un long jour, s'était couché tout à coup ; les Oiseaux venaient d'achever leur prière du soir, et la terre, tiède encore, se préparait dans le silence au repos de la nuit.

Le Sphinx à tête de mort donna alors le signal du départ, et le petit cortége se mit en marche, suivant à pas lents le sentier qui conduisait aux bruyères roses.

Des Faucheurs, dont l'emploi consistait à débarrasser le chemin, précédaient le corps, qui était entouré, d'un côté, par les Bêtes à bon Dieu, et de l'autre, par les Mantes religieuses, que suivaient les Porte-Queues.

Venaient ensuite les Fourmis communes, les Spectres, et enfin les Chenilles processionnaires.

Quand on fut à quelques pas du mûrier où étaient restés les frères et les sœurs désolés du Ver à soie qui venait de mourir, la Pyrochre-Cardinale, jugeant qu'il n'y avait plus de danger d'être entendu par eux, et de renouveler ou de troubler leur douleur, l'hymne des morts fut, sur son ordre, entonné par le chœur des Scarabées nasicornes, et chanté ensuite alternativement par les Grillons et par les Bourdons.

De temps en temps les chants cessaient, et l'on entendait distinctement des soupirs, et même des sanglots, qui témoignaient des regrets universels qu'inspirait la perte de l'humble Insecte que l'on conduisait à sa dernière demeure.

Arrivé au champ des bruyères, on aperçut, non loin de quelques tombeaux qui s'étaient refermés depuis peu, ainsi que l'indiquait la terre fraîchement remuée qui les couvrait, et parmi quelques fosses qui semblaient avoir été creusées en prévision peut-être des besoins futurs de quelques-uns mêmes des assistants, une petite fosse sur laquelle étaient penchés encore les Fossoyeurs ou Nécrophores.

Ce fut vers cette fosse que le convoi se dirigea.

Les chants avaient cessé, les sanglots aussi, et même les soupirs; car, dans toutes les grandes douleurs, il y a un moment de profond abattement qui les rend absolument muettes.

Mais quand les Insectes qui portaient le corps l'eurent déposé dans la tombe, et quand on put voir que rien ne le séparait plus de la terre avide et nue, les cris et les sanglots éclatèrent de nouveau, et la douleur ne connut plus de bornes.

Alors s'approcha de la tombe encore ouverte un Insecte entièrement vêtu de noir :

— Pourquoi pleurez-vous? s'écria-t-il. Et jusques à quand ceux sur qui pèse le fardeau de la vie pleureront-ils ceux que la mort a délivrés? Mais pleurez, ajouta-t-il, car celui qui est là n'a rien à craindre de votre douleur;

vos larmes ne le ressusciteront point. Après la mort, qui donc voudrait reculer vers la vie ?

Mais les sanglots se faisaient encore entendre, car personne n'était consolé.

— Frères, dit un autre orateur en s'avançant à son tour, c'est à leur naissance et non à leur mort qu'il faut pleurer les Vers à soie. Notre frère est mort, réjouissez-vous, car il n'a eu de la vie que les fleurs et les feuilles ; en quittant la terre, il a quitté toutes les douleurs, et n'a perdu que les misères. Je vous dis la vérité ; vous êtes de pauvres Vers comme moi, pourquoi vous flatterais-je ? Ce n'est pas nous autres, malheureux, que la vue de la mort doit troubler.

Mais ils pleuraient toujours.

Et un de ceux qui pleuraient, prenant la parole à son tour :

— Nous savons, dit-il, que tout ce qui commence a une fin, et qu'il faut donc mourir ; nous savons ce qu'il faut de courage pour gagner sa vie feuille par feuille, et sa feuille bouchée par bouchée ; nous savons ce qu'il faut de patience et d'abnégation pour qu'une feuille de mûrier devienne une robe de soie ; nous savons combien sont durs les travaux de la cabane et ceux de l'atelier, et qu'une fois enfermés dans notre triste cellule nous pleurerions en vain les songes de notre courte jeunesse avant que notre tâche soit achevée ; nous savons enfin qu'à tout prendre, mourir, c'est cesser de filer, la mort n'étant que l'autre bout de ce fil qui commence la vie ; nous nous disons aussi que, de quelque côté qu'on se tourne, on voit mourir, et que, quand on regarde en soi-même, on voit mourir encore, et que notre frère qui est mort n'a donc cédé qu'au destin ; — mais nous aimions notre frère, et rien ne nous consolera de l'avoir perdu.

Et tous dirent avec lui :

— Nous aimions notre frère, et rien ne nous consolera de l'avoir perdu.

La Mante religieuse s'approcha alors.

— J'ai pleuré comme vous notre frère qui est mort, dit-elle, et pourtant, toutes les fois que je vois un Ver à soie sur le point de mourir, je ne puis empêcher mon cœur de s'épanouir. Va dans l'autre monde, lui dis-je ; tu y seras mieux que dans celui-ci, où l'on est mal. Là, s'ouvriront pour toi les portes qui s'ouvrent pour les petits comme pour les grands : là, tu retrouveras ceux que tu as perdus, et tu les trouveras au milieu des fleurs qui ne meurent pas et des mûriers toujours verts, sur le bord des neuf fontaines qui ne tarissent jamais ; et, quand tu les auras retrouvés, tu leur diras de nous attendre, nous que la vie retient encore, — car mourir, c'est renaître à une vie meilleure.

Et quand le bon Insecte eut ainsi parlé, les pleurs cessèrent tout à coup.

— Et maintenant, ajouta-t-elle, allez et volez sans bruit, notre frère n'a plus besoin de vous.

Et chacun ayant déposé sur la tombe une fleurette de bruyère rose, les uns disparurent dans un pâle rayon de la lune qui venait de se lever, et les autres regagnèrent à travers les herbes leurs petites demeures.

Et tous étaient consolés, car ils disaient avec la Mante religieuse : — « Mourir, c'est renaître à une vie meilleure. »

Paris, 1841.

L'ESPÉRANCE.

Nous étions sur le bord de la mer...

Un navire allait mettre à la voile. Une petite barque verte s'en détacha et glissa vers nous. Un seul rameur, tout de rose habillé, la dirigeait. Il nous fit un signe.

Soudain une pauvre petite vieille qu'un angle de rocher avait cachée à nos yeux s'avança vers nous clopin clopant. Elle s'aidait pour marcher d'une mauvaise béquille à moitié cassée, un vieux manteau noir, râpé et troué, sous lequel on entrevoyait son pauvre corps tout amaigri, couvrait ses épaules. Ses traits flétris par l'âge ou par les fatigues ne manquaient pas cependant d'un certain caractère de courage et de résignation.

« Si vous avez une femme, si vous avez un enfant, nous dit-elle, en nous montrant ses vêtements noirs ; si vous n'êtes pas seuls en ce monde, si vous aimez, c'est-à-dire si vous vivez ailleurs qu'en vous-même, s'il est un lieu de la terre où vous soyez attendu, n'affrontez pas la mer aujourd'hui ! »

En ce moment, des chants harmonieux venus du navire traversèrent l'espace, et, comme une musique céleste, arrivèrent jusqu'à nos oreilles en sons doux et caressants. L'Aurore sortit du sein des eaux ; devant son front radieux, les vapeurs du matin disparurent, le ciel sans limites s'ouvrit devant nous, la barque était à nos pieds, apportée par la vague paisible. J'hésitai un instant ; mais celui qui contemple l'abîme lui appartient ; déjà nous avions quitté la terre, et la brise empressée, soulevant doucement notre esquif, nous avait poussés vers le brillant navire.

Sur sa poupe, on voyait représentée en relief, et avec un art exquis, l'histoire de tous les navigateurs célèbres qu'il avait conduits aux découvertes dont s'est agrandi le monde, et les faits principaux qui avaient signalé ces découvertes. Les voiles étaient d'un tissu si fin et si solide, si transparent et si impénétrable, qu'elles se confondaient avec le vent, dont elles avaient la couleur, sans en perdre le plus léger souffle. Des banderoles, vert et or, que la main d'une fée pouvait seule avoir brodées, flottaient au-dessus de chacun de ses mâts, qui semblaient être sortis des ateliers d'un bijoutier, tant les ciselures et les incrustations de toutes sortes dont ils étaient ornés jusqu'à la cime étaient d'un travail précieux ; pour couronner cette œuvre merveilleuse, on voyait des groupes de petits anges, avec leurs ailes déployées, voltiger entre les cordages, qui étaient tous, même les plus gros, tressés de fils d'or, d'argent et de soie, et faire l'office de mousses avec une grâce extraordinaire et un ordre parfait.

Les passagers avaient ces mines hautes et fières qui appartiennent à ceux qu'attendent de nobles destinées ; et quant aux matelots, ils avaient tous l'air d'être, pour le moins, des princes déguisés.

Debout sur le pont, et parée d'une robe aux mille couleurs, les cheveux flottants, un bras tendu vers nous, comme vers des hôtes attendus, se tenait, entourée de ses compagnes, gracieuses comme elle, une femme, que dis-je ? une déesse au radieux sourire. Des fleurs naissantes couronnaient sa tête; sur son front brillait une étoile, et sur son sein dormait un enfant beau comme l'Amour, si ce n'était pas l'Amour lui-même.

— Je suis l'Espérance, dit-elle ; soyez les bienvenus.

A peine avions-nous mis les pieds sur le navire enchanté, qu'un vent propice enflant ses voiles diaphanes, nous fûmes emportés vers les régions inconnues.

Et les gais matelots chantaient ainsi :

« Celle qui embellit le présent, toujours triste, des rêves brillants de l'avenir, c'est l'Espérance.

« Le moment n'est rien ;

« Hier était qu**que** chose, aujourd'hui n'est que la veille de demain ; mais demain est si beau !

« Entre le passé enchanté et l'avenir enchanteur, que peut faire le présent, lui qui n'est qu'un simple mortel, si ce n'est de nous conduire de l'un à l'autre, guidé lui-même par l'Espérance ? »

Et une des jeunes filles, prenant une harpe, chanta à son tour :

« Celui qui a tout perdu n'a rien perdu, si je lui reste ; on m'a nommée l'indomptable Espérance, celle que rien n'abat, celle qui survit à tout.

« C'est grâce à moi qu'on supporte la vie ;

« C'est grâce à moi qu'on cherche la mort ; car le temps lui-même m'appartient, et je suis ce qui manque à chacun.

« J'ai pour sœur l'Illusion, qui a des chants divins pour les douleurs humaines, qui endort tous les maux ;

j'ai pour ennemi le Vrai, qui de sa voix grossière les réveille.

« Le Vrai est l'ennemi de l'homme.

« Quand, las de déchirer en vain le sein d'une terre ingrate, le laboureur épuisé abandonne sa charrue, c'est moi qui lui montre ses moissons déjà mûres, et le sillon interrompu s'achève.

« Vient l'orage qui détruit tout, — mais il a espéré.

« Quand une tombe vient de se fermer, et que sous sa lourde pierre semblent ensevelies à jamais, avec ce que tu as aimé, toutes les joies de ta vie, c'est moi qui soulève cette pierre et qui en fais sortir celui d'où te viendra, qui que tu sois, la consolation, — mon frère, l'aimable Oubli.

« L'Oubli, par qui tu seras infidèle sans remords. »

Le navire fendait toujours les flots dociles ; mais la jeune fille avait cessé de chanter et les matelots avaient cessé d'écouter.

Le soleil s'était emparé de l'univers. C'est à peine si un nuage, mais léger et qui semblait comme un point sur la pourpre du ciel, faisait tache à la splendeur de cette belle journée.

La main sur le gouvernail, le pilote contemplait l'espace et semblait l'interroger.

Bientôt, sur un geste de lui, les barques furent mises à la mer.

L'Espérance avec son charmant cortége y descendit.

— Elle nous jeta, en nous quittant, un doux adieu et un plus doux sourire ; puis elle s'éloigna. Cette séparation fut si prompte, que nous ne songeâmes même pas à la retarder.

Longtemps nous suivîmes des yeux la voile inconstante

qui la poussait vers d'autres rivages ; mais elle ne devait point revenir, le regard qu'elle nous avait jeté en partant avait été le dernier.

Quand la barque eut disparu tout à fait, et que nous reportâmes les yeux sur ce qui nous entourait, tout était changé autour de nous. — Comme l'Espérance, le soleil lui-même semblait nous avoir abandonnés ; des nuages s'étaient amoncelés sur nos têtes, notre navire ressemblait à tous les navires.

Et à la place même que venait de quitter l'Espérance apparaissait la sombre figure de la vieille femme vêtue de noir, dont nous avions dédaigné les avis. J'eus d'abord quelque peine à la reconnaître, tant elle me parut formidable et grandie ; son regard plein de clartés funestes semblait embrasser l'horizon tout entier. « Que me contez-vous là, nous dit-elle d'une voix où il y avait à la fois de la tristesse et de la colère, et comme si elle eut répondu à nos plus secrètes pensées : Ces matelots ont toujours été de pauvres matelots ; ces passagers sont de bonnes gens, qui maudissent, à l'heure qu'il est, l'envie qu'ils ont eu de courir le monde ; — ce pont n'a pas cessé d'être ce que vous le voyez, c'est-à-dire fragile. — Le soleil s'était levé, je vous l'accorde, mais la tempête l'a chassé ; et, si vous voulez bien regarder le pilote, vous lirez dans les plis de son front que vous êtes perdus. »

Et en effet nous étions perdus.

Les vents, tout à fait déchaînés, courant à travers nos cordages, secouaient nos voiles avec furie, et courbaient notre navire sur les flots, dont la colère nous repoussait bientôt vers les cieux ; la Peur aux pieds de plomb avait fait de chaque homme de l'équipage une statue, pas un ne bougeait, et la mort était si près de nous, que pas un non plus ne criait, les plaintes elles-mêmes ayant cessé.

Les craquements de notre vaisseau, dont les flancs déchirés s'emplissaient de tous côtés, se mêlaient seuls aux mille clameurs de l'abîme.

On nous fit jeter à la mer tous nos bagages. « Jetez, disait la femme vêtue de noir, jetez jusqu'au luth des séraphins, jusqu'aux ancres d'or ! n'oubliez ni les banderoles, ni les devises ; et, quand vous aurez tout jeté, faites un dernier paquet de vos espérances, et jetez-le avec le reste. »

Et à de pauvres diables qui se lamentaient : « Tout le monde ne peut pas arriver à bon port. — Que deviendrait la terre si la mort ne fauchait pas quelquefois ce pré, où la vie sème sans cesse ? — C'est une surprise que vous fait le destin ; aimeriez-vous donc mieux mourir de la peste ou de la faim ; seriez-vous friands des lentes agonies ? — Priez, l'eau ne lave pas toutes les souillures. »

« Les hommes se croient braves, ajoutait-elle, et le malheur ramène plus d'âmes à Dieu que le bonheur. »

Nous songeâmes un instant à abandonner le vaisseau. Mais elle s'y refusa. « Il n'est plus temps, nous dit-elle, pourquoi avez-vous préféré le Mensonge à la Vérité ? »

Tout à coup un horrible, un dernier craquement se fit entendre. Je sentis vaguement que le pont s'abîmait sous nos pieds et je perdis connaissance.

Quand je rouvris les yeux, j'étais dans mon lit et je venais de m'éveiller.

LA VIE ET LA MORT.

Décidé à me rendormir je pris sur ma table le dernier numéro de la revue *** et deux minutes après j'avais réussi.

Mais, — et sans doute le sort jaloux avait décidé qu'il en serait ainsi, au lieu de dormir de ce tout-puissant sommeil qui, selon l'expression des poëtes, suspend les misères, parce qu'il est le frère de la mort, — j'eus le malheur de rêver : ce qui, à tout prendre, est aussi fatigant que de vivre, quand le rêve n'est pas bon.

D'abord tout alla bien, et mon songe, sans être doré, semblait être cependant un de ceux qui sortent par la porte d'Ivoire. Car je rêvais de celle que j'aimais, et je la voyais pleurer à chaudes larmes dans un coin de son appartement.

« Eh quoi ! dira-t-on, oses-tu bien appeler ceci un bon rêve ? »

Lecteur, sois sincère, et conviens avec moi que si tu étais séparé de celle que tu aimes, tu ne serais pas fâché d'apprendre qu'elle se morfond à t'attendre et qu'elle fait comme Fleur d'Épine, de ses yeux deux fontaines.

Mais bientôt, était-ce la porte de corne qui s'ouvrait ? Cet agréable songe se gâta.

Je n'avais plus comme dans mon rêve précédent deux ou trois mille pieds d'eau par dessus la tête, il ne s'agissait plus ni de la menteuse Espérance, ni de la trop véridique petite vieille à laquelle le hasard des rêves avait distribué le rôle de la Réalité, mais si mon songe nouveau n'était pas tout à fait le frère du premier, il en était au moins le parent et en quelque sorte le cousin.

Je me trouvais subitement transporté à mi-côte d'une verte montagne. Un de mes amis assis à mes côtés contemplait silencieusement ainsi que moi, le magique paysage qui se déroulait devant nous et que je reconnaissais pour celui qu'on découvre à Bregenz du haut du mont St-Gebhard. La solitude était complète et je me serais cru dans un magnifique désert si je n'avais vu venir de loin par deux chemins dont l'un aboutissait à ma droite et l'autre à ma gauche deux femmes de haute stature, qui s'avançaient vers nous d'un pas égal.

Toutes deux me parurent belles et pleines de majesté, seulement je remarquai que les fleurs naissaient, que les prés verdoyaient et que les arbres se couvraient de feuilles et de fruits sur le passage de celle qui était à ma droite, tandis que la terre se séchait sous les pas de l'autre, comme si elle eût traîné après elle la destruction.

Et elles se ressemblaient tellement qu'on aurait pu les prendre l'une pour l'autre, si la première, qui était la Vie, n'avait eu les lèvres aussi roses que l'autre, qui était la mort, les avait pâles et froides.

Et à mesure qu'elles approchaient, je me sentais saisi d'une indicible angoisse.

Quand elles furent à quelques pas de nous, celle qui était la Vie, se mettant entre la mort et nous :

— Je t'arracherai cette proie, dit-elle, ces deux enfants sont mes enfants chéris, ils ne veulent pas mourir encore.

— A t'en croire, répondit la Mort en écartant son voile et en découvrant tout à fait son visage, qui nous apparut à la fois terrible et charmant, la Mort ne saurait être aimée. Oublies-tu donc que les plus illustres de tes fils, las d'attendre en vain sur cette terre l'effet de tes stériles promesses, t'ont quittée pour me suivre, et que j'ai trouvé en eux des amants passionnés ?

— Hélas! hélas! s'écria la Vie...

— De tous les points de ce vaste empire, reprit la Mort, je m'entends appeler ; et ceux qui m'appellent... ce sont tes enfants, ceux-là même auxquels, jour par jour, tu partages en bonne mère l'inépuisable trésor de misères dont tu disposes, sans oublier, dans la part de chacun, le mal horrible de l'espérance, ce mal du lendemain, dont le remède n'est qu'en moi.

Et se tournant alors vers nous :

— Tout ce qui a été créé, dit-elle, a été créé pour vivre et pour mourir; l'heure de mourir est venue : Suivez-moi.

— Quand j'aurai revu celle que j'aime! m'écriai-je.

— Tu le vois, dit la Vie, ils ne veulent pas mourir. O Mort! laisse-toi fléchir.

Et alors la terrible déesse jetant sur nous un regard ou de pitié ou de dédain :

— La Mort, l'inévitable Mort peut attendre, dit-elle. »

Et elle s'éloigna.

Cependant la Vie nous prenant par la main, et nous montrant par delà le lac de Constance, dont les eaux bleues dormaient à nos pieds, les sentiers fleuris qu'elle venait de parcourir et les campagnes cultivées, et les moissons qu'elles promettaient :

— C'est par ici qu'il vous faut marcher, nous dit-elle, et non par là !

Et du doigt elle nous désignait les sombres routes dans lesquelles s'était engagée sa redoutable compagne, et nous vîmes avec horreur qu'elles étaient couvertes de morts et de mourants, tristes époux que déjà la Mort avait laissés derrière elle.

En ce moment un cri rauque frappa mon oreille. Il fut suivi d'un roulement de tambour qui semblait lui répondre. Au roulement du tambour succéda un confus murmure de voix qui donnaient la réplique dans une langue que je ne comprenais pas à une voix criarde qui semblait psalmodier les versets d'un cantique.

Décidément je ne dormais plus. C'était l'Angelus du matin que récitait tout haut et l'arme au bras sous ma fenêtre un détachement de soldats autrichiens en garnison à Bregenz. Leur officier, ainsi le voulait sa consigne, les avait fait sortir de leur poste pour rendre à la Vierge ce matinal et public hommage.

HISTOIRE LAMENTABLE
D'UN GRAND DUC
ET D'UNE
GRANDE DUCHESSE.

(Fragment des souvenirs et impressions de voyage d'une vieille Corneille.)

POURQUOI VOYAGE-T-ON? — UN VIEUX CHATEAU. — MONSIEUR LE DUC ET MADAME LA DUCHESSE. — HISTOIRE DES HOTES DU CHATEAU NEUF. — FAITES-VOUS DONC GRAND DUC. — UNE CARPE MAGICIENNE. — CHANT DE LA CARPE. — CHOEUR DE POISSONS, DE GRENOUILLES ET D'ÉCREVISSES. — COMMENT UN HIBOU MEURT D'AMOUR. — TRISTE FIN D'UNE CHOUETTE.

I

..... Et d'abord, pourquoi voyage-t-on? Le repos n'est-il pas ce qu'il y a de meilleur au monde? Est-il rien qui vaille qu'on se dérange pour l'aller chercher ou pour l'éviter? Ne dirait-on pas, à voir l'air et la terre incessamment traversés, qu'on gagne quelque chose à se déplacer?

Les uns courent après le mieux que personne n'atteint,

les autres fuient le mal auquel personne n'échappe. Les Hirondelles voyagent avec le soleil et le suivent partout où il lui plaît d'aller; les Marmottes le laissent partir et s'endorment en attendant son retour. Mais des unes, beaucoup partent, et bien peu reviennent : l'espace est si vaste et la mer si avide ! Et des autres, beaucoup s'endorment et peu se réveillent : on est si près de la mort qui toujours veille, quand on dort. Le Papillon voyage pour cette seule raison qu'il a des ailes; l'Escargot traîne avec lui sa maison plutôt que de rester en place. L'inconnu est si beau ! — La faim chasse ceux-ci, l'amour pousse ceux-là. Pour les premiers, la patrie et le bonheur, c'est le lieu où l'on mange; pour les seconds c'est le lieu où l'on aime. — La satiété poursuit ceux qui ne marchent pas avec le désir. — Enfin le monde entier s'agite; dans les chaînes où dans la liberté, chacun précipite sa vie. — Mais pour le monde tout entier comme pour l'écureuil dans sa cage, le mouvement ce n'est pas le progrès : *s'agiter n'est pas avancer*. Malheureusement on s'agite plus qu'on n'avance.

Aussi dit-on que les plus sages, pensant que mieux vaut un paisible malheur qu'un bonheur agité, vivent aux lieux qui les ont vus naître, sans souci de ce qui se passe plus loin que leur horizon, et meurent, sinon heureux, du moins tranquilles. Mais qui sait si cette sagesse ne vient pas de la sécheresse de leur cœur ou de l'impuissance de leurs ailes ?

Personne n'a mieux répondu à cette question : « Pourquoi voyage-t-on ? » qu'un grand écrivain de notre sexe. « On voyage, a dit Georges Sand, parce qu'on n'est bien nulle part ici-bas. » — est donc juste que rien ne s'arrête, car rien n'est parfait, et l'immobilité ne conviendrait qu'à la perfection.

Pour moi, j'ai voyagé. Non pas que je fusse née d'humeur inquiète ou voyageuse ; bien au contraire, j'aimais mon nid et les courtes promenades.

II

« A quoi bon ces interminables considérations au début d'un récit? me dit un vieux corbeau, mon voisin, auquel il m'arrive parfois de demander conseil, en me réservant toutefois de ne faire que ce que je veux. Ce n'est pas parce que vous vous occupez de philosophie, d'archéologie, d'histoire, de physiologie, etc., etc., qu'il vous faut donner de tout cela à vos lecteurs autant qu'il vous convient d'en prendre pour vous-même. Vous passerez pour une pédante, pour un philosophe emplumé ; on vous renverra en Sorbonne, et, qui pis est, on ne vous lira pas. N'allez-vous pas faire un résumé scrupuleux de tout ce que vous avez vu et pensé depuis tantôt cent ans que vous êtes au monde, justifier votre titre enfin, et joindre au tort d'avoir usé vos ailes sur toutes les grandes routes, le tort bien plus grand de voyager sérieusement sur le papier? Croyez-moi, si vous voulez plaire, ayez de la raison, de l'esprit, du sentiment, de la passion, comme par hasard ; mais *gardez-vous d'oublier la folie*. Le siècle des Colomb est passé : on n'a pas besoin de découvrir un nouveau monde pour s'intituler voyageur, on l'est à moins de frais. On découvre le lieu où l'on est né, on découvre son voisin, on se découvre soi-même, ou l'on ne découvre rien du tout ; cela plaît autant. Contez donc, contez. Qu'importe comment vous contiez, pourvu que vous contiez ; le temps est aux historiettes. Imitez vos contemporains, ces illustres voyageurs, qui datent des quatre coins du globe leurs impressions écrites bravement sur la paille ou sur le duvet du nid paternel; faites comme eux. A propos de voyages, parlez de tout, et de vous-même, et de vos amis, si bon vous semble; puis mentez un peu, et je vous promets un honnête succès; de grandes erreurs et d'imperceptibles vérités, c'est ainsi qu'on bâtit les meilleurs ouvrages. On ne vous admirera pas, on ne vous croira pas, mais on vous lira. Vous êtes modeste; que vous faut-il de plus?

« Contez, vous dis-je. »

— Rien n'est plus facile à suivre qu'un mauvais conseil.

Mon ami n'eut pas plutôt fermé le bec, que prenant la plume j'écrivis ce qui suit :

III

UN VIEUX CHATEAU.

Il était une fois un vieux château. Le château de*** dont je ne puis dire le nom, pour des raisons que je dois taire aussi.

Dans le temps où il y avait en France ce qu'on appelait des châteaux forts, temps que les amis du pittoresque ont seuls raison de regretter, ce château avait été un château fort, c'est-à-dire qu'il avait vu pendant sa longue vie tout ce que les châteaux avaient coutume de voir dans ces temps-là. Il avait été souvent attaqué et souvent défendu, souvent pris et souvent repris.

Ces choses-là n'arrivent pas à un château, si fort qu'il soit, sans qu'il en résulte pour lui de notables altérations;

aussi n'affirmerais-je pas qu'à l'époque dont je parle il eût rien conservé de sa première architecture.

Il me suffira de dire qu'après avoir été pris et saccagé pour la dernière fois à la Révolution de 93, dont la mission n'était pas d'épargner les châteaux, il fut bien près d'être restauré après celle de 1815, qui leur fut meilleure, à ce qu'il paraît. Malheureusement pour ce château, ce fut au moment où sa fortune commençait à se refaire qu'arriva la Révolution de 1830.

Le vieux manoir dut alors sortir de noblesse. Il dérogea et fut vendu à un banquier, qui y mit les maçons.

Pourtant l'antique castel ne fut pas rebâti dans son entier. Une partie seulement fut rendue habitable, restaurée, comme on dit. Le reste fut heureusement abandonné, ou, pour mieux dire, sauvé.

Ce fut ainsi que le pauvre vieux château perdit presque entièrement son caractère de vieux château, et qu'après avoir été habité autrefois par des comtes, par des princes, et peut-être bien par des rois, il était devenu une sorte de maison de campagne que ses nouveaux propriétaires daignaient à peine visiter.

Je suis née dans le grand portail de la cathédrale de Strasbourg, ce joyau, cette reine de l'Alsace, entre les flammes de pierre qui soutiennent de leurs robustes étreintes l'image du Père éternel. Quand on a eu un pareil berceau, quand on a été élevée dans le respect des vieilles choses, on ne peut voir, sans crier au blasphème, l'impiété de ces hommes qui détruisent effrontément le peu de belles choses que leurs pères avaient su faire.

Du reste, la partie restaurée avait trouvé des hôtes dignes d'elle.

Elle était habitée par des Chouettes et par des Hiboux,

qui, se voyant sur une terrasse toute neuve, se donnaien
des airs de grands seigneurs, les plus risibles du monde,
et se faisaient appeler sans pudeur M. le Grand Duc et
Madame la Grande Duchesse par les pauvres Chauves-
Souris qui les servaient.

J'arrivai un soir à ce château, très-fatiguée, après toute
une journée de vol forcé. J'étais de la plus mauvaise humeur, de celle que l'on a contre soi-même autant que
contre les autres, ce qu'il y a de pis enfin. J'avais été tout
à la fois poursuivie par l'ennui, qui n'est autre, je crois,
que le vide du cœur, et inquiétée par un de ces chasseurs
novices qui ne respectent ni l'âge, ni l'espèce, et pour lesquels rien n'est sacré. Le hasard voulut que je m'abat-
tisse sur la balustrade de la terrasse dont je viens de
parler, derrière une rangée de vases de Louis XV, du sein
desquels s'élevaient les tristes rameaux de quelques cyprès
à moitié morts.

Minuit sonnait!

Minuit! Dans les romans il est rare que minuit sonne
impunément; mais dans un récit véridique, comme celui-
ci, les choses se passent d'ordinaire plus simplement. Et
les douze coups me rappelèrent seulement que je ferais
bien de me coucher si je voulais repartir de bonne heure.
Je me couchai donc.

IV

M. LE DUC ET MADAME LA DUCHESSE.

J'allais m'endormir quand je crus m'apercevoir que je
n'étais pas seule sur la terrasse : j'entrevis en effet, à la
faible clarté des étoiles, un Hibou qui enveloppait galam-

ment dans l'une de ses ailes une Chouette d'assez bonne apparence, tandis qu'il se drapait avec l'autre comme un éros d'opéra dans son manteau.

En prêtant un peu l'oreille, j'entendis qu'il s'agissait de la lune, de la nuit brune, etc.; tout cela se disait ou se chantait sur un air passablement lamentable. Pauvre lune! s'il fallait en croire les amoureux, tu n'aurais été faite que pour eux.

Pour rien au monde je n'aurais voulu être indiscrète ni prendre une hospitalité qui ne pouvait guère, d'ailleurs, m'être refusée. Je m'adressai donc poliment à une Chauve-Souris de service qui vint à passer. — Ma bonne, lui dis-je, veuillez faire savoir à vos maîtres qu'une Corneille de cent ans leur demande l'hospitalité pour une nuit.

— Qu'appelez-vous votre bonne? me répondit la Chauve-Souris d'un air piqué; apprenez que je ne suis la bonne de personne. Je suis au service de Madame la Duchesse, et j'ai l'honneur d'être sa première camériste. Mais qui êtes-vous, Madame la Corneille de cent ans? de quelle part venez-vous? comment vous annoncerai-je, quel est votre titre?

— Mon titre? repris-je. Mais je suis très-fatiguée, j'ai besoin de repos, et je ne sache pas qu'on en puisse trouver un meilleur pour demander ce que je demande, le droit de dormir sans aller plus loin.

— Voilà un beau titre, en effet, me répliqua la sotte pécore tout en s'en allant. Croyez-vous que les grands personnages, comme il en vient au château, soient jamais fatigués? Ils n'ont rien à faire et volent tout doucement.

Au bout d'un instant, je vis arriver une autre Chauve-Souris. Celle-ci, n'étant encore que la troisième des Chauves-Souris de service de Madame la Duchesse, était moins impertinente que la première.

— Bon Dieu! me dit-elle, la première camériste vient d'être grondée à cause de vous. Madame chantait un nocturne avec Monsieur, et dans ces moments-là elle n'entend pas qu'on la dérange : Madame vous fait dire qu'elle n'est pas visible. D'ailleurs, Madame ne reçoit que des personnes titrées, et vous n'avez point de titres.

— Que me contez-vous là? lui dis-je; n'ai-je pas des yeux pour voir que votre Grand-Duc n'est qu'un Hibou, et que votre Grande Duchesse n'est qu'une Chouette, à laquelle ces hautes mines vont fort mal?

— Chut! me dit à l'oreille la Chauve-Souris, qui était un peu bavarde, et parlez plus bas! Si l'on savait seulement que je vous écoute, je serais chassée, et peut-être mangée. Depuis qu'ils ont quitté la fabrique où leur sont venues leurs premières plumes, mes maîtres ne rêvent que grandeurs; ils meurent d'envie de s'anoblir. On parle de recreuser les fossés et les grenouillères, de refaire les ponts-levis et de redresser les tourelles, et ils espèrent devenir nobles pour de bon au milieu de tous ces attributs de la noblesse. Mais, bah! l'habit ne fait pas le moine, et le château ne fait pas le noble. Du reste, ma bonne Dame, volez là-bas, à droite, vous y trouverez les ruines du vieux château, et vous y serez tout aussi bien qu'ici, je vous assure.

— Des ruines! m'écriai-je, il y a des ruines près d'ici, il reste quelque chose du vieux château, et j'aurais pu passer la nuit sur cette vilaine terrasse qui n'a ni style, ni grandeur, ni souvenirs! Merci, ma belle, votre maîtresse fait bien d'être une sotte; à l'heure qu'il est, je n'ai qu'à me louer d'elle.

En vérité, rien n'est plus bouffon que les prétentions de ces nobles de contrebande. Je laissai là ces Oiseaux ridicules, cette maison badigeonnée, et bien m'en prit.

Sans doute du vieux château il était resté peu de chose, mais j'aurais donné vingt-cinq châteaux restaurés comme celui que je venais de quitter pour une seule des pierres du vénérable mur sur lequel j'eus le bonheur de me poser.

Ce superbe vieux mur entourait une cour vieille aussi. Une vigne vierge embrassait de ses vertes pousses tout un pan de la muraille. Des scolopendres, des lis et des tulipes sauvages croissaient entre les marches d'un perron délabré qu'un lierre recouvrait en partie. Les humbles fleurs blanches de la bouche à pasteur, les boutons d'or, les giroflées jaunes, l'œillet rougeâtre, le pâle réséda, les vipérines bleues et roses se faisaient jour entre les dalles, et disputaient la terre aux mousses, aux lichens, aux graminées, aux ronces et aux orties.

Des gueules de loup, des perce-pierres et des touffes hardies de coquelicots couleur de feu, vivaient au milieu des décombres qu'elles semblaient enflammer.

Où l'homme n'est plus, la nature reprend ses droits.

Cette ruine et moi nous nous allions si bien, il y avait entre nous des rapports si sympathiques, que je pris à l'instant même la résolution de l'habiter pendant quelque temps.

Autour de moi tout était vieux, j'étais heureuse ou peu s'en faut. — Je passai mes jours à parcourir les environs, à en rechercher les beautés et à questionner les habitants de ces campagnes. Ces Oiseaux des champs savent souvent, sans s'en douter, beaucoup de choses qu'on demanderait en vain aux Oiseaux des villes. Il semble que la nature livre plus volontiers à leur foi naïve ses sublimes secrets. N'est-il pas vrai de dire que ce que nous savons le mieux, c'est ce que nous n'avons jamais appris?

C'est pendant ce séjour que je vis se compliquer, puis se dénouer l'histoire des habitants du Château neuf.

V

HISTOIRE DES HOTES DU CHATEAU NEUF. — FAITES-VOUS DONC GRAND DUC.

Madame la Duchesse, qui était venue au monde pour être une bonne grosse personne, bien portante, mangeant bien, buvant bien et vivant au mieux, qui était tout cela, mais qui se donnait toutes sortes de peine pour le cacher et pour extravaguer, avait cru de bon ton de devenir très-sensible. Tout l'émouvait; elle faisait volontiers de rien quelque chose, d'une taupinière une montagne, et tressaillait à tous propos: la chute d'une feuille, le vol d'un Insecte étourdi, la vue de son ombre, le moindre bruit, ou pas le moindre bruit, tout était pour elle prétexte à émotion. Elle ne poussait plus que de petits cris, faibles, mal articulés, inintelligibles. Tout cela, selon elle, c'était la distinction. Les yeux sans cesse fixés sur la pâle lune, ce soleil des cœurs sensibles, comme elle disait; sur les étoiles, ces doux yeux de la nuit, si chers aux âmes méconnues, elle s'écriait, avec un philosophe chrétien: Qu'on ne saurait être bien où l'on est, quand on pourrait être mieux ailleurs. Aussi, pour cette Chouette éthérée, l'air le plus pur était trop lourd encore; elle détestait le soleil, ce Dieu des pauvres, disait-elle, et ne voulait du Ciel que ses plus belles étoiles ; c'était à grand'peine qu'elle daignait marcher elle-même, respirer elle-même, vivre elle-même et manger elle-même. Pourtant elle mangeait bien, pesait dix livres, et dans le même temps qu'elle affectait une sensiblerie ridicule, au point qu'elle ne pouvait, disait-elle, voir la vigne pleurer sans pleurer avec elle, on aurait pu la surprendre déchirant sans pitié, de son bec crochu, les chairs saignantes des petites Souris, des petites Taupes et des petits Oiseaux en bas âge. — Elle se posait en Chouette supérieure, et n'était qu'une Chouette ridicule.

Son mari, émerveillé des grandes manières de sa Chouette adorée, s'épuisait en efforts pour s'égaler à elle. Mais dans une voie pareille, quel Hibou, quel mari ne resterait en chemin ? Aussi, malgré son envie, fut-il toujours loin de son modèle ; si loin, ma foi, que Madame la Duchesse, qui était parvenue à oublier l'humilité de sa propre origine, en vint à reprocher à son pauvre mari de n'être, après tout, qu'un Hibou. — Quel sort ! quel triste sort ! s'écriait-elle. Être obligée de passer sa vie dans la société d'un Oiseau vulgaire et bourgeois, dont les seuls mérites, sa bonté et son attachement pour moi, sont gâtés par leur excès même !

Malheureuse Chouette !

Plus malheureux Hibou !

Joies modestes de la fabrique, qu'êtes-vous devenues ? Plaisirs menteurs de la terrasse, où êtes-vous ? Tout d'un coup Madame la Duchesse cessa de chanter des nocturnes avec son mari ; et un beau jour, s'étant laissé toucher par les discours audacieux d'un Milan qui avait été reçu par Monsieur le Duc, à cause de son nom, elle partit avec lui. Le perfide avait séduit la *femme* de son ami en employant avec elle les mots les plus longs de la langue des Milans amoureux.

Cet événement prêta, comme on peut le croire, aux caquets. Les Pies, les Geais, les Merles et les Pierrots du voisinage, le commentèrent de mille façons. Il y a des malheurs qui manquent de dignité. Tout le monde blâma le coupable, mais personne ne plaignit le pauvre mari. La pitié qu'on accorde aux plus grands criminels, pourquoi la refuse-t-on à ceux qu'un sot orgueil a perdus? — Faites-vous donc Grand Duc.

Pour être sûr qu'elle ne tarderait pas à lui parvenir, Madame la Duchesse laissa dans la partie de la terrasse où son mari avait coutume de prendre ses repas, la lettre que voici. Cette lettre était, comme dernier trait de caractère, écrite sur du papier à vignette, et parfumée.

« *Monsieur le Duc,*

« *Il est dans ma destinée d'être incomprise. Je n'es-*
« *sayerai donc pas de vous expliquer les motifs de mon*
« *départ.*

« *Signé, Duchesse de la Terrasse.* »

M. le Duc lut et relut et relut cent fois, sans pouvoir les comprendre, ces lignes écrites pourtant d'une griffe et d'un style assez fermes, et sembla justifier ainsi le laconisme de l'auteur.

Mais ce que l'esprit ne s'explique pas toujours, le cœur parvient souvent à le comprendre, et il sentait bien qu'un grand malheur venait de le frapper. Ce ne pouvait pas être pour rien que tout son sang avait ainsi reflué vers son cœur... Ses plumes se hérissèrent, ses yeux se fermèrent, et il fut, pendant un instant, comme atteint de vertige. Lorsqu'il put enfin mesurer toute l'étendue de son malheur, il laissa tomber sa tête sur sa poitrine oppressée, et demeura longtemps immobile, comme s'il eût été privé de tout sentiment.

Quand on est ainsi frappé tout d'un coup, on se sent si faible, qu'on voudrait ne l'avoir été que petit à petit et comme insensiblement. — Il lui sembla d'abord que quelque chose d'aussi essentiel que l'air, la terre et la nuit, venait de lui manquer. Il avait tout perdu en perdant la compagne de sa vie; et quand il sortit de sa stupeur, ce fut pour appeler à grands cris l'ingrate qui le fuyait, quoiqu'il la sût déjà bien loin; puis, bien qu'il n'eût été que trompé, il se crut déshonoré, et s'en alla au bord de l'eau, comme doit le faire tout Hibou désespéré, pour voir si l'envie ne lui viendrait pas de s'y jeter, et de se noyer ainsi avec son chagrin.

Arrivé là, il regarda d'un air sombre l'eau profonde, et y trempa son bec... elle lui parut glacée. La lune s'étant alors dégagée d'un nuage qui avait caché son croissant, il se vit dans l'eau comme dans un miroir magique, et fut effrayé du désordre de sa toilette. Machinalement, et pour obéir à une habitude de recherche que lui avait fait prendre l'ingrate pour laquelle il allait mourir, il rajusta avec soin celles de ses plumes qui s'étaient le plus ébouriffées, et trouva quelque charme dans cette occupation. Il lui semblait doux de mourir paré comme aux jours de son bonheur, paré de la parure qu'elle aimait.

Il songea aussi un instant à faire, avant de quitter la vie, une ballade à la lune, qu'il prit à témoin de ses infortunes ; à la lune, l'astre favori de son infidèle, et aux nuées, vers lesquelles l'esprit de sa femme s'était si souvent envolé. Mais tous ses efforts furent inutiles, et il comprit qu'on ne saurait pleurer en vers que les peines qu'on commence à oublier.

Voyant bien qu'il n'avait plus qu'à mourir, il s'était déjà penché sur l'abîme, quand il fut arrêté par une réflexion. Lorsqu'il s'agit de la mort, il est permis d'y regarder à deux fois, et il faut être bien certain, quand on se noie, qu'on a de bonnes raisons pour le faire.

Il relut, pour la cent et unième fois, la lettre de Madame la Duchesse ; et cette lettre, à sa grande satisfaction, lui parut moins intelligible que jamais.— Diable ! se dit-il, ce qu'il y a de plus clair dans tout ceci, c'est que Madame la Duchesse a quitté la terrasse. Mais qui me dit qu'elle n'y reviendra pas, et qu'elle a cessé d'être digne d'y revenir ? Rien, absolument rien. Elle-même refuse de s'expliquer. Ce voyage ne peut-il être un voyage d'agrément, et avoir pour but une visite à une autre Chouette de génie comme elle, ou une retraite de quelques jours dans quelque coin poétique, pour s'y livrer complétement à la méditation, qu'affectionnent les âmes d'élite comme la sienne? — Et encore ne peut-elle être morte ?

Le cœur d'un Hibou a d'étranges mystères. Cette dernière hypothèse lui souriait presque : il l'eût voulue morte, plutôt que parjure.

— Parbleu ! dit-il, voyez où nous entraîne l'exagération. Et il fit gravement quelques tours sur la rive, en s'applaudissant de n'avoir pas cédé à un premier mouvement.

Mais, au bout de quelques moments, il sentit bien que

la consolation qu'il avait essayé de se donner n'était pas de bon aloi. Son cœur n'avait pas cessé d'être serré ; et, voulant mettre fin à ses incertitudes, il résolut de consulter une vieille Carpe qui passait, dans le pays, pour savoir le passé, le présent, l'avenir, et beaucoup d'autres choses encore. Ce qui fait le succès des devins et des diseurs de bonne aventure, c'est qu'il y a beaucoup de malheureux. Il faut être désespéré pour demander un miracle. La sorcière avait la réputation d'être capricieuse. — Voudra-t-elle me répondre? se dit-il : et il s'avança, non sans un trouble involontaire, vers une partie de la rivière très-éloignée des deux châteaux, où la vieille Carpe se livrait à ses sorcelleries, et qui, à cause de cela, était connu dans le pays sous le nom de : Trou de la Carpe.

VI

LA CARPE MAGICIENNE.

— Puissante Carpe, dit-il d'une voix mêlée de respect et de crainte, ô toi qui sais tout, fais-moi connaître mon sort. Mon épouse bien-aimée a disparu : est-elle morte, ou est-elle infidèle ?

Pour une magicienne, la vieille Carpe ne se fit pas trop prier ; et sa grosse tête bombée ne tarda pas à se montrer. Elle remua trois fois ses lèvres épaisses avec beaucoup de majesté, prit lentement trois aspirations d'air en regardant du côté de la source du fleuve, puis :

— Attends, dit-elle.

Et, ayant tourné trois fois sur elle-même, elle sortit

de l'eau à mi-corps, et se mit à chanter, d'une voix étrange, les paroles que voici :

CHANT DE LA CARPE.

« Accourez, accourez, vous qui aimez les nuits noires
« et les eaux limpides, innombrables tribus aux nageoires
« rapides et aux gosiers affamés ; vous qui aimez les ri-
« vages paisibles et déserts, les eaux sans pêcheurs et
« sans filets, venez ici, Animaux à sang rouge, Carpes do-
« rées, Truites azurées, Brochets avides ; déployez vos na-
« geoires, Mulets, Argus, Chirurgiens, Horribles, troupe
« soumise à mes lois ; venez aussi, souples Anguilles,
« brunes Écrevisses, et vous, reines des Ovipares, Gre-
« nouilles enrouées. — Quoiqu'il ne s'agisse ni de boire
« ni de manger, et qu'on ne vous ait pas même offert
« en sacrifice... un Ciron ! rendez vos oracles ! Montrez
« que vous savez parler, quoi qu'on dise, et donnez votre
« avis à cet époux malheureux.

« Est-il, ou n'est-il pas trompé ? Sa Chouette est-elle
« morte ou infidèle ? Sachez d'abord que, si elle est
« morte, l'infortuné se résignera à vivre pour la pleurer ;
« mais qu'il se précipitera dans les eaux, si elle est
« infidèle. »

Le monde des esprits est facile à éveiller.
Bientôt le Hibou tremblant vit ce qu'il n'avait jamais vu. A la voix de la Carpe, les têtes de tous ceux qu'elle avait évoqués sortirent successivement des eaux, et formèrent bientôt une ronde fantastique, au-dessus de laquelle d'autres rondes, composées d'innombrables Insectes, et montant en spirales jusqu'au ciel, apparurent

tout à coup. Par un prodige inouï, des nymphéas, bravant les ténèbres, élevèrent leurs tiges hardies jusqu'à la surface de l'eau, et beaucoup de fleurs, qui s'étaient fermées pour ne se rouvrir qu'au matin, furent tirées, contre l'ordre de la nature, de leur profond sommeil. Des nuages épais pesaient sur l'atmosphère; le ciel semblait comprimer la terre; l'air était lourd, et le silence si grand, que M. le Duc pouvait entendre distinctement les battements de son cœur.

La vieille Carpe se plaça au milieu, et les rondes se mirent à tourner autour d'elle, chacune dans son sens, les unes vivement, les autres lentement. Au troisième tour, la vieille Carpe fit un plongeon, resta sous l'eau pendant quelques minutes, et du fond de l'abîme rapporta cette réponse au Hibou épouvanté :

— Ton épouse bien-aimée n'est pas morte :

Cela dit, la tête et la queue de la sorcière se rapprochèrent, par un mouvement bizarre, comme les deux extrémités d'un arc; elle fit un bond prodigieux, s'éleva de six pieds dans les airs et disparut.

« Elle n'est pas morte! elle n'est pas morte! répéta le
« chœur infernal; elle n'est pas morte! La Chouette est
« l'oiseau de Minerve; la fille de la Sagesse t'aurait-elle
« quittée si tu ne l'avais pas mérité? A l'eau! à l'eau!
« à l'eau! Hibou, tu l'as promis, il faut mourir!

« Chantons, chantons gaiement! criaient les Écrevisses
« et les Grenouilles; peu nous importe pourquoi tu
« meurs, pourvu que tu meures et que nous puissions
« souper avec Ta Seigneurie. Chantons, dansons et man-
« geons! peut-être demain serons-nous sous la dent des
« hommes! »

Une petite Ablette aux sept nageoires, qui n'était encore qu'une demi-sorcière, s'approcha tout au bord de l'eau : « Ton malheur nous remplirait de tristesse et de « pitié, lui dit-elle d'un air moitié naïf et moitié railleur, « si notre tristesse et notre pitié pouvaient le faire cesser. »

VII

— Elle n'est pas morte, disait le pauvre Hibou à moitié fou ; elle n'est pas morte... je ne comprends pas. Et l'eau avait repris son cours ; magiciennes et magiciens, voyant qu'il ne s'empressait pas de mourir, étaient rentrés, ceux-ci dans leur bourbe, ceux-là dans leurs roseaux et sous leurs pierres, qu'il disait encore, en agitant ses ailes avec désespoir : — Je ne comprends pas.

Le hasard et un peu d'insomnie m'avaient conduite, cette nuit-là, de ce côté. J'avais été spectatrice muette de la scène que je viens de raconter. J'eus pitié de lui, et je l'abordai.

« Cela veut dire, lui dis-je, si cela veut dire quelque « chose, qu'elle est infidèle, oui, infidèle. Cela veut dire « aussi que la plupart de ces Poissons ne seraient pas « fâchés de te voir mourir, et qu'ils te trouveraient bon « à manger. Mais pourquoi mourir? en seras-tu moins « trompé ? » — Et je le remis dans son chemin et dans son bon sens, après avoir employé, pour le décider à vivre, toutes les formules au moyen desquelles on console les gens qui ont envie d'être consolés.

J'eus le plaisir de l'entendre envoyer au diable les Carpes magiciennes et leurs oracles intéressés.

VIII

COMMENT UN HIBOU MEURT D'AMOUR.

J'ai su plus tard que ce pauvre Oiseau, dont la tête n'avait jamais été bien forte, s'était jeté, pour se distraire, disait-il, dans ce qu'il appelait les plaisirs. Il est rare qu'un esprit médiocre se résigne au malheur. Il s'abandonna à toutes sortes d'excès, et surtout à des excès de table, ainsi qu'il l'avait vu pratiquer, en pareille occasion, à quelques héros de roman. Comme il avait beaucoup d'appétit et peu de goût, il mangeait souvent des choses malsaines, et mourut bientôt, les uns disent d'amour, les autres d'indigestion. Le fait n'est pas encore éclairci.

Je crois pouvoir affirmer, à sa louange, que, s'il ne fût pas mort de la maladie que nous venons d'être forcé de nommer, il aurait pu mourir d'amour; car il aimait passionnément sa pauvre Chouette, qui, avant d'être une grande dame, avait été une simple Chouette fort bonne et très-attachée à ses devoirs.

Il en est des plaies du cœur comme de celles du corps : quand elles ont été profondes, elles se ferment quelquefois; mais elles se rouvrent toujours, et on finit par mourir, en pleine santé, de celles dont on a été le mieux guéri.

IX

TRISTE FIN D'UNE CHOUETTE.

Et Madame la Duchesse? Au bout de quinze jours, son séducteur l'abandonna pour une vraie Duchesse qu'il emmena en Grèce, où ses ancêtres avaient été rois. Elle en fut si humiliée, qu'elle maigrit à vue d'œil, et mourut, seule, dans le tronc d'un vieux saule, de honte, de misère et presque de faim, bien coupable, mais aussi bien malheureuse.

Faites-vous donc, Grand Duc et Grande Duchesse !

1840.

UNE SCÈNE
DE L'AUTRE MONDE.

> Facilis descensus Avernis.
> « Il n'est que trop aisé de descendre aux enfers.
> — Virgile. —

I

De quoi ne se lasse-t-on pas ? — Il arriva qu'un jour, las sans doute de siéger, une fourche en main, sur son trône d'ébène, Satan s'ennuya si fort qu'il voulut à tout prix se désennuyer. La chose n'est pas plus facile aux enfers que sur la terre, et après avoir essayé de mille moyens sans réussir à autre chose qu'à augmenter son ennui, Satan allait se résigner à s'ennuyer davantage, quand l'idée lui vint de visiter toutes les parties de son immense empire.

« Bien pensé, sire, dit à l'oreille de Satan un diablotin qui n'était pas plus haut en tout qu'une coudée, et qui venait de sauter sans façon sur ses royales épaules ; l'ennui n'a pas de si longues jambes qu'on le croit, et il y a peut-être moyen de courir plus vite que lui. »

Or, pour le dire en passant, ce diablotin était quelque chose comme le secrétaire particulier, ou, si vous l'aimez mieux, l'aide de camp favori de Satan, qui, dans un jour de bonne humeur l'avait du même coup attaché à sa personne et surnommé Flammèche. Pourquoi Flammèche ? Mais s'il fallait tout expliquer, rien ne finirait. Tout ce que nous pouvons dire, c'est que, fort de l'approbation de Flammèche, Satan, qui n'avait qu'une demi-confiance dans son idée, finit par la trouver excellente, voire la meilleure qu'il eût jamais eue ! « Car enfin, se disait-il, quand bien même mon voyage ne devrait pas être un voyage d'agrément, je devrais encore le faire, dans l'intérêt de mon gouvernement. Il y a longtemps que mes sujets ne m'ont vu ; il peut être d'un bon effet que je me montre à eux.

— Ne fût-ce que pour leur faire voir, dit Flammèche, que vous n'êtes ni si vieux ni si noir qu'on veut bien le leur dire tous les jours. »

II

Satan se mit donc en route, non comme le premier venu assurément, mais avec un cortége digne de sa puissance, et qui se composait des princes ses fils, et d'une incroyable quantité de diables et d'archidiables, de demi-diables et de doubles diables, tous hauts dignitaires de l'enfer, qui l'accompagnaient d'ordinaire dans ces sortes de tournées royales.

Quant à Flammèche, il se cacha, selon sa coutume, dans les plis du manteau de son maître, et, selon sa coutume aussi, il s'y endormit, les devoirs variés de sa charge ne l'obligeant pas à autre chose.

III

Pour dire que Satan perdit son ennui dans son voyage, et dans quelle partie de ses États il eut le plus à s'applaudir de son idée ou le plus à s'en repentir, voilà ce qu'on ne saurait préciser, la géographie de l'enfer n'ayant encore été faite par personne. Toujours est-il qu'après avoir parcouru dans tous les sens ces espaces sans limites que peuplent les âmes des habitants des mondes que nous ne connaissons pas (ceux de la lune et autres), Satan se tourna vers sa suite, en diable qui n'est pas encore tout à fait guéri de son mal; et, d'un ton qui, du reste, n'avait rien de bien flatteur pour notre planète, il dit : « Il ne faut rien faire à demi ; je m'aperçois que dans notre course à travers nos États nous avons oublié ce petit département dans lequel sont reléguées les âmes des habitants de cette fille imperceptible du chaos qu'on appelle la terre ; orientons-nous de notre mieux, reprenons notre vol, et réparons notre oubli.

— Sire, dit une voix dans le cortége, les âmes des hommes sont bien bavardes ; Votre Majesté n'a-t-elle point eu assez de harangues...

— Mon fils, répondit Satan, ne dites point de mal des harangues ; le pouvoir est au bout de toutes ces paroles, et il est bon, quoi qu'il en coûte ! ! de dire de temps en temps quelques mots à ceux qu'on gouverne, quand on les sait assez discrets pour s'en contenter. »

IV

Satan avait dit; et, déployant ses ailes, il se dirigea

vers le point le plus obscur de l'horizon ; le cortége infernal, se frayant à sa suite un chemin à travers la foule des corps célestes qui parsèment l'infini et dont chacun est un monde, laissa bientôt derrière lui ces milliers d'univers que la main de Dieu seul a comptés, et arriva dans ces lieux habités par le vide où les poëtes ont placé notre enfer.

V

L'ANTICHAMBRE DE L'ENFER.

Quand on apprit, dans le sombre manoir, que le Diable en personne allait l'honorer de sa présence, les autorités du lieu se rassemblèrent, et il fut décidé qu'on ferait de son mieux pour le recevoir. Tout ce qu'il y avait de peintres et de sculpteurs, de tapis et de tapissiers, fut donc mis en réquisition pour décorer une salle d'ordinaire assez nue, dans laquelle se tenaient, à leur arrivée, — en attendant qu'on leur assignât une destination définitive, — les âmes qui avaient passé de vie à trépas, et cette salle se trouva ainsi convertie, vu l'urgence, en une salle de trône.

Quelques minutes avant l'heure désignée pour l'ouverture de la séance, les conseillers infernaux, les maréchaux, les officiers généraux, les grands écuyers, etc., avaient pris chacun la place que leur avait indiquée l'huissier chargé de régler le cérémonial.

Bientôt la voix de l'huissier introducteur se fit entendre, et Satan entra au milieu d'un profond silence qui fut interrompu tout à coup par les cris de Vive Satan !

que poussèrent, au moment où on y songeait le moins, quelques fonctionnaires qui tenaient évidemment à n'être point pris pour des muets.

Nous ne ferons pas ici le portrait de Satan ; nous nous bornerons donc à dire que, — depuis le jour où était tombé du haut des airs *comme une étoile rapide,* le prince de l'air, qui jadis brillait à côté des soleils eux-mêmes, — il était bien changé, et que d'ailleurs il avait jugé à propos de prendre pour cette solennité la figure et le costume exigés par la circonstance.

Arrivé au milieu de l'estrade, Satan se découvrit un instant, et fit avec beaucoup de facilité le salut d'usage ; après quoi, s'étant assis et couvert, il tira de sa poche un petit papier qui était supposé y avoir été mis par un de ses ministres, et, plaçant sa main sur son cœur, il s'apprêtait courageusement à le lire, quand tout à coup des cris, venus du dehors, s'étant fait entendre.

« Qu'est-ce que cela ? » s'écria Satan.

VI

COMMENT IL SE FIT QUE SATAN NE PUT PAS LIRE SON DISCOURS.

« Sire, dit en tremblant le chef des huissiers, la salle dans laquelle vous êtes est celle dans laquelle viennent tous les jours s'abriter les âmes, à mesure qu'elles arrivent de là-haut, et il y a derrière cette porte tout un convoi de nouveaux venus qui s'impatientent peut-être. Nous allons, s'il vous plaît, les prier de nous laisser en repos et les chasser...

— Pas du tout, dit Satan, qui remit aussitôt, avec un air de satisfaction non équivoque, son discours dans la poche d'où il l'avait tiré ; pas du tout, je n'avais absolument rien de nouveau à vous dire, sinon que tout continue d'aller pour le mieux dans le meilleur des enfers possibles, ce que vous savez aussi bien que moi ; si donc vous le jugez bon, nous suspendrons la séance et nous laisserons entrer tous ces braves gens, puisqu'ils sont si pressés. Le premier pas des habitants de la terre dans notre monde, dont ils se font, à ce qu'il paraît, une bizarre idée, est quelquefois assez divertissant, et, soit dit entre nous, l'enfer est un lieu assez peu récréatif pour qu'on ne néglige point de s'y distraire ; — d'ailleurs, ajouta-t-il avec quelque gravité, il y a longtemps que nous n'avons eu des nouvelles de la terre, et nous ne serons pas fâchés de savoir ce qui s'y passe. »

VII

UN CONVOI D'AMES.

Soudain entrèrent pêle-mêle, guidées par l'esprit qui les avait accompagnées depuis leur départ de la terre, et pressées comme des feuilles qu'aurait chassées un vent impétueux, des âmes de tout âge, de tout sexe et de tout rang, et il y en avait un si grand nombre, qu'on aurait eu de la peine à comprendre qu'elles pussent tenir dans la salle, si l'on n'avait su qu'elles n'étaient qu'apparence.

VIII

Les unes entraient en pleurant, les autres en riant; mais la plupart paraissaient si préoccupées de l'événement qui d'un monde les avait jetées dans l'autre, que quelques-unes ne remarquèrent même pas la présence de Satan.

« Pardieu ! disait d'un ton bourru une âme fort replète, c'est bien la peine d'être mort et de s'être fait enterrer, et d'avoir laissé là-haut ce qu'on avait de meilleur, c'est-à-dire son corps et ses appétits, pour se retrouver ici vivant comme si de rien n'avait été.

— Quoi ! dit un Turc qui arriva une queue de vache à la main, pas de houris ! Par Allah ! où sont les houris ?

— Pas une, illustre pacha, pas une seule, dit un vieux diable au Turc désappointé.

— Aussi, reprit le Turc, quelle idée ai-je eue de venir mourir en Europe ! dans l'enfer de mon pays, les choses ne se seraient pas passées ainsi.

— Le bel enterrement ! s'écriait un brave bourgeois en toisant ses voisins d'un air protecteur...

— Et de quel enterrement parlez-vous ? lui dit Flammèche, qui venait de se réveiller.

— Et duquel parlerai-je, répondit l'ombre en se frottant les mains avec quelque suffisance, sinon du mien ?... une messe en musique, des flambeaux d'argent, mille bougies, l'église tout entière tendue de noir ; des voitures, vides, il est vrai, mais si nombreuses qu'on pouvait à peine les compter ; toutes les cloches en branle, un catafalque magnifique, deux ou trois discours sur ma tombe, lesquels seront, bien sûr, reproduits par les journaux, et enfin une place au Père-Lachaise, une vraie petite maison de campagne ornée d'une colonne de marbre blanc, surmontée d'une urne noire, avec cette épitaphe composée exprès : « Ci-gît un homme riche qui aurait pu être sénateur. » Quelle gloire ! quel triomphe ! quelle fumée ! quel enterrement !...

— Mon drame allait être joué ! disait l'un.

— Et mon livre imprimé ! disait l'autre.

— Mourir en plein carnaval ! s'écriait une ombre bizarement accoutrée.

Et celui-ci : — Mes trésors, mes biens, mes terres, mes maisons, mes gens, mes chevaux, mes chiens !

Il y en eut un assez simple pour s'écrier : — O ma maîtresse !

— Que vont-ils devenir sans moi ? disait un ministre.

— J'ai oublié trente mille francs dans ma paillasse ! s'écriait l'ombre d'un mendiant.

— Criez, disait une âme qui se drapait dans son linceul, criez donc ! vous ne crieriez pas tant si, comme moi, vous n'aviez laissé là-haut que la misère ! De ma vie je n'ai été si bien couvert que le jour où l'on m'a donné le linceul que voici.

— O sort partial ! murmurait un vieillard, j'avais quatre-vingt-dix ans à peine, et mon voisin, qui en avait quatre-vingt-quinze, est resté, tandis que me voici.

— Toutes les femmes sont infidèles, disait un vieux mari.

— Hélas ! non, disait un autre qui arrivait — suivi de sa moitié !!!

— Les hommes sont des traîtres... nous sommes toutes mortes de chagrin, etc., etc. »

Ces paroles, qu'on n'entendait que confusément, partaient d'un groupe de femmes qui parlaient toutes à la fois ; elles étaient entremêlées de cris et de sanglots ; les larmes, on peut le penser, ne manquaient pas non plus et ruisselaient jusque sur les pieds de Satan, les plus hardies et les plus éplorées de ces belles victimes s'étant approchées pour chercher à séduire leur juge ou à l'apitoyer sur leur sort :

« Justice ! s'écriaient-elles ; puisque les hommes ne sont pas punis sur la terre, punissez-les, monseigneur, et vengez-nous. »

Satan, que le souvenir d'Ève rendait peut-être indulgent, ordonna, pour les satisfaire, que ces âmes opprimées fussent séparées de leurs oppresseurs pour toute l'éternité. Mais ce fut alors un tel concert d'imprécations, que c'était à ne pas s'entendre.

« Le remède est pire que le mal, disaient-elles.

— Que diable voulez-vous donc ? s'écria Satan hors de lui-même ; je mets votre vertu à couvert, vous ne serez plus trompées, et vous n'êtes pas contentes ? »

Mais d'un autre côté.

« Hélas ! hélas ! qui nourrira mes chers enfants ! disait une ombre qui faisait de vains efforts pour s'échapper.

— Qui me rendra leur doux sourire ? » disait une autre.

Deux petites âmes jumelles, pareilles à celles dont les peintres prêtent les traits aux anges eux-mêmes, entrèrent alors comme en se jouant ; mais à peine furent-elles entrées, que, se retournant toutes deux d'un même mouvement, elles se mirent à pleurer en disant : « Notre mère n'est-elle donc pas venue?

— Chers petits, leur dit à voix basse Flammèche attendri, prenez patience, elle ne tardera pas à venir. »

Puis vinrent de jeunes vierges vêtues de blanc ; puis quelques jeunes femmes qui avaient encore sur la tête leur couronne de mariée. « La mort, l'affreuse mort nous a séparés ! s'écriaient-elles.

— Dieu vous entend, disait à cette foule désolée l'esprit qui les avait amenées; mourir n'est rien, il ne s'agit que d'attendre. »

Mais au milieu, beaux et pâles tous deux comme les étoiles au matin, s'avançaient, se tenant étroitement enlacés, un jeune homme et une jeune femme que la mort avait frappés du même coup. « Je t'ai suivie jusqu'ici, disait l'amoureux jeune homme à son épouse bien-aimée, quand ta mère viendra à son tour, elle retrouvera ta main où elle l'avait placée, dans la mienne.

— Et elle saura, dit la jeune fille, que je n'aurais pas choisi une autre fin. »

Quant aux autres, ils poussaient des cris de détresse si lamentables, et leur douleur était si incohérente, qu'on ne pouvait en saisir le sens.

« Silence ! » s'écria l'huissier.

IX

« Que se passe-t-il donc là-haut ? dit à une ombre dont le maintien austère le frappa, Satan, qui depuis quelques instants s'était borné à faire quelques mouvements de tête suivant que ce qu'il voyait avait ou n'avait pas piqué sa curiosité, et que veut dire ce sombre visage?

— Ce qui se passe là-haut est fait pour te plaire, répondit celui à qui s'adressait cette question : le mensonge, la sottise et la cupidité se disputent le monde; les braves gens ne savent que faire de leur bravoure; l'intérêt personnel a tout envahi; où la médiocrité suffit le mérite s'efface; l'indifférence en matière politique, c'est-à-dire l'oubli de la patrie, est vanté, prêché, récompensé, ordonné; les mots d'honneur et de vertu sont peut-être encore dans quelques bouches, mais, laissez faire, et ils ne seront bientôt plus nulle part — que dans les dictionnaires! et ma foi, ce qu'on peut donc faire de mieux, c'est de mourir en souhaitant à la postérité des temps meilleurs.

— Vraiment! dit Satan; tu as raison, l'ami, voici de bonnes nouvelles.

— Cette ombre se trompe, nous vivons sous un prince ami de la paix, dit un autre, et tout bien vient de là. Si l'on s'insulte encore, on ne se bat plus du moins; les arts fleurissent à loisir, la prospérité du pays s'accroît tous les jours, les emplois publics sont donnés au plus digne, le fils succède au père, le neveu est placé par son oncle, tout travail a son salaire, chaque chose a son prix connu et fait d'avance, tout s'acquiert, tout se paye, le présent est d'argent et l'avenir est d'or.

— Très-bien, dit Satan d'une voix enjouée; si tu veux jamais un emploi dans l'enfer, fais-le-moi savoir; les places que tu as perdues là-haut, tu les retrouveras ici. »

Et s'adressant alors à un troisième. « Et toi, que me diras-tu?

— Rien assurément de ce que vous ont dit ces deux messieurs, répondit celui-ci en se dandinant. Ce qu'on fait là-haut? Mais qu'y peut-on faire, sinon boire, manger, dîner, souper, fumer et dormir; aller au bois, au club ou ailleurs, acheter des chevaux et en revendre; parier, jouer et être amoureux tant qu'on a de l'argent; se ruiner enfin corps et biens, puis prendre alors congé de ses créanciers, en laissant pour tout héritage aux héritiers qu'on a, quand on en a, le souvenir d'une vie si belle et si utile?

— A la bonne heure, dit Satan, voilà un garçon intéressant! Comment vous nomme-t-on, mon petit ami? Étiez-vous duc ou prince, ou seulement fils de bourgeois parvenu?

— Monsieur, dit l'ombre, j'étais riche, et mon blason était un écu.

— Pourquoi cet air égaré? dit encore Satan à un quatrième.

— Un jour, dit celui-ci, je laissai là mes livres, mes chers livres! On se battait dans les rues; la mémoire du passé, les leçons de l'histoire, et je ne sais quelle funeste envie de bien faire, me poussèrent au milieu des combattants. — Vive la liberté! m'écriai-je. — C'était un crime; on m'emprisonna : je perdis la raison, — et me voici.

— Ah! oui, dit Flammèche, la liberté ou la mort. Tu as eu la mort; de quoi te plains-tu?

— Allons donc, dit un estafier de l'enfer, on ne meurt plus en prison; qui te croira?

— Ton sang n'a pas coulé, et tu demandes de la pitié, dit une troisième voix ; la mort t'a laissé ta folie.

— Que ne faisais-tu comme ce beau fils? s'écria Sata avec humeur, on t'aurait laissé faire. »

X

« Décidément, dit le roi des enfers découragé, les morts n'ont plus ni esprit ni gaieté ; encore quelques-uns comme ceux-là, et nous regretterons notre ennui ! » Et déjà, mettant la main dans sa poche, il faisait mine d'y chercher son discours, quand la vue d'une ombre qu'il n'avait point encore aperçue vint fort à propos lui rendre quelque espoir.

XI

« Eh ! l'ami, dit-il à un petit vieillard qui était affublé d'une longue robe et d'une toque, et dont le regard curieux se promenait sur l'assemblée, que regardez-vous donc comme cela ?

— Je regarde tout, dit le personnage à qui s'adressait l'interpellation de Satan, et n'ai point eu d'autre envie, en venant ici, que celle de pouvoir enfin tout regarder.

— Réponds-nous d'abord, lui dit Satan, tu regarderas après. Que faisais-tu sur la terre

— J'avais l'honneur d'y professer la philosophie, répondit l'ombre.

— Bah ! dit Satan, toi philosophe !

— Mon Dieu, oui ! » répliqua l'ombre avec embarras.

XII

L'OMBRE D'UN PROFESSEUR DE PHILOSOPHIE.

Mais voyant que Satan semblait disposé à la laisser parler.

« Telle que vous me voyez, dit-elle, j'ai passé mes nuits et mes jours à demander à la science ce que c'était que la vie et la mort, ce que nous étions avant, ce que nous deviendrions après.

— Et qu'en penses-tu ? reprit Satan.

— Ma foi, dit l'ombre en remuant la tête, c'est ici ou jamais qu'il faut être sincère : j'avouerai donc que je n'avais guère appris que des choses assez confuses. Parmi les philosophes, la plupart se contentent de définir, ce qui n'est pourtant pas la même chose que d'expliquer.

« Je ne vous parlerai ni de Démocrite, ni d'Héraclite, ni de Thalès, ni de Pythagore, ni d'Aristote, ni de Platon, suivant lesquels l'homme redevient après sa mort un atome rond ou crochu, de l'eau ou du feu, une monade ou une entéléchie, ou bien encore une idée, — ni des sophistes, suivant lesquels on ne sait pas si l'on existe, ni de ceux-ci qui affirment que nous ne sommes ni finis ni infinis, ni de ceux-là qui prétendent qu'on est sphérique ;

— mais je vous parlerai de systèmes plus nouveaux. — Un système nouveau a toujours un avantage sur un système ancien, c'est que, sans être bon lui-même, il peut prouver que celui qu'il remplace ne vaut rien, en attendant que même sort lui arrive.

« Suivant les éclectiques modernes, on n'existe que pour les autres, l'âme n'ayant pas connaissance d'elle-même, et il faut avouer que ce n'est pas la peine d'avoir découvert l'œil intérieur pour conclure si obscurément.

« Suivant les panthéistes...

— Passons, dit Satan.

— Suivant les idéalistes, reprit le philosophe...

— Passons, passons, dit encore Satan.

— Suivant Kant...

— Passons, vous dis-je ! s'écria Satan.

— Suivant Maupertuis, reprit le savant un peu troublé, pour être immortel, il faut être hermétiquement enduit de poix-résine.

— Très-bien, dit Flammèche.

— Suivant Swedenborg... Mais, suivant celui-ci, je n'y ai rien compris, bien qu'il m'ait extrêmement intéressé...

— Par mes cornes ! dit Satan, dont l'impatience allait croissant, assez de philosophie, je vous prie, nous ne sommes point ici à l'école ; vos systèmes anciens et vos systèmes nouveaux m'ont l'air de se valoir tous.

— C'est pourtant de toutes ces erreurs que se compose la vérité, dit le philosophe ; mais j'obéirai à Votre Majesté. »

Puis reprenant son discours,

« Suivant les amants, on est éternellement assis à l'entrée d'une clairière traversée par un pâle rayon de la lune, sous un arbre où chante un rossignol qu'on ne voit pas, non loin d'un clair ruisseau, et on attend sa maîtresse, qui ne manque jamais de venir.

« Suivant les mélancoliques, on lit perpétuellement des inscriptions sur les tombeaux.

« Suivant les bourgeois, on rentre dans le sein de la nature. Qu'est-ce que le sein de la nature ?

« Suivant un grand nombre, on redevient ce qu'on était avant de naître, c'est-à-dire une charade, une énigme.

« Suivant d'autres enfin, ceux qui vont quelquefois à l'Opéra, l'enfer est un lieu plein d'escaliers, du haut desquels montent et descendent sans cesse des légions de diables et de pécheresses fort agiles.

« Suivant... »

— Suivant ! suivant ! dit Satan exaspéré ; tout ce que vous savez doit-il nécessairement commencer par cet insupportable mot ? Que diable, mon cher, variez votre formule ou taisez-vous.

— Je savais encore quelque chose de la mythologie grecque ou romaine, dit le pauvre savant intimidé. Je connaissais de nom Pluton et Proserpine ; mais à vrai dire, je ne m'attendais guère à les trouver ici, et je ne me plaindrai point de ne les y pas rencontrer.

« Des cinq fleuves de l'enfer païen, le Styx, le Cocyte, l'Achéron, le Phlégéton et le Léthé, je ne regrette que le dernier, s'il est vrai toutefois qu'un verre de son eau m'eût pu débarrasser de tout ce dont j'ai si inutilement chargé ma mémoire. Je ne suis pas fâché de ne trouver ici Éaque, Minos et Rhadamanthe qu'en peinture ; ils me paraissent tout à fait propres à décorer les murs. Pour Clotho, Lachésis et Atropos, je n'aurais pas donné un fétu de la quenouille chargée d'hommes de celle-ci, et de la paire de ciseaux de celle-là.

« Et quant à Cerbère, ce chien à trois gueules, pour croire qu'il a jamais vécu, je voudrais le voir ici même, ne fût-il qu'empaillé.

« D'après les Indous, j'aurais dû, avant d'arriver, me faire servir un carafon d'amrita, cette ambroisie qui donne l'immortalité, et dont le dépôt est dans la lune.

« J'aurais pu croire encore qu'il y a dans le paradis six cents millions de nymphes ou ampsaras plus ravissantes les unes que les autres, sans oublier l'arbre paridjata, dont les fleurs répandent un parfum qui s'étend du zénith au nadir.

« Je me serais attendu à voir Votre Majesté d'une couleur verte, habillée de vêtements rouges, montée sur un buffle, la bouche garnie de dents faites pour effrayer tout l'univers.

« Son greffier aurait eu pour nom Thchitraponpta, et j'aurais fait le chemin qui me séparait de cet empire, montre en main, en quatre heures quarante minutes.

« J'aurais vu ramper ici une incroyable quantité de serpents.

« Parmi ces messieurs qui viennent d'arriver comme moi, les uns auraient été jetés dans les bras d'une femme rougie au feu, et les autres obligés de manger des balles de fer brûlantes ; ceux-ci auraient été lancés dans des fosses remplies d'insectes dévorants, et ceux-là auraient eu un ventre excessivement large, et la bouche aussi petite que le trou d'une aiguille.

— Continue, dit le Diable en encourageant du geste l'orateur, qui ne s'était jamais vu à pareille fête ; je ne suis pas fâché d'apprendre ce qui se dit de moi dans votre petite planète.

— Grand prince, reprit l'ombre avec enthousiasme, chez les peuples SCANDINAVES, — mais les Scandinaves ne savent ce qu'ils disent, — l'enfer a la réputation d'être un lieu d'une obscurité complète, gouverné par une déesse (Héla), dont le palais s'appelle la misère ; le lit, la douleur ; la table, la faim.

« S'il fallait les en croire, deux corbeaux partiraient tous les matins du ciel et reviendraient tous les soirs raconter à Odin ce qu'ils ont vu et entendu dans le monde.

« En Chine, Ti-Kang, dieu des enfers, a sous ses ordres huit ministres et cinq juges. — Les criminels sont jetés dans des chaudières d'huile bouillante, coupés par morceaux, sciés en deux, dévorés par des reptiles ou des chiens, grillés et torréfiés à petit feu. — En revanche, il s'y trouve deux ponts, l'un d'or et l'autre d'argent, et tous deux fort étroits, qui conduisent à la félicité.

« MAHOMET ne m'a rien appris, sinon que dans l'enfer existe un arbre, l'arbre Zacoum, dont les fruits sont des têtes de diable ; j'ai vu aussi dans le Coran pourquoi tous les coqs chantent tous les matins à la même heure, et pourquoi aussi... Mais en voici bien assez pour vous prouver qu'au milieu de ces avis divers, il est malaisé de faire un choix.

« Quand j'eus tout compulsé, tout remué, sans pouvoir arriver à une conclusion quelconque, il me vint un beau jour une idée qui me parut lumineuse et qui l'était peut-être. Je brûlai aussitôt mes livres et les monceaux de papiers de toutes sortes que j'avais amassés autour de moi, et je me dis : « Il est, pardieu, bien étonnant que je n'y « aie pas pensé plus tôt, et que personne n'y ait songé « avant moi ! Cette vérité que j'ai la sottise de chercher « dans mes livres et dans toutes les cavités de mon cer- « veau, tout le monde sait, et les enfants eux-mêmes sa- « vent qu'elle est au fond d'un puits, — sans doute parce « que les hommes l'y ont jetée ; — allons l'y chercher ! » Sur quoi, je mis ma robe de chambre, et allai donner de la tête dans le puits de notre maison.

« J'y trouvai la mort, laquelle est peut-être la vérité que je cherchais.

« Mais je m'arrête, ajouta-t-il, car je m'aperçois, au maintien calme et réfléchi de cette illustre assemblée et aux bâillements de Votre Majesté, qu'il n'a rien manqué à mon discours, et que mon succès est complet. »

XIII

— Peste soit du bavard ! dit Satan en laissant échapper un geste de joie quand l'ombre eut cessé de parler. Mais il n'en était pas quitte encore, et quoi qu'il en eût, force lui fut d'entendre une nouvelle ombre qui, pendant le discours du pauvre professeur, s'était avancée jusque sur les degrés de l'estrade, en donnant, tant que dura ce discours, les marques de la plus vive indignation :

« Sire, dit cette ombre, ne jugez point les philosophes ni la philosophie sur les propos de ce bonhomme, qui n'a jamais su évidemment ce que philosopher voulait dire. S'il se trouve encore là-haut quelques âmes candides courant sur les chemins arides de la science après la sagesse, ils n'ont pour auditeurs que la foule ; mais les véritables représentants de la philosophie ont mieux compris leur mission : ce n'est ni dans les livres, ni sous des amas de notes, et encore moins au fond des puits, qu'ils ont cherché la vérité, mais bien sur les marches des trônes, où les passions populaires l'avaient impitoyablement exilée ; amants courageux des gouvernements constitués, les partis vaincus ont senti ce que pesait leur colère, et les monarques eux-mêmes ont appris, à leurs dépens, que, s'ils servaient le pouvoir, c'était par amour pour le pouvoir lui-même et non par un sot attachement pour celui qui l'occupe ; les philosophes...

— Les philosophes !... s'écria Satan, j'en ai par-dessus la tête, des philosophes et de la philosophie. S'il résulte quelque chose de ce que vous m'avez tous débité, c'est que rien au monde ne saurait vous mettre d'accord, et que le chaos s'est réfugié dans la cervelle humaine. Voyons, dit-il en s'adressant, en désespoir de cause, non plus à une seule, mais à toutes les âmes réunies dans un coin de la salle, laquelle d'entre vous répondra sensément à ma question ? »

Mais la question n'avait pas encore été posée, qu'il s'éleva une grande rumeur parmi les âmes, — et chacune ayant la prétention d'être celle qui pouvait le mieux répondre, il fallut l'emploi de la force pour rétablir le silence.

« Où avais-je la tête, dit alors Satan, de penser que je pourrais apprendre quoi que ce soit de vous, par vous-mêmes ! »

Puis s'adressant au guide qui avait escorté le convoi :

« Or çà, de quelle partie de la terre arrivent tous ces gens-là ?

— De Paris, répondit le guide.

— De Paris ! s'écria Satan ; quoi, et le Turc aussi ?

— Le Turc aussi, répliqua le guide. Il y a de tout à Paris.

— Quel dommage, murmura Satan, que je ne puisse planter là et mes États et surtout mes sujets ! Un voyage à Paris, voilà un voyage à faire !

—Peuh ! lui répondit Flammèche, qu'irait y faire Votre Majesté ? Ses affaires ne s'y font-elles pas bien sans elle ? C'est à coup sûr le lieu du monde où elle est le mieux représentée.

—C'est ma foi vrai, » répliqua Satan en se frottant les mains.

XIV

Satan s'étant alors découvert :

« Messieurs les Diables, la séance est levée, dit-il.

— Sire, et le discours ? s'écria alors l'assemblée tout entière.

—Mes chers amis, dit Satan en remerciant du geste les assistants, les discours comme celui que j'ai été sur le point de vous débiter ne vieillissent pas : celui-ci ne sera donc pas perdu pour vous, et, avec votre permission, je vous le garderai pour ma prochaine visite.

— Vive Satan ! » s'écria alors l'assemblée enthousiasmée — comme si ces dernières paroles eussent laissé dans toutes les oreilles des sons enchanteurs.

Après quoi, le cortége ayant quitté la salle, les choses reprirent en enfer leur cours accoutumé, et l'immense tabatière dans laquelle venaient de se passer toutes ces choses se referma.

1843.

RÉPONSE

D'UN VOYAGEUR

FATIGUÉ DES VOYAGES

A DEUX ALLEMANDS QUI L'INVITAIENT A VENIR FAIRE AVEC EUX
LE TOUR DU MONDE.

Grand merci de votre offre, mais vous iriez au diable que je ne vous suivrais pas.

J'ai assez, j'ai trop voyagé !

Je l'avoue, quand je me mis en route pour la première ois, j'attendais quelque chose d'un si grand dérangement ! Qui est-ce qui, en sortant de son village, n'a pas compté découvrir un nouveau monde ? Et je me disais qu'après avoir cherché sans succès, dans la solitude et dans le silence, le dernier mot de la raison humaine, je le rencontrerais peut-être dans les endroits fréquentés ! Quelle erreur !

Quand on a vu la terre d'un peu près, on se refuse à croire qu'il ait jamais pu s'y passer de grandes choses ; ou bien l'on est tenté de dire avec ses détracteurs, tant on est étonné de ne trouver partout que délabrements, qu'elle n'est aujourd'hui qu'un grain de poussière dégénéré.

Pour ne parler que des lieux célèbres dans la science, allez donc à Alexandrie, autrefois le rendez-vous des savants et des philosophes ; au lieu de ces groupes inquiets, turbulents et animés du désir de connaître des sophistes, — des cyniques, — des académiciens, — des stoïques,— des épicuriens,—des péripatéticiens,—des sceptiques,— des gnostiques, — des mystiques, — des néo-platoniciens, — des mithriaques, — des cabalistes et autres groupes qui se succédaient dans son musée, où tout savant avait le droit de se loger, vous ne trouverez que des chacals, des rats, des éperviers et des hiboux.

Allez à Athènes ; au lieu de Zénon enseignant sous le Portique, et de Platon sur le cap Sunium, vous rencontrerez des Bavarois. On vend de la saüerkraüt sur l'Acropolis, et des wurst de Munich sur les marches du Parthénon, que l'ombre indignée de Socrate doit avoir abandonné ! !

En Macédoine, il n'y aurait plus de place pour Alexandre, ni pour son maître Aristote.

Et quant à ces pays favorisés, où les poëtes ont promené leurs divins mensonges, cherchez-y ce que le souffle des Muses y a fait éclore, et voyons ce que vous en rapporterez. Je me trouvai un jour sur un roc si stérile, qu'il était inhabité ou peu s'en faut. J'y découvris à grand'peine deux ou trois huttes et quelques sauvages. J'étais à Cythère ! Des autels sur lesquels fumait jadis l'encens de Sapho, d'Anacréon et autres adorateurs de la plus belle des déesses, il reste à peine une pierre, et l'écho lui-même a oublié jusqu'au nom de Vénus !

Amathonte est perdu, ce qui est bien dommage.

Il n'y a pas plus de jeux que de ris à Paphos! et d'Amour, il n'y en a ni plus ni moins qu'ailleurs. Là comme partout on s'embrasse et l'on s'égratigne; après quoi on va faire la révérence à un nouveau visage.

J'ai cherché en vain dans les îles Fortunées (les îles Canaries) un souvenir d'Armide et du vaillant Renaud, et de ces jardins magiques dont chaque arbre renfermait des nymphes belles comme le jour! j'y ai trouvé, dans un beau climat, la poésie absente; les arbres y sèchent au lieu d'y brûler d'une flamme amoureuse, — et en place du chant des fées auxquelles le Tasse prêtait l'harmonie de ses vers, je ne sais comment le dire, pour tout chant, au milieu des airs, celui des serins.

Moi aussi, je voulais tout voir, et tout nom fameux m'attirait.

Abydos et Sestos, célèbres par les amours d'Héro et de Léandre; Naxos, où Thésée abandonna Ariane,

Ariane aux rochers contant ses injustices.

— Délos et le palmier sous lequel naquirent le soleil et la lune, Apollon et Diane! — Carthage, où M. de Châteaubriand crut voir les flammes du bûcher de Didon; — Ithaque, patrie d'Ulysse, où une femme fut fidèle, — et tant d'autres lieux enfin qui brillent comme des astres dans la nuit de l'histoire (1).

---

(1) CYTHÈRE, aujourd'hui CERIGO, l'une des îles Ioniennes; sous la protection ou plutôt sous la domination de l'Angleterre; sous la domination française pendant l'empire. — PAPHOS, dans l'île de Chypre; appartient aux Turcs. Maintenant BAFFO, village où l'on a trouvé quelques débris du temple de Vénus. — ILES FORTUNÉES (CANARIES), archipel de vingt îles dans l'océan Atlantique; la plus grande, Téné-

Hélas! qu'ai-je fait, et que m'en est-il revenu de dépouiller ces lieux révérés du prestige du lointain? On cherche des dieux et des sirènes, on trouve des ours blancs et de la glace! La réalité est amère, parce qu'elle remplace l'espérance, qui vaut toujours mieux qu'elle. Tout ce que l'homme veut voir et avoir, qu'il le cherche, qu'il le trouve en lui-même. Si l'infini est quelque part, c'est en nous, si chétifs que nous soyons. Si la poésie ne dort point avec vous sous votre oreiller, c'est en vain que vous courez après elle. Homère aveugle n'a pas eu besoin de contempler Troie en cendres pour chanter ce grand désastre; Virgile, Milton, Dante, n'avaient que faire de leurs yeux pour voir ce qu'ils ont vu; c'est au fond de son encrier que l'Arioste a trouvé ces forêts embaumées où passaient de si beaux jours, entrelaçant leurs noms sur l'écorce des arbres, l'amoureuse Angélique et le tendre Médor; il ne fallait au Tasse qu'une chandelle pour illuminer Jérusalem délivrée, encore pouvait-il s'en passer, puisqu'un jour, n'ayant pas de quoi en acheter, il lui arriva de faire un joli sonnet à sa chatte, pour la prier de lui prêter, durant la nuit, la lumière de ses yeux. — Ce qu'elle fit, sans aucun doute.

---

riffe, est célèbre par son pic volcanique. Appartiennent à l'Espagne. — Abydos et Sestos, aujourd'hui Nagara-Bouroum, château armé de quatre-vingt-quatre canons, et Bovalli-Kalessie, batterie armée de cinquante canons. Byron, comme Léandre, a traversé le détroit à la nage. — Délos, l'une des Cyclades. Très-petite et inhabitée; il n'y avait que deux bergers en 1825. Ruines du temple d'Apollon. — Carthage. Sur son emplacement, le petit village de Malga. On ne sait pas même où était le port de Carthage. — Ithaque, aujourd'hui Itaca; île Ionienne, rocheuse, ayant pour ville Vathi. On y découvrit en 1811, sous la domination française, deux cents tombeaux sur l'emplacement présumé du château d'Ulysse.

FATIGUÉ DES VOYAGES.

Je viens de faire, avec quelques amis, ce qu'on est convenu d'appeler un superbe voyage, deux ou trois mille lieues tout au moins.

De quoi s'est enflé notre bagage ? qu'avons-nous vu ? qu'avons-nous fait ? quels événements extraordinaires avons-nous à raconter ?

Nos chevaux nous emportèrent un matin à travers un champ de fèves.

Il nous arriva plus d'une fois de rencontrer trois pies, volant contre le vent, et du midi au nord !!

Nous fûmes un jour témoins du combat d'un chat noir avec un corbeau.

Un autre jour, nous découvrîmes sur le tronc d'un vieux saule une vieille chouette regardant fixement le soleil.

La cime d'un peuplier fut brisée devant nous par la foudre, un soir ! et un autre soir, j'écrasai par mégarde une araignée.

Les enfants nous poursuivaient quelquefois de leurs huées.

Les chiens hurlaient souvent en nous voyant.

Les voyageurs d'autrefois rencontraient, dit-on, sur les chemins, des fées, des enchanteurs, des magiciens, des héros et des héroïnes, des Bradamante et des Dulcinée, des armées fantastiques et de mystérieux moulins à vent, des rois épousant des bergères et des chaumières habitées par de grandes princesses.

Rien de pareil ne s'offrit à notre vue.

Nous vîmes tant de villes, tant de forêts, tant de fleuves

et tant de rivières, que nous finîmes par croire qu'il n'y avait qu'une forêt, qu'un fleuve et qu'une ville toujours la même ; mais de prodiges, nous n'en vîmes pas un !

Le seul miracle qui se fasse encore, il est vrai qu'à force de se produire, ce miracle, qui n'étonne plus personne, a cessé d'en être un, c'est celui de l'enchanteresse Circé, qui changeait les hommes en bêtes.

Cette magicienne n'a point emporté avec elle son secret : toute femme ayant de beaux yeux au service d'un cœur pervers le possède.

Dans les pays où l'on ne connaît personne, le voyageur, comme les gens dont parle l'Évangile, a des yeux pour ne pas voir, des oreilles pour ne pas entendre, et des mains pour ne toucher à rien :

Multa hospitia, paucas amicitias.

Rien n'est plus vrai que ce triste mot en voyage : Beaucoup de gîtes et peu d'amis ; passez-vous rapidement, vous n'avez rien vu ; demeurez-vous, c'est autre chose ; c'est pis : car, si vous êtes bon (quelques-uns se vantent, quelques autres se cachent de souffrir, mais tous souffrent), à chacune de vos haltes, vous laissez sur la route un peu de votre cœur, un peu de votre pitié, et, si vous avez été bien accueilli, des regrets que vous ne consolerez point et dont vous ne serez pas consolé.

Est-ce que ce n'est pas mille fois triste de passer à travers ces milliers d'hommes, ces milliers de frères, et d'avoir les bras toujours ouverts sans pouvoir jamais les refermer sur un ami ? . . . .
. . . .
. . . . :

FATIGUÉ DES VOYAGES.

.... Nous eûmes, du reste, la bonne fortune de trouver sur notre chemin ce que tout le monde y eût trouvé comme nous : des gens à pied et des gens à cheval, les uns et les autres également poussés par les cinq ou six appétits auxquels il faut le monde à dévorer. Ici des chars légers, courant après le plaisir, trouvant l'ennui ; là, de lourdes, pesantes et incommodes voitures, des maisons en voyage ; celles-ci pleines de pauvres diables, qui tous et toujours, à cette question : « D'où venez-vous et où allez-vous ? » auraient pu répondre : « Je viens de la misère et je retourne à la misère ; je m'agite pour tomber de fièvre en chaud mal. »

De tout ce qui use les chemins, croyez-moi, il n'y a de sensés que les chevaux, ceux-là seuls savent ce qu'ils font, et si on leur demandait : « Pourquoi marchez-vous ? » ils pourraient répondre avec orgueil : « Je marche parce qu'on me fouette. »

Non, l'homme n'est pas fait pour voyager, et la preuve, c'est qu'il y a encore, et qu'il y aura toujours, Dieu merci, d'infranchissables déserts.

Le souci ou le désir, l'inquiétude ou les regrets, creusent le front de quiconque va d'un lieu à un autre. Le mouvement nous a été imposé, ainsi que le travail, comme une punition céleste. Son premier pas, son premier voyage, l'homme le fit sous le poids de sa première faute, quand l'ange au glaive de feu le chassa du paradis terrestre, et le second, ce fut le crime qui le lui fit faire. Abel mort, Caïn chercha une terre qui n'eût pas vu son forfait.

Que vous dirai-je encore ?

Comme tous les voyageurs, nous eûmes faim et soif; il nous arriva aussi de descendre et de monter, de boire et de manger, de nous fatiguer et de nous reposer. Nous ne fîmes pas le trajet tout d'une traite ; nous nous arrêtions assez régulièrement le jour pour dîner, le soir pour nous coucher, et notre bonheur consistait alors à trouver une mauvaise auberge, un mauvais souper, et, dans le coin d'une mauvaise chambre, un de ces lits dans lesquels on voudrait pouvoir dormir (après tant d'autres) sans y toucher.

Pour ce qui est de la campagne, nous pûmes constater que généralement les montagnes dominent les plaines, que les pierres sont dures et que l'eau mouille.

Le plus petit coin de la terre étant l'abrégé du reste, une petite pierre, si vous l'approchez de votre œil, c'est un rocher; une feuille d'arbre, c'est une forêt; qui voit un enfant, voit un homme.

Quant aux villes : de loin la plus grosse n'est guère qu'une fourmilière; si, au lieu de n'être qu'un fils d'Adam, on était seulement celui d'un éléphant, on craindrait de faire une mauvaise plaisanterie en y posant le pied, et, de si peu de poids qu'on se sache, on s'étonne que ce soit dans ces singuliers amas de maisonnettes que se fabriquent toutes les belles paroles dont se grossit l'univers.

Les toits sont plats, quand ils ne sont pas pointus; quelquefois ils sont ronds. Mais les architectes auront beau faire, un toit ne sera jamais qu'un toit, et il n'y aura jamais dessous que des hommes.

Ah! que souvent on aurait pu dire de chacun de nous :

> Celui-ci, pendant son voyage,
> Tourna les yeux vers son village
> Plus d'une fois......

. . . .

Est-il nécessaire d'échanger ses pantoufles contre des bottes de voyage pour se convaincre que la terre est ronde, que la surface des eaux qui la recouvrent est sept fois plus considérable que ce qu'on en peut parcourir à pied sec, qu'on la divise en cinq parties, que ce qui distingue l'Europe des quatre autres, c'est qu'elle est la plus petite, et qu'il n'y a guère enfin sur tout le globe que sept cent trente-huit millions d'habitants. Toutes choses que le plus simple traité de géographie apprendrait en un quart d'heure à un cul-de-jatte.

Bref, il n'y a rien de tel que d'aller partout pour n'arriver à rien. Celui qui a tout vu n'a rien vu ; car son cœur et sa raison se sont lassés de le suivre, et il n'y a de sage, véritablement sage, que celui qui n'est jamais sorti de son trou. Pour moi, je voudrais être colimaçon et n'avoir jamais quitté ma coquille. Le seul profit qu'on retire des voyages, c'est qu'après avoir beaucoup couru, on ne demande pas mieux que de s'arrêter.

— Pourtant, ajouta-t-il après une minute de réflexion, une créature humaine a toujours le droit de faire une folie. Je vous suivrai donc contre mon propre avis. D'ailleurs :

> Malum consilium est quod mutari non potest.
> C'est un mauvais dessin que celui qu'on ne peut changer.

Et quand je serais un nouvel exemple que ce qu'il y a de plus difficile au monde, c'est d'être ferme en son propos, le nombre de ces exemples étant déjà si grand, où serait le mal ?

Partons.

Pied poudreux va loin encore après qu'il est las, dit le proverbe.

1842.

LES ÉTOILES.

> Les étoiles fixes sont plus rares qu'on
> ne croit.
> ＊＊＊

Tout le monde, dit-on, a son étoile bonne ou mauvaise. La tentation me prit, par un beau soir d'été, d'avoir mon étoile comme tout le monde.

J'étais à la campagne, dans un château plein de belles et charmantes dames ; je quittai, sans rien dire, la compagnie, et, résolu à chercher au ciel l'astre que je ne pouvais raisonnablement espérer trouver sur la terre, j'allai me coucher sur le dos dans le pré qui bordait le parc.

La nuit était superbe, et les étoiles étaient si nombreuses, et, ne l'ai-je pas déjà dit, toutes si brillantes et si belles, que je n'eus que l'embarras du choix.

Après quelques minutes d'une hésitation bien naturelle en si grave circonstance, je remarquai, entre toutes celles qui illuminaient la voûte céleste, une étoile véritablement splendide. Son éclat était incomparable. C'était un vrai soleil de nuit. A côté d'elle, ses sœurs n'étaient que des chandelles.

« Voilà mon étoile, » me dis-je.

J'avais à peine parlé, que soudain l'astre que j'avais désigné, jetant une lueur extraordinaire, se détacha du ciel, glissa dans l'espace, où il traça comme un sillon d'argent, se perdit presque à mes pieds, et disparut, laissant, il me le parut du moins, la nature entière dans la tristesse et dans les ténèbres, par le seul fait de son évanouissement.

II

Je ne sais personne qui puisse être à de certaines heures plus superstitieux que moi. Si je le dis ce n'est pas que je m'en vante. Mais à aucun moment de ma vie, une étoile, voire une étoile qui file, ne sera pour moi une chose indifférente.

Et voici pourquoi.

Je me rappelle que, quand j'étais un petit garçon, j'étais fou de tout ce qui est au ciel. Je n'avais qu'à lever les yeux pour y voir des légions de séraphins aux doux regards, aux ailes de feu ; tout ce que je voulais voir, en un mot, je l'y voyais.

Aujourd'hui, il m'arrive bien encore de regarder làhaut, et d'y chercher ce que j'y trouvais alors ; mais, ma vue est-elle moins bonne ? ces visions bien-aimées, mon œil ne les atteint plus !

Je parle de mon enfance ; c'est aux étoiles qu'il faut que j'arrive, et, auparavant, il faut que je prononce le nom de ma mère.

LES ÉTOILES.

Elle me mena un soir à la fenêtre, un soir que j'avais été tout à fait sage ; et, me montrant la belle nuit qu'il faisait, et les belles étoiles qui l'éclairaient à l'envi, elle me raconta que ces belles étoiles étaient les yeux des anges, qui, de là-haut, veillaient la nuit sur le sommeil des enfants dociles, et que, plus les enfants avaient été dociles, plus les yeux des anges s'illuminaient au ciel de joie et de contentement.

C'était là un de ces contes que les mères font à leurs enfants, et que les enfants, qui ont le bonheur de tout croire, accueillent avec avidité. Aussi, quand venait le soir, et que je me sentais sous ces brillants regards, je devenais, comme par enchantement, le plus obéissant petit garçon qui se pût voir. Si le sang, si l'âge m'emportaient : « Les anges te regardent, me disait ma mère, prends garde ! » Et je prenais garde, pour ne point fâcher les anges.

Ces chères étoiles, comment en parler dignement ? Tout éloge qu'on ferait d'elles n'est-il pas insuffisant ? Les poëtes en ont fait de la poussière d'or, ils les ont comparées à tout, au diamant, que sais-je encore ! Il n'y a point de bonne comparaison. Roméo les a comparées aux yeux de Juliette : « Si tes yeux, lui disait-il, prenaient la place des deux astres les plus brillants des cieux, on ne s'apercevrait pas de l'absence de ces astres, et les oiseaux chanteraient toute la nuit sous la feuillée. » On a dit aussi qu'elles étaient les fleurs du firmament. Pour l'amour des fleurs et pour l'amour des beaux yeux, j'admettrais ces deux comparaisons de préférence à toutes les autres ; mais, pourtant, les fleurs se fanent, et les étoiles, si elles sont des fleurs, sont des fleurs qui ne se fanent point : leur printemps là-haut est éternel. Et quant aux yeux, il arrive aux plus beaux de se fermer un jour, pour ne plus se rouvrir, tandis que chaque soir voit se parer d'un éclat nouveau les doux astres de la nuit.

Toujours est-il que ce que ma mère m'avait dit des étoiles me les avait rendues sacrées, et que je les aimai passionnément jusqu'au jour où, voulant les aimer davantage, je me mis à les étudier de plus près.

Que ne perd-on pas à s'instruire ! et qu'il ferait bon souvent avoir les yeux fermés !

Que devins-je quand j'appris que mes belles petites amies n'étaient ni plus ni moins que de gros détestables mondes comme le nôtre, des mondes où il y a aussi, peut-être, des êtres de notre sorte ?

III

A partir de ce jour, les étoiles ne furent plus pour moi que le souvenir, que l'ombre de ce qu'elles avaient été d'abord.

Mais il faut respecter les souvenirs, ces ombres chéries du passé.

Je fus donc contrarié de voir que l'étoile dans laquelle j'avais placé ma confiance avait filé !

Qui diable aussi aurait pu prévoir qu'un astre d'aussi belle apparence, fût si fragile et si près de sa fin.

Peut-être bien, me suis-je dit plus d'une fois depuis, peut-être bien que si j'eusse choisi une étoile plus petite, plus modeste et moins en vue, je n'aurais point eu le chagrin de me la voir sitôt ravie. Moi qui n'aime point d'ordinaire les trop belles choses, j'eus grand tort ce soir-là.

Je ne prétends pas dire que j'aie à cette occasion failli

mourir de chagrin, mais je dois confesser cependant que je n'ai jamais pu oublier tout à fait cette étoile qui fila si vite.

Et encore maintenant, quand il m'arrive une peine ou un malheur, je me surprends à penser que quand on a vu la chute d'une pareille étoile, on doit s'attendre à tout.

Dieu te garde, lecteur, des étoiles qui filent.

1842.

ÉTUDES PHILOSOPHIQUES.

DEUXIÈME PARTIE.

DU MONDE A PARIS

ET DES GENS DU MONDE.

I

Partout où vous voyez se réunir de vingt à deux cents personnes qui ne se connaissent pas, chez des gens qu'elles ne connaissent guère, et partout où il se dit des choses qui n'intéressent ni celui qui les dit, ni ceux qui les écoutent, par cette bonne raison qu'on ne dit à des gens qu'on ne connaît pas que ce qu'on peut dire à tout le monde, — et qu'il n'y a d'intéressant à entendre que ce qui ne peut être dit à personne... — vous voyez ce qu'on nomme *le monde à Paris*.

Voir le monde, aller dans le monde, bonnes gens qui apparemment n'êtes et ne serez jamais du monde, ce n'est pas courir les rues, ou quitter son village, ou prendre un passe-port pour l'étranger, ce n'est pas même aller chez un ami pour y trouver d'autres amis : c'est aller, avec quelque cérémonie, dans une maison où vous rencontrerez beaucoup de gens dont vous seriez obligé de demander les noms si vous teniez à les savoir ; encore devez-vous être averti que ces noms, personne, et pas même peut-être le maître de la maison, ne pourrait parfois vous les dire.

Une réunion, quelle qu'elle soit, où se trouveraient tous gens qui se connaîtraient — et qui s'aimeraient, — ne serait point ce qui constitue *le monde à Paris*.

Une réunion qui a un but, qui a une cause spéciale, n'est pas le monde.

On ne dîne pas dans le monde. — On ne va pas dans le monde quand on va à un bal de noces, à une soirée diplomatique, chez un ministre. — On n'est pas dans le monde quand on est aux Tuileries.

On ne va dans le monde qu'à Paris.

On se contente encore en province d'aller où l'on va, au bal ou en soirée chez M. ou madame ***. Ce n'est pas le monde qu'on y cherche, c'est la société. Le mot, à coup sûr, est provincial ; mais outre qu'à côté de cet autre mot considérable, — le Monde ! — il se trouve être modeste, il a l'avantage d'avoir un sens et d'exprimer ce qu'il veut dire.

A Paris, il y a des réunions, mais pas de société.

Les gens du monde se voient tout un hiver, dans un salon, puis dans un autre ; ils s'y saluent comme on se salue dans le monde, quand, par exemple, on s'est marché sur le pied par mégarde, quand on quitte sa place pour en prendre une autre, quand on se gêne enfin, ou quand un accident vous rapproche, ou encore avant et après une partie de lansquenet, de whist ou de bouillotte.
— Mais une fois dans la rue, on ne se connaît plus.

— Vous connaissez monsieur un tel ?
— Mon Dieu, non ; je l'ai vu dans le monde.

Vous avez dansé vingt fois avec la belle madame de C...; vous ne vous êtes pas contenté peut-être de lui dire, comme tout le monde et avec les formules d'usage, qu'il faisait chaud, qu'elle était belle, que sa robe était de velours et ses yeux aussi ; mais vous avez touché du bout de vos doigts ses doigts charmants ; vous l'avez tenue plus ou moins dans vos bras, suivant que vous êtes ou que vous n'êtes pas un valseur discret ; — soit de plaisir, enfin, soit de fatigue, son cœur a battu sur votre cœur ; vous l'avez regardée de très-près, vos yeux sur ses yeux, de façon à lire jusqu'au fond de son âme, si tant est que vous sachiez lire... Vous ne connaissez pas madame de C....

Vous ne la connaissez pas plus que toutes les femmes à côté de qui vous passez sur les boulevards, et madame de C... vous connaît encore moins que vous ne la connaissez. Si vous saluiez madame de C..., elle en serait offensée, et serait dans son droit.

— D'où il suit que, dans le monde, qui peut le plus ne peut pas le moins, et qu'on n'a pas toujours le droit d'y être poli.

La jolie chose, la chose sensée que l'usage !

Est-ce à dire qu'il ne vous sert à rien d'avoir valsé avec madame de C..., et qu'elle vous aura jugé impunément un valseur très-fin et un causeur un peu hardi ? Non, certes. Si on ne valsait que pour valser, qui valserait ? Mais je vous répète que madame de C... ne vous connaîtra jamais, ou du moins qu'elle ne vous reconnaîtra jamais : car on peut encore se connaître, mais se reconnaître ! non ! Que dites-vous ? — Eh ! mon cher, vous deviendriez, vous seriez son amant, qu'elle n'aurait jamais pour vous un salut ! Que dirait-on d'une femme qui reconnaîtrait ses valseurs !

Le monde est un lieu où tout est si peu ce que tout devrait y être, que le plus honnête peut ne s'y point trouver à sa place, que le plus honorable peut ne savoir quelle contenance y faire, que le plus spirituel peut y montrer la figure d'un sot. Les sots seuls, ou les fats, y sont pour de bon à leur aise, peut-être parce qu'ils y sont en nombre. Nous ne parlons pas des femmes, des jolies femmes surtout, qui sont bien partout, partout où elles sont jolies.

Vous allez dans le monde, vous avez été dans le monde, vous rentrez chez vous ; qu'en avez-vous rapporté ? Car enfin tout le monde n'est pas le valseur de madame de C..., quoique madame de C... valse, dit-on, avec beaucoup de monde.

Ah ! — vous avez vu madame de Z..., la spirituelle et sage madame de Z..., la femme de M. le comte de Z..., si renommée pour l'exemplaire fidélité qu'elle montre à M. de R...

Mais madame de Z... ne vous a pas vu ; mais vous n'êtes ni M. de R..., ni même M. le comte de Z... !

— Quel est ce monsieur à qui vous venez de serrer si tendrement la main ?

Réponse. — C'est B...

— Quoi, B... !!

— Que voulez-vous ? mon cher, dans le monde... et puis :—ce B... est un homme dangereux ! il a deux journaux ; je sais bien que les deux ne font pas la paire, mais enfin il écrit ou fait écrire des deux mains, tantôt blanc, tantôt noir, au nom d'une certaine morale qui ne manque jamais de souplesse. Rogue sur sa litière et humble sur le tapis des autres, c'est un animal domestique qui se donne les airs d'un sanglier. Il est sot, envieux, laid, méchant, bouffi et, par-dessus tout, mal élevé. L'encre versée me fait peur plus que le sang ! C'est un homme dont il faut être...

— L'ennemi ?
— Non pas !
— Quoi donc ?
— L'ami, mon cher !

(Qui donc a osé dire que le monde — « est un mauvais lieu que l'on avoue ! »)

— Et cet autre, que vous venez de me recommander et de me présenter si affectueusement ?
— C'est un auditeur au conseil d'État.
— Après ?
— Il a trente mille francs de rente.
— Après ?
— Son père était procureur du roi.
— Mais, mon cher, vous ne me répondez pas ; est-ce un homme bon, digne, honorable, un homme qu'on puisse recevoir ?

Réponse. — Il héritera de son oncle, qui est fort riche.

II

Il y a des gens qui vont dans le monde, c'est-à-dire qui vont se montrer pour n'être pas vus, regarder pour ne pas voir, écouter pour ne rien entendre ; qui vont danser pour danser, figurer dans une pastourelle pour faire la figure qu'on fait quand on danse une pastourelle, sans avoir un motif secret, une raison cachée, une raison très-grave; sans céder à une contrainte ou à une passion quelconque, rien que pour faire enfin tout ce que nous venons de dire, et qui, une fois sortis d'un salon, hâtent de leurs vœux l'heure où ils pourront y rentrer ! Voilà peut-être les seules gens qu'il convienne d'appeler de ce nom que quelques-uns envient : *les gens du monde !* Ceux-là, en effet, je dis — qu'ils sont au monde, — qu'ils lui appartiennent, qu'ils méritent leur nom, qu'ils l'ont gagné, qu'il ne leur manque que des gages et une livrée !

Le véritable homme du monde aujourd'hui, est ou doit être l'homme à tout faire dans une société ; c'est l'employé aux bouquets, aux contredanses, aux petits soins, aux éventails, aux voitures, aux châles ; il est charmant, il est utile, il est assommant ; il a tout pour lui, — voire l'épingle que vous venez de perdre et le crayon qui vous manque. Vous avez oublié le nom de votre danseur son rival ! comme il sait ce nom, il va vous le dire ! son rival est sauvé.

Vous n'êtes bon à rien, — vous n'occupez, je ne dis pas aucun emploi, mais aucune place dans le monde, cependant, si peu que vous puissiez être, il faut que vous soyez quelque chose ; vous êtes riche, d'ailleurs, j'en conviens, — vous saluez comme il faut; votre coiffeur vous coiffe deux fois par jour, absolument comme il se coiffe lui-même ; votre tailleur vous habille avec goût, et votre maître à danser vous a appris tout ce qu'on peut apprendre d'un maître à danser ; vous savez, en un mot, entrer et sortir d'un salon et au besoin y demeurer; de plus, les chevaux qui vous attendent à la porte sont passables : — vous êtes un homme du monde.

Et c'est une qualité, à tout prendre, puisque cela vous épargne, jusqu'à un certain point, ou de n'être rien du tout, ou d'être le premier venu.

Je sais qu'on a voulu hausser l'homme du monde et en faire — ce serait peut-être en faire quelque chose — l'homme qui a du savoir-vivre par excellence et de parfaites manières, l'homme bien élevé et, pour tout dire, le successeur de ces gentilshommes d'un autre temps qui exerçaient sur la cour et sur la ville un véritable empire par la seule puissance de leur bon goût et par la seule séduction de leur personne ; mais on a eu tort. Cet homme du monde, s'il existe, est un modèle qui n'a point eu de copie ou plutôt c'est un idéal, c'est celui qu'on rêve, mais ce n'est pas celui qui est. Qu'on m'en cite un, en effet, un seul, qui ne soit rien autre chose qu'un homme du monde, dont tout l'état soit d'être un homme du monde, et qui ait, par cela seul, cette valeur réelle, cette importance, ce poids qu'avaient jadis quelques-uns de ces grands seigneurs à qui il suffisait véritablement d'être ce qu'ils étaient pour *demeurer*, en dehors de tout emploi, quelque chose de considérable dans l'État.

Il serait donc peut-être vrai de dire : — « Ou bien qu'il n'y a pas plus d'hommes du monde de nos jours, dans l'acception typique et exclusive de ce mot, qu'il n'y a de grands seigneurs, ceux qui pourraient l'être ayant, pour la plupart, le bon esprit de faire d'eux-mêmes quelque emploi plus utile ; — ou bien, que par ce mot *homme du monde*, il convient d'entendre seulement celui dont l'unité ajoutée à d'autres unités de son espèce forme cette classe nombreuse de laquelle nous venons de parler, et qu'il faut désigner sous cette rubrique générale — *les gens du monde.*

III

L'esprit dans le monde consistant à parler pour ne rien dire, et cet esprit étant spécialement celui des gens qui n'en ont pas, il s'ensuit que le monde est un théâtre où les figurants, les comparses, les troisièmes amoureux, les ténors légers, les débutants et les écoliers semblent, au premier abord, jouer les premiers rôles et tenir toute la scène, — les chefs d'emploi se taisant d'ordinaire, ou se contentant de souffler leurs doublures, quand ils ne peuvent faire autrement.

La pièce qu'on y joue est donc en apparence toujours la même et de celles qu'on appelle des *levers de rideau;* mais celui qui ne voit que ce qu'on lui montre, qui ne sait que ce qu'on lui dit, qui ne regarde, comme les enfants, que quand on lui a crié: C'est fait! Celui-là n'a jamais rien vu et n'a jamais rien su. En même temps que cette pièce visible, se joue une pièce invisible, et c'est cette pièce invisible qui donne tant d'intérêt, et parfois un si étrange et si puissant intérêt à ces réunions fades et banales qu'on appelle les réunions du monde.

Cette pièce invisible est toute dans les *aparté*, dans les coulisses, et dans la salle, plutôt que sur la scène; elle est dans un geste, dans un regard, dans le silence. Elle ne se joue pas, elle ne se parle pas, elle se mime peut-être, ou plutôt elle ne se mime pas, elle se pense, elle est muette; elle est, en un mot, quoiqu'elle soit, comme si elle n'était pas. Elle est bouffonne, elle est terrible, elle est admirable ! elle serait complète, si elle pouvait se jouer ; et c'est pour le coup qu'on verrait, dans toute son horrible beauté, cette union du drame et de la comédie, que cherchent encore nos auteurs modernes.

Mais elle ne se jouera jamais, parce qu'il lui manquera toujours un personnage qui a toujours manqué, heureusement peut-être, à notre triste société.

Ce personnage, ce serait : — la Vérité !

Que pensez-vous, en effet, de ce qui arriverait de l'entrée soudaine et redoutable de la lumière, de la clarté, de la Vérité sans voiles au milieu de tous ces mensonges, de toutes ces ténèbres, de toutes ces fictions, de tous ces petits et de tous ces grands mystères sur lesquels repose et repose en paix, beaucoup le croient du moins, ce qu'on nomme notre édifice social.

Voyez-vous enfin chacun devenant ce qu'il est, c'est-à-dire ce qu'on ne l'a jamais vu. Ce mari sans femme, cette femme sans mari ; celle-ci dans les bras d'un inconnu et revendiquée par un autre ou plusieurs autres inconnus ; celui-là aux genoux d'une femme à laquelle on ne l'avait jamais vu parler ; ce père reniant son enfant, cet enfant demandant le nom de son père, ces gens polis s'injuriant, s'égorgeant sans mot dire ; ces femmes souriantes en proie à tous les démons que les passions comprimées enferment dans les cœurs — et ces démons déchaînés !

Hermione riant au nez d'Oreste, et cherchant dans la salle un héros plus commode, Pylade peut-être ; Étéocle et Polynice, vêtus de noir et se disputant l'héritage paternel ; Agnès parlant de ses enfants ; et Julie, la douce et chaste Julie, remplaçant dans une heure de délire, et réalisant Saint-Preux — par un soldat ! Toutes choses enfin d'où l'on pourrait conclure que dans ce carnaval qui dure toute l'année et qu'on appelle le monde, une seule chose est véritablement indispensable, — le masque !

Et encore qui sait si cette vérité vulgaire et générale que je vais chercher avec tout le monde au fond de son puits, qui sait si elle ne pâlirait pas devant une vérité plus vraie encore, devant celle qui sortirait du fond même des âmes — et des entrailles de chacun ? — Pour un dévouement sublime combien de trahisons ! pour une vie sans tache combien d'existences souillées ! pour une conscience saine combien de consciences pourries ! pour un remords, cette vertu des coupables, combien de vices effrontés !

Et presque partout, au lieu de l'amour, qui de même que le feu purifie tout, les sympathies les plus inattendues, les unions les plus incroyables, les passions les plus excentriques !

Mais il n'y a de ressemblants que les portraits flattés ; — ce portrait n'est pas ressemblant.

Que chacun donc de ceux qui me lisent regarde autour de soi. Et heureux, heureux ou aveugle celui pour qui je me trompe !

En présence de tous ces désordres, fils du mensonge, qui donc oserait le premier jeter la pierre à tous ces fous jeunes et vieux qui rêvent une société absolument nouvelle, une organisation nouvelle, impossible peut-être, mais dont le mensonge au moins ne serait pas — l'élément nécessaire, l'unique garantie.

IV

Du monde, que vous dirai-je encore, que vous dirai-je enfin ? — Sinon qu'il y a dans Paris une incommensurable quantité — *de mondes*.

Ceux qui habitent chacun de ces mondes ne manqueront pas de vous dire le contraire, et affirmeront qu'il n'y en a qu'un, qui est le leur; lequel est le bon, lequel est l'unique, lequel est le grand, surtout !

Ceci ne prouve qu'une chose, c'est que tous ces mondes, qui ne voient qu'eux-mêmes, qui ont les yeux en dedans comme certains philosophes, s'ignorent entre eux, ou que tout au moins, s'ils ne s'ignorent pas, ils trouvent bon de se nier.

Tous ces mondes inconnus les uns aux autres forment ce qu'on pourrait appeler — le firmament parisien.

Dans ce firmament, il se trouve, comme dans tout firmament bien constitué, des astres de tout ordre, des lunes et des soleils, des corps errants et des planètes, des étoiles fixes et des étoiles filantes. Il a ses tourbillons, ses apparitions, ses météores, ses aurores boréales, ses phénomènes et ses éclipses, ses saisons, ses mois, ses jours et ses années, ses pluies enfin et son beau temps.

La pluralité des mondes parisiens, leurs différences et leurs ressemblances, la comparaison de leurs mœurs et de leurs couleurs fourniraient à un observateur un livre tout aussi spirituel et qui demanderait tout autant de science peut-être que le livre charmant de Fontenelle sur la pluralité des mondes physiques.

Voyagez dans ces mondes, et vous découvrirez avec

étonnement que, si rapprochés qu'ils soient (rien n'empêche qu'il y en ait quatre ou cinq dans la même maison), vous découvrirez que les abîmes mêmes de l'infini les séparent. Nier ces abîmes, ce serait nier l'élasticité de l'étendue et méconnaître les distances qui séparent un étage d'un autre étage, un quartier d'un autre quartier, l'homme qui a trois cent mille francs de rente de l'homme qui reçoit à crédit, le riche du pauvre.

Que si l'on accepte qu'un salon, c'est-à-dire quelque chose comme un lieu de passage, soit le monde, qu'on s'étonne après cela que pour le paysan qui n'est jamais sorti de son village, le monde ce soit ce village, c'est-à-dire le lieu où il est né, celui où il a aimé, souffert, travaillé, celui où son père est mort, celui où il mourra lui-même;

Que la montagne, avec ses aspects infinis, soit le monde du montagnard;

Que la mer sans limite soit le monde du marin, et que la forêt embaumée soit celui du sauvage, si toutefois, hélas! il y a encore des sauvages.

V

Nous avons dit ce que sont les gens du monde, faut-il dire ce qu'ils ne sont pas? — Mais en finirions-nous, puisqu'ils ne sont rien de ce qui est quelque chose? — Otez-les du salon où ils passent et où ils repassent, éteignez les bougies, — et il n'en reste rien, — et si bien rien, que je crois vraiment qu'à l'exception de ces rares moments où ils brillent comme on brille dans le monde,— c'est-à-dire sans éclairer, sans échauffer, sans produire...

ils ont véritablement le bonheur de n'être nulle part, — à moins pourtant que les femmes dont ils sont les maris, car ils peuvent être mariés — auquel cas ils ont à ajouter à leur titre d'*homme du monde* tous ceux auxquels peut prétendre un homme marié; — à moins, dis-je, que leurs femmes ne les aient serrés avec ceux de leurs bijoux qui ne supporteraient pas le grand jour, avec leurs parures de stras, dans un coin quelconque de leur appartement.

VI

Que si quelque chose pouvait faire accepter le monde, excuser ses travers et tolérer jusqu'à ses vices, c'est qu'il est animé, habité, traversé par *la femme du monde*, sur laquelle ne porte rien de tout ce que nous venons d'adresser aux *gens du monde* et à l'*homme du monde*.

Un homme du monde aurait toujours quelque chose de mieux à faire que d'être un homme du monde; mais une femme, que serait-elle, si, ayant été dans le jour ce que doit être une femme, c'est-à-dire une tendre mère, une épouse attentive, une sœur, une fiancée, voire une fidèle maîtresse, si, le soir venu, et sa douce tâche accomplie, elle n'était pas au besoin un peu de ce monde que nous blâmons si fort, mais que nous blâmerions davantage si elle ne s'y rencontrait pas?

La femme du monde, c'est-à-dire la femme qui fait à merveille les honneurs de son salon, de sa fortune, de son esprit, de sa bonne grâce, et de son cœur, n'a rien de commun avec l'homme du monde.

La femme qui est à la femme ce qu'est à l'homme — l'homme du monde, c'est, j'en suis fâché pour elle, c'est la femme dont la beauté est devenue si banale, si publique, qu'elle est réputée *une femme à la mode*.

La *femme du monde*, tu peux l'aimer, lecteur, en restant ce que tu es, c'est-à-dire le bon, et simple, et peut-être spirituel garçon que j'imagine. — Mais la femme à la mode, qui oserait l'aimer! — si ce n'est le plus vain, le plus fat et le plus vide parmi tous ces beaux fils dont Paris abonde, lesquels se piquent d'être des hommes du monde dans ce que ce mot pourrait avoir de bon et de flatteur, parce qu'ils passent — leurs journées dans une écurie, — leurs soirées *dans ce monde* dont nous venons de parler, — et leurs nuits on ne sait où.

1844.

LES
PASSANTS A PARIS.

CE QUE C'EST QU'UN PASSANT.

Un passant est quelqu'un qui ressemble à tout le monde et qui ne se peut distinguer de personne.

Ce qui ressemble le mieux à un passant c'est un autre passant.

Il n'y a de passants en France qu'à Paris. Un provincial ne sait pas ou sait mal ce que c'est qu'un passant.

Un homme qu'on connaît n'est point un passant. On sait toujours plus ou moins en province ce qu'est un homme qui passe, et où il va.

Un passant est un homme qui va on ne sait où. Il n'y a donc de passants en province que pour les étrangers.

Il ne faut pas confondre l'homme qui se promène avec le passant.

Un homme qui se promène a l'air d'aller partout ou de n'aller nulle part. Un passant est un homme qui va quelque part.

Des gens qui se promènent, n'eussent-ils pour guide

que le hasard, sont des gens qui se cherchent et semblent venus où ils sont, exprès pour se voir. Les passants sont des gens qui se rencontrent, qui se croisent et qui, à moins qu'ils ne se coudoient, passent outre, sans s'apercevoir même qu'ils se sont rencontrés.

Le passant est quelqu'un qui est seul et qui reste seul au milieu de tout le monde, qui ne se soucie pas de vous et qui vous est indifférent, à tort peut-être, — car tout passant est un secret.

Cet homme qui passe, votre maîtresse l'attend peut-être.

C'est lui, peut-être, qui va vous enlever votre fortune, votre ami, votre honneur.

Vous l'aimerez demain, chère lectrice ; et toi, lecteur, arrête-le, il se peut que ton sort soit dans ses mains.

Vous cherchez des amis, vous cherchez des maris, vous cherchez des amants, vous cherchez ce qui vous manque, pourquoi ce passant ne serait-il pas ce que vous cherchez ?

Paris est la ville du monde où l'on peut faire, à propos d'un passant, le plus grand nombre de conjectures. Comme, dans la rue, rien ne distingue un homme d'un autre homme, un passant peut être au gré du spectateur, un ministre ou un grand acteur, un prince ou un député, un ambassadeur ou un bourgeois quelconque. Et de même que la beauté d'une femme aimée est surtout dans l'œil de celui qui l'aime, de même la qualité d'un passant est dans l'œil de celui qui l'examine.

Pour les femmes, un passant est un homme qui les regarde ou qui ne les regarde pas, une insulte ou un compliment, quelquefois l'un et l'autre. Si c'est une insulte, à quoi bon en parler? Si c'est un compliment, où est le mal? D'un inconnu, d'un passant, toute louange s'accepte :

elle n'est pas compromettante, et elle est désintéressée. Après cela, les louanges désintéressées sont-elles bien celles que les femmes préfèrent ?

Pour un homme célèbre et orgueilleux, un passant est une offense vivante et une leçon d'humilité ; c'est l'esclave qui marche à côté du triomphateur ; qui lui rappelle qu'il est homme et que tous les hommes se ressemblent.

— Pour l'homme occupé qui court à ses affaires, le passant n'est qu'un obstacle matériel.

— Pour un homme de mauvaise humeur, un passant c'est un ennemi.

— Pour un homme malheureux, un passant est un indifférent de plus.

— Pour un homme amoureux, un passant n'est rien.

— Pour un observateur, un passant est une observation.

— Pour un philosophe, un passant est une fraction de son système.

— Pour un homme coupable, un passant est un danger ;

— Pour un homme ivre, c'est un ami.

— Pour un jaloux et pour un ambitieux, c'est un rival.

— Pour un avare, c'est un voleur.

— Pour un pauvre, c'est l'espérance, cent fois déçue !

— Pour l'homme qui n'a rien, un passant est toujours un homme qui a quelque chose.

Le passant n'est donc qu'un être relatif, qui, par lui-même, ne saurait être autre chose qu'un passant, et qui n'acquiert de valeur particulière qu'à la condition d'être rencontré et jugé.

La rue est le royaume du passant, quand il a disparu,

le royaume est vide, la solitude et le silence s'en emparent, et il n'y reste pas trace de son passage.

La rue, n'est-ce pas la terre tout entière? Qu'y reste-t-il de l'homme quand il a passé?

Mais dans la rue comme sur la terre tout entière, alors même qu'il ne resterait rien de lui quand il a passé, l'homme est quelque chose quand il passe. — Car le passant, c'est — *les passants*, — c'est-à-dire le sang le plus chaud qui puisse courir dans les veines d'une grande cité.

A voir tous ces contrastes se rencontrant sans se heurter, sans se voir, — la joie à côté de la misère, l'homme qui rit à côté de l'homme qui pleure, le vice à côté de la vertu, l'oppresseur à côté de sa victime ; à voir cette mêlée sans but, des intérêts, des sentiments et des mouvements les plus opposés, les pires et les meilleurs, ce flux et ce reflux monotone dont la pensée semble être dans ce mot : « Ote-toi de là que j'y passe, » vous pourriez croire que l'égoïsme l'a emporté, et qu'il ne se rencontre dans Paris que des individus et pas de société.

Détrompez-vous : il arrive qu'à des heures solennelles, ces membres épars se rejoignent soudain ; ces forces, tout à l'heure isolées, trouvent un centre commun ; ces unités, qu'on avait si soigneusement séparées, se groupent d'elles-mêmes et s'aperçoivent qu'elles sont un nombre : les mains se serrent, les cœurs s'embrasent, et dans cette foule, où d'abord vous n'aviez vu que des passants, il vous faut saluer bientôt ce formidable peuple de Paris qui n'est chez lui que quand il est dans la rue, auquel on ne croit que quand il se montre, et qui a été toutes les fois qu'il l'a fallu, — et en dépit de tout et de tous, — le premier peuple de la terre.

1845.

CE QUE
C'EST QUE L'AUMONE

ET

COMMENT ON ENTEND L'AUMONE A PARIS.

I

Ce qu'on donne aux pauvres et la manière dont on leur donne, est quelque chose de véritablement incroyable.

Il semble que donner soit si bien tout autre chose qu'un devoir, qu'il faille un prétexte à l'aumône. Les prétextes, j'en conviens, on s'ingénie à les trouver, à les multiplier. On danse, on dîne, on joue, on chante, on s'amuse pour les pauvres ; mais de tous ces efforts que reste-t-il, si ce n'est des restes, et non pas les restes du nécessaire, mais ceux du superflu !

C'est du reste de vos plaisirs, c'est de vos miettes, c'est de la poussière de vos repas, et non du pain de votre table, que vous nourrissez les pauvres.

Ce qui ne vaut rien, à qui le donne-t-on ? aux pauvres.

Ce qui serait perdu ? encore aux pauvres.

Ce qu'on a de trop? toujours aux pauvres.

Vous jetez ceci, pourquoi? mettez-le sur une borne, tout est bon pour les pauvres.

Bref, on donne tout aux pauvres, et le moins d'argent possible.

Trop heureux les pauvres quand, ce moins possible, ils l'obtiennent.

Il y a pourtant une aumône de laquelle sont prodigues les avares eux-mêmes, et tous ceux-là, économistes, philanthropes, réformateurs, qui, regardant l'aumône comme un encouragement à tous les vices, et craignant sans doute que le bien ne soit contagieux comme le mal, se posent en adversaires implacables de l'aumône, et proposent ingénument de l'abolir avant d'avoir rien trouvé à mettre à la place; c'est l'aumône de ce sot et banal conseil qui se distribue chaque jour au profit des pauvres sur le pavé de Paris, à la portière des voitures, à la sortie des bals et des spectacles, quelquefois même sous le portail de nos églises : « Vous êtes grand et fort ; au lieu de mendier, travaillez. »

« Travaillez vous-mêmes, » pourrait répondre le mendiant. Et, en effet, pourquoi travaillerait-il, si vous ne faites rien? Sur quoi repose ce droit de n'être bon à rien, dont vous usez si largement, si ce n'est sur une convention, sur un contrat dont l'équité est au moins contestable!

Et d'ailleurs, si parler, si conseiller est facile, croyez-vous donc que travailler le soit également? Ignorez-vous que le travail lui-même est une aumône qui ne s'accorde pas à tous ceux qui tendent les mains pour l'implorer ? Que feriez-vous, je vous prie, si votre dîner de ce soir, vos bras ou votre esprit, devenu dans l'oisiveté plus impuissant peut-être que vos bras, pouvaient seuls vous le donner? Vous travailleriez; mais à quoi, mais où, mais comment?

Faire l'aumône, ô riches! ce n'est pas faire ce que vous faites, ce n'est pas dire ce que vous dites. Vos théories ne sont qu'égoïsme et vanité. Vos aumônes ne sont que des insultes, que des attentats contre ces futurs rois du monde, qu'on appelle les pauvres aujourd'hui. Faire l'aumône, ce n'est pas se débarrasser, c'est se priver. Ce que vous donnez, vous ne le donnez pas, vous le laissez, vous l'abandonnez; vous faites pis, vous le jetez. Le plus souvent on ne reçoit pas votre aumône, on la ramasse.

Cette triste part faite à la misère, ce n'est pas après que la vôtre est faite et parfaite qu'il y faut penser, mais auparavant. Nos pères avaient une naïve coutume qui s'est conservée dans quelques provinces. Au jour des Rois, le gâteau apporté, les deux premières parts appartenaient, la première au bon Dieu, la seconde aux pauvres. C'est ainsi que j'entendrais que fût faite l'aumône, à ceci près, que ce n'est pas du gâteau que je demande pour eux, une fois l'année, mais du pain, ne fut-ce qu'un peu, une fois tous les jours. Donner, en un mot, ce devrait être partager; or, les riches ne partagent pas; les meilleurs se contentent de donner; il n'y a que les pauvres qui partagent.

Le droit au pain est un droit comme le droit au soleil, à l'air, au temps qu'il fait; il faut bien le comprendre — et ne jamais le nier.

Ceux donc qui donnent, accomplissent un devoir; ceux qui ne donnent pas, manquent à un devoir, au premier de tous. Il ne faut pas confondre l'aumône avec la charité; la charité, c'est l'amour du prochain, c'est l'aumône qu'on fait de son cœur, c'est la part qu'on en cède à tout être abandonné ; la charité est une vertu Mais l'aumône, c'est-à-dire ce partage inégal qu'on fait de l'argent qu'on a avec celui qui en manque, l'aumône n'est pas une vertu : c'est une dette, c'est une obligation, la plus rigoureuse de toutes, car elle engage en même temps et les individus entre eux et le gouvernement envers tous.

Personne ne le nie, et pourtant chacun s'y soustrait, et l'État lui-même n'en tient compte.

Il y a des impôts que le gouvernement a demandés, que ceux qui possèdent ont accordés, et qui pèsent presque uniquement sur ceux qui n'ont rien. Abolissez ces impôts et substituez-y, faute de mieux, un autre impôt que vous appellerez, si vous voulez, provisoirement, l'impôt des pauvres. Ce sera double profit pour eux, et votre gouvernement n'y perdra rien, car un gouvernement ne saurait perdre. Dans cette grande société, j'allais dire communauté, et j'allais me tromper ; dans cette grande société en commandite qu'on appelle un gouvernement, il n'y a pas de perte possible à l'intérieur. Ce qui est jeté par la fenêtre tombe sur le seuil de la porte et rentre par cette porte. Les révolutions, les tempêtes elles-mêmes n'y font rien. Comme sur la mer, les flots furieux, montassent-ils jusqu'au ciel, ce n'est qu'un délacement, c'est toujours dans la mer qu'ils retombent. Il y a donc, pour un gouvernement, moins de danger qu'on ne croit à se montrer libéral et même magnifique. Rien ne peut sortir de ce qui est le tout, et chaque pays est pour soi-même, si ses rapports avec l'étranger sont bien réglés, ce tout, dont rien ne peut sortir. Que les mouvements soient harmonieux, la question n'est que là.

La fortune d'un pays, ce n'est donc pas la parcimonie, ce n'est pas même l'économie ; c'est l'ordre. Et je prétends qu'il serait dans l'ordre que, dans notre généreuse France, il y eût, je ne dis pas égalité de rang, de fortune, et même de bien-être pour tous, mais égalité de pain. Or, il y a, chez nous cent lois contre les pauvres, et il n'y en a pas dix pour les pauvres. Dans la moitié de nos villes, dès l'entrée, on lit, sur des poteaux devant lesquels des sauvages regretteraient leur barbarie, que : « LA MENDICITÉ EST INTERDITE, » ce qui revient à dire que l'aumône est défendue ; et il n'en est pas un seul, que je sache, sur lequel on puisse voir que l'aumône soit ordonnée. — Cela est tout bonnement une ignominie. Ces poteaux devraient servir de croix, de piloris, à ceux-là mêmes qui ont eu la monstrueuse idée de les faire élever.

Que la part des pauvres soit donc faite ; qu'elle soit petite, j'y consens : il faut bien transiger avec votre égoïsme, avec vos habitudes, avec vos prétendus besoins qui croissent tous les jours; mais qu'elle soit faite ! Ne donnez ni par ostentation, ni par lassitude, ni même par bonté de cœur, mais en vertu d'une loi qui vous y force. La vie de votre prochain, du pauvre, de votre frère, une vie quelconque, ne peut pas être laissée à la merci de votre vanité, de votre caprice, ou même de votre générosité; c'est de force qu'il faut que vous donniez.

On fait et on défait de nos jours bien des lois, c'en est une de plus à faire, peu de chose, comme vous voyez. Et contre celle-là, croyez-le, aucune loi n'osera publiquement s'élever. Devant elle, en effet, tout prétexte, et, qui mieux est, toute raison manquant à la mendicité, à la place d'une pauvreté stérile vous aurez une pauvreté utile; l'homme que la faim n'avilira plus, au lieu d'user sa vie à mendier, l'usera à travailler ; si bien que, tout compte fait, il serait possible peut-être de prouver, *et par des chiffres,* que le résultat de cet impôt, qui pèserait imperceptiblement sur ceux qui ont, serait de les débarrasser, une fois pour toutes, de cet ennemi de leur société qu'ils appellent le pauvre, de ce danger toujours présent qu'on nomme la pauvreté.

Nous savons ce qu'on pourrait dire contre cette proposition : « qu'on peut alléguer l'exemple de l'Angleterre et les dangers qu'il peut y avoir à constituer la mendicité, à la reconnaître comme un fait définitif, et à créer chez nous, pour tout dire, une *classe des pauvres,* laquelle, payée par l'État, se trouverait être ainsi à sa merci en même temps qu'à sa charge. » Mais nous savons aussi que, si la brièveté de notre cadre nous le permettait, nous pourrions répondre par des démonstrations, et non par de simples affirmations, que l'exemple de l'Angleterre, dont l'organisation sociale repose sur des principes parfaitement opposés à ceux qui nous régissent, ne conclut rien pour la France; que ce qui est mal fait par nos voisins peut être bien fait par nous; qu'il ne s'agit point de constituer quoi que ce soit définitivement ; qu'en fait de forme, il n'y a rien de définitif en ce monde, où toute chose a son progrès fatal auquel le législateur doit pourvoir; que nous ne voulons donc rien immobiliser ; —nous savons que nous pourrions dire encore que cette *classe des pauvres,* que dans notre hypocrisie nous feignons de tenir à l'ombre, vit autour de nous et parmi nous *aussi visible* que si sa place était faite au soleil, comme chez nos voisins; que nier son existence, sa réalité, pour cela seulement qu'elle n'est point proclamée, serait donc folie ; que regarder comme un danger que la lumière pénètre enfin dans cette misère à la place des ténèbres, serait donc puéril et honteux; qu'affirmer que ces troupeaux de pauvres, errants dans tous les coins d'une terre pour eux en vain féconde, sont plus indépendants de l'État parce qu'ils sont plus dépendants du hasard, est immoral et insensé; et nous savons, par conséquent, que nous pourrions conclure « que ces objections n'ont de force que contre ceux qui les posent; que demander, grâce à ce principe reconnu incontestable, que *tout homme à qui manque le travail ou la force de travailler doit être ou nourri ou secouru*, c'est s'avouer vaincu en droit, et reconnaître qu'on le sera tôt ou tard en fait, — c'est enfin déclarer souverainement vicieux le milieu que l'on veut servir. »

Quant à ceux qui pourraient craindre que cette charité forcée, publique, imposée, vînt tarir les sources de la charité particulière, qu'ils se rassurent. Hélas! toute charité trouvera toujours à s'exercer, et l'homme bon sera toujours meilleur que la meilleure des lois, car ce n'est pas pour le juste que les lois sont faites, mais pour l'injuste.

Au reste, ce que n'a pas compris la société tout entière représentée par un gouvernement, il y a des classes de la société qui l'ont compris, et, qui mieux est, pratiqué.

Chose bizarre, chose admirable! et qui justifierait, s'il avait jamais eu besoin de l'être, ce mot d'un moraliste : « Le pauvre est bien près de l'homme de bien, » c'est dans les classes les plus gênées de la société que cette épreuve s'est faite avec succès! Il n'y a presque pas un corps d'état à l'heure qu'il est, dans la classe ouvrière, qui n'ait une caisse, la caisse des pauvres, des malades, des blessés, et jusqu'à un certain point même la caisse de ces malades d'un autre genre qu'on appelle des maladroits, voire des paresseux, quand ils ne sont pas incurables. Il n'est pas aujourd'hui, par exemple, un ouvrier imprimeur, pour ne parler que de ceux-là, qui puisse mourir de faim, s'il fait partie d'une société mutuelle de secours, laquelle vit elle-même et fait vivre tous ses membres depuis dix ans.

C'est un bon exemple venu d'en bas, comme beaucoup d'autres, et qui montre que la parole de l'Évangile, « Les derniers seront le premiers, » sera longtemps vraie. Nous ne savons pas que les notaires, que les avoués, que les banquiers, que les agens de change, etc., aient songé, même un instant, à se constituer de telle façon qu'ils pussent jamais avoir à courir le risque de s'entr'aider les uns les autres! A mesure qu'on remonte l'échelle, les groupes deviennent moins nombreux; il semble qu'en s'élevant on tende à s'isoler. Qu'en conclure, sinon que la pauvreté rapproche, et que la richesse qui ne résulte pas de l'association divise?

Je sais qu'il y a dans les classes aisées ce qu'on appelle des chambres, et dans ces chambres, des présidents, des syndics, des secrétaires, etc. Mais vienne la ruine de l'un des membres de ces hautes corporations, que font-elles? Que se passe-t-il dans leurs assemblées? qu'y dit-on? de quoi parle-t-on? de l'honneur du corps, du salut du corps, de l'intérêt de l'honorable société; et cet honneur, et ce salut, et cet intérêt, comment l'entend-on? — Mais du membre en souffrance, de l'honneur du confrère ruiné, de sa vie flétrie, de sa famille en pleurs... qui s'en soucie?

II

« Mais où sont les pauvres? dira-t-on; où les trouver? comment les reconnaître? à quels signes? Il y a des pauvres de mille sortes; s'il y en a dans les greniers, ne s'en trouve-t-il pas aussi dans les salons? »

Risible objection ! à laquelle je répondrai : « Secourez d'abord ceux qui sont dans les greniers ; et quant aux autres, attendez qu'ils y viennent, ou plutôt cherchez-les. » — Vous êtes l'État, vous êtes la société, c'est votre affaire. Et si vous ne les trouvez pas, tant pis pour vous ; votre impuissance n'aura prouvé qu'une chose, que vous savez peut-être aussi bien que nous, c'est que ce qu'il faut organiser ce n'est pas l'aumône seulement, laquelle n'est, après tout, qu'un moyen terme, qu'un remède provisoire, mais bien le travail. Grande question ! devant laquelle tous ceux qui ne font rien aujourd'hui reconnaîtront un jour qu'ils ont eu tort de se croiser les bras, à moins qu'ayant la conscience de leur insuffisance, ils ne sentent dès à présent que ce n'est pas à eux qu'il sera donné de la résoudre.

III

J'ai voulu dire ce que c'est que l'aumône et comment on entend l'aumône à Paris. Un mot aurait suffi à l'expliquer.

Je payai un jour quelque chose dans un des plus somptueux magasins de Paris. La maîtresse de la maison, dont le visage, non plus que le cœur sans doute, n'avait pourtant rien de cruel, me rendit un des sous que je lui avais donnés : « Voilà un mauvais sou, me dit-elle, et qui ne passera pas, — il faut le donner à un pauvre. »

Ce mot n'en dit-il pas plus et ne répond-il pas mieux, à lui tout seul, à cette question, *ce que c'est que l'aumône à Paris*, que tout ce qui précède d'abord, et que toutes les croisades ensuite, que tous les sermons qu'on a faits et qu'on fera longtemps encore et toujours en vain, j'en ai peur, pour, contre et sur le paupérisme en France?

1844.

N. B. — Ce qui précède a été imprimé en 1844. De même que la plupart des matières contenues dans ce volume, ces quelques pages *sur l'aumône* sont donc vieilles de dix ans tout au moins.

En 1844 ce rapide aperçu fut loué par quelques catholiques comme émanant d'une pensée chrétienne. Il fut, par contre, critiqué par quelques économistes qui y blâmaient précisément cette tendance.

De 1848 à 1853 il fut condamné, sort bizarre, comme entaché de socialisme, par ces mêmes catholiques qui trouvaient alors plus urgent d'être réactionnaires qu'évangéliques. Mais il eût pu en revanche servir de titre à l'auteur auprès des économistes qui devenus socialistes, y retrouvaient formulés, en quelque sorte prématurément, quelques-uns des problèmes à l'ordre du jour.

Ces quelques lignes n'avaient pas changé cependant, mais bien les temps.

Ce petit fait n'eût pas valu qu'on le relevât, s'il n'eût

pu mener à cette conclusion, c'est qu'en France on n'est volontiers d'accord que sur l'impossible. Tant qu'une idée reste à l'état d'utopie on est de bonne foi et de bonne volonté devant elle ; bien plus, il ne manque jamais de se grouper autour d'elle une véritable cour d'adulateurs, cour d'autant plus nombreuse qu'elle semble plus irréalisable, et que l'amour qu'on a pour elle est moins en péril d'avoir à faire sa preuve autrement qu'en paroles.

Mais que l'heure arrive, surtout si elle arrive comme en Février, sans trop crier gare, que l'heure arrive où elle peut prendre corps et passer tout à coup dans le domaine de la politique et des faits ; et les gens qui la caressaient de concert se divisent bientôt en deux bandes, quelquefois en dix, et la guerre éclate entre ces frères, hier encore, si unis de langage. C'est à qui portera les coups les plus cruels à cette pauvre Théorie qu'on prétendait aimer d'un amour sincère.

On s'est déchiré en France, hélas ! et on s'y déchirera encore pour des questions qui ne font plus doute pour personne, pas plus pour ceux qui les combattent que pour ceux mêmes qui les servent. Mais, quoi ! il ne s'agit pas de conscience ; les consciences se rendraient peut-être ; il s'agit d'intérêts, de l'intérêt aveugle du moment. Or les intérêts, parodiant une belle parole, parlent comme on dit que parlèrent quelques braves gens à Waterloo : Ils aiment mieux mourir que de se rendre. — Si bien qu'en regardant notre histoire, on y voit, triste spectacle, que pas un progrès ne s'y est accompli pacifiquement et que tous les pas faits en avant, voire les plus nécessaires aux amis de l'immobilité, on les a faits dans le sang !

Bruxelles, 1853.

LA VIE DE JEUNE HOMME.

I

Nous sommes à peu près assuré de ne rencontrer que des contradicteurs, quand nous aurons déclaré qu'au nombre des idées fausses dont l'expérience commune aurait dû faire justice, nous rangeons cette assertion si contestable, et pourtant si peu contestée, que la VIE DE JEUNE HOMME est la plus belle vie qu'on puisse imaginer, et que de toutes les phases que parcourt notre être, de son commencement à sa fin, il n'en est aucune qui lui soit comparable.

II

Toute vérité a pour ennemi naturel un préjugé. Une vérité qui veut faire son chemin dans le monde doit donc se tenir pour avertie qu'elle y trouvera sa place occupée, et qu'avant d'étaler à nos yeux ses appas un peu crus, il lui faudra prouver que ceux de son ennemi sont plus brillants que solides, et, cette preuve faite, le chasser si elle le peut.

Or, il est plus facile de le tenter que d'y parvenir ; et, si l'on veut se donner la peine de considérer que d'ordinaire la vérité est toute seule, qu'elle est toute nue, qu'elle est froide, qu'elle sort d'un puits, tandis que tout préjugé a pu, à l'abri de l'axiome *possession vaut titre*, se couvrir, s'étoffer, et mettre pour soi les apparences, on comprendra que la pauvre déesse retombe plus d'une fois vaincue et découragée au fond de ce puits, son seul asile, avant d'en sortir pour un triomphe certain. Soyez sûr, d'ailleurs, que, si nous tenons campagne, ce sera contre elle et pour son adversaire. La raison en est simple : la vérité est indépendante de nous, l'erreur, au contraire, nous appartient, elle nous est propre; en la défendant, c'est notre œuvre, c'est notre enfant, c'est nous-même que nous défendons.

III

L'histoire des préjugés et des causes toujours singulières qui, en faisant leur fortune, leur ont donné presque partout le pas sur la vérité, serait à coup sûr une histoire intéressante ; nous avons donc eu la curiosité de rechercher qui avait pu donner naissance à celui que nous signalons, quel était le père de cette belle réputation qu'a dans le monde la vie de jeune homme, qui avait pu enfin l'y maintenir sur un si bon pied, que, tout en l'attaquant, nous commençons par reconnaître que nous n'espérons point en avoir raison.

Après nous être convaincu que ce préjugé, s'il semblait admis par tous, n'était néanmoins prôné tout haut que par un petit nombre, et que de ce petit nombre n'étaient même pas les jeunes gens, seuls bons juges pourtant en pareille matière, nous avons fini par découvrir, avec une certaine satisfaction, que ses apôtres ne se recrutaient, en somme, que dans cette classe la moins nombreuse, et à coup sûr la moins estimable de notre espèce, que les législateurs, faute de pouvoir lui donner un des titres par lesquels on est quelque chose dans la famille humaine, ont désignée sous cette rubrique les *célibataires*.

Or, nous sommes d'un mener si facile, que cette fraction égoïste d'individus qui n'ont de lien et de solidarité avec personne, qui ne prennent des affections humaines que ce qui appartient à autrui, dont l'unique souci est de paraître jeunes à tout âge, a néanmoins, et à cause de cela même peut-être, tant il est vrai que le monde appartient aux indifférents, une influence considérable dans l'appréciation des choses d'ici-bas.

A entendre donc les célibataires, — et quels autres qu'eux, en effet, avocats nécessaires de la vie de garçon, ennemis naturels de la vie de famille, auraient eu intérêt à propager une telle erreur ? — cette période de notre vie devrait être l'espérance de l'adolescent, et le paradis perdu du vieillard; le soleil n'aurait point de couleurs assez riches pour peindre les délices de cet âge d'or; le mois de mai de la vie serait, comme le mois de mai du calendrier, semé de fleurs et de roses sans épines; chacune de ses heures aurait le caprice, le charme, la légèreté et les ailes d'un papillon invisible; le cœur d'un jeune homme serait plein de chansons toujours nouvelles, ses yeux d'images toujours enivrantes, et son esprit sans cesse bercé de douces chimères.

IV

Ainsi donc être jeune, ô bourgeois, notre maître à tous, c'est-à-dire être comme tu l'as été toi-même, commis à peine appointé chez un boutiquier quelconque, nettoyer des carreaux, ouvrir des devantures, déjeuner d'une flûte d'un sou, dîner à douze sous à côté d'un marchand de contre-marques, dans quelque bouge infect, s'endetter, en manquant de tout, pour un cigare imprudemment fumé, pour une demi tasse perdue au domino, ou bien encore être sixième clerc d'avoué, de notaire, que dis-je..., d'huissier ! c'est le bonheur, on a pu t'en convaincre.

Être jeune, ô poète futur ! dont la muse éperdue se démène en vain dans des flots d'encre ; souffrir de la faim, de la soif, de l'envie, peut-être, pire que la soif et la faim ; courir après des fantômes, n'avoir ni de quoi mourir, ni de quoi chanter ; appeler, sans parvenir même à t'en faire écouter, la mort de Gilbert, c'est le bonheur !

Être jeune, ô futur Galilée ! pour qui la science n'est encore qu'un groupe de chiffres cabalistiques, c'est-à-dire, pâlir sans succès sur ces livres dont les secrets te fuient, avoir tout à apprendre, tout à faire, et mourir au pied de cette montagne dont la cime échappe à ton dernier regard, c'est le bonheur !

Être jeune, ô philosophe de vingt ans ! c'est-à-dire, ouvrir pour la première fois ton cœur désarmé et ta raison épouvantée à ces tristes et désolantes vérités, qu'ennuis, chagrins, disgrâces, amertumes, seront les chances diverses et pourtant monotones de cette vie dont un sage a dit que personne ne l'accepterait si on savait ce qu'elle garde à chacun; te débattre entre mille systèmes contradictoires, et découvrir le chaos où tu espérais l'ordre, es-tu bien sûr que ce soit le bonheur?

Être jeune enfin, ô préjugé! ô jeune homme, qui que tu sois, pauvre ou millionnaire, laboureur ou soldat, artiste ou artisan, c'est-à-dire, entrer dans cette carrière encombrée qui s'appelle la vie, y entrer la poitrine découverte et les yeux bandés pour y disputer, à travers mille embûches, ta part de peines et de misères, c'est-à-dire, commencer sa toile si l'on est araignée, sa prison si l'on est ver à soie, essayer son vol par des chutes si l'on est oiseau, percer sa chrysalide avec des ailes mouillées avant d'en sortir papillon, entendre son premier coup de fusil si l'on est lièvre, dessiner des nez dans l'atelier d'un grand peintre, à côté de ses chefs-d'œuvre; balayer le pont en qualité de mousse à bord d'un vaisseau amiral, partir comme soldat et s'arrêter à l'hôpital; chercher, le sourire de don Juan sur les lèvres, des femmes honnêtes à l'Opéra; être absurde, boursouflé, ampoulé, si l'on est écrivain, être en germe enfin au lieu d'être en fruit, être gland en attendant qu'on soit chêne, si le hasard ne vous mène pas à la basse-cour, c'est le bonheur!

V

Eh bien, oui, c'est le bonheur! mais non pas le bonheur comme on l'entend, parce que tout est léger dans la vie de jeune homme, et que rien n'y pèse, mais parce que tout y pèse au contraire, parce que tout y est sérieux, depuis le duel pour offense faite à la vertu d'un débardeur, jusqu'à l'amour fou, insensé, inconsolable, méprisé, pour la grisette du coin.

Heureux âge, en effet, où tout est désespoir, enthousiasme, passion, folie et sottise enfantine, mais sur lequel la raison, qui n'est peut être que l'indifférence, n'a point encore mis sa main glacée; heureux âge où le mal lui-même garde quelque chose d'innocent, dont les fautes ne sont que des erreurs, dont les fruits ne sont amers que parce qu'ils sont verts, où l'on sent si bien, pour tout dire, si on ne le sait pas, que la douleur elle-même n'est pas un mal, et que, comme dit Montaigne, elle tient à la volupté par un bout.

Oui, c'est le bonheur; mais quoi de mieux fait, qu'on en convienne, pour prouver le peu qu'est le bonheur.

1842.

APRÈS
UN BAL DE L'OPÉRA.

Quand après avoir créé le ciel et la terre, Dieu eut fait l'homme à son image et à sa ressemblance, et qu'il eut donné à cet être de son choix une compagne, il leur dit à tous deux : « Allez et multipliez. » Nous ne serions pas fâché de savoir si le souverain Seigneur de toutes choses, devant qui l'avenir et le présent se confondent, avait dès lors prévu, dans sa sagesse, que de cet homme et de cette femme naîtraient un jour ce qu'on nomme aujourd'hui des débardeurs!

Combien n'a-t-il pas fallu de transformations, de métamorphoses, de révolutions, de chutes d'empires, de progrès bizarres, pour qu'un fils d'Adam, pour qu'une fille d'Ève aient pu en arriver à ce point de civilisation singulière que comporte l'idée du débardeur actuel.

Que pourrait penser notre premier père, que dirait notre première mère, si, tout courbés qu'ils sont encore ingénument sous le poids d'une faute unique, l'ange, je me trompe, le démon du carnaval, leur offrait un soir, et sans préparation, un billet d'entrée au bal de l'Opéra, et une place le matin à l'une des tables de la Maison Dorée, du café Anglais ou du café Foy ?

Quelles réflexions ne leur inspirerait pas la vue de cet inconcevable pêle-mêle, dans quelle stupéfaction ne les jetterait pas une si exorbitante confusion, et, le premier étonnement passé, de quelles objurgations n'accableraient-t-ils pas leur postérité en délire.

« Mon garçon, dirait Adam au premier qui lui tomberait sous la main, après notre sottise, Dieu avait daigné laisser sur nos têtes la voûte des cieux ; il y avait allumé, rien que pour nous, d'innombrables soleils ; sous nos pieds, il avait fait pousser la verdure des prés et étendu le sable fin des rivages. Il avait rempli les airs du parfum de mille fleurs, souvenirs embaumés du paradis que nous avions perdu ; le chant des oiseaux, le murmure des eaux, la voix sonore des vents à travers les forêts nous rappelaient encore, quoique de loin, les concerts des archanges et des séraphins, car enfin tout déchus que nous fussions, le Seigneur avait entendu que nous serions des hommes, c'est-à-dire, les élus de sa création, spectateurs encore dignes d'un si magnifique ouvrage... — Dieu s'est trompé, ou ma race est détruite ; je ne vois ici que des singes, des singes fous et endiablés. Ce que notre maître nous avait donné était-il trop grand, que vous vous êtes efforcés de le rapetisser en le parodiant de la misérable façon que voici ? Je crois voir des arbres encore et des fleurs, mais je les touche, ils sont en toile et en carton ; j'entends des sons, mais viennent-ils de l'enfer, ou le progrès consiste-t-il pour vous à avoir enfermé les libres harmonies de l'air dans les tuyaux où soufflent si piteusement quelques-uns de vos frères épuisés ? Je ne te parle ni du bruit de vos chaises cassées, ni de ces coups de pistolet dont le but ne peut être que de réveiller vos musiciens endormis ; tu sais sans doute qu'en penser, et le laid petit homme qui invente ces tapages ne s'abuse pas non plus sur leurs mérites. Mais dis-moi si l'odeur infecte de ces becs de gaz perçant à grand'peine ces nuages de poussière, te paraît avoir remplacé avec avantage les douces senteurs de la nature, et si tu t'applaudis d'avoir fait succéder ces feux malsains aux clartés célestes. »

— « Ma fille, dirait Ève à son tour en s'adressant à une Rose-Pompon quelconque, j'ai cédé devant un ange déchu, c'est vrai; mais ces rois de vos fêtes, vos messieurs Chicard et leur lignée, me rappellent ces animaux sans nom qui naissent et meurent dans l'eau croupie. On vous a dit que j'avais tout oublié, que je m'étais donnée, que je m'étais perdue, hélas! pour une pomme, et là-dessus vous vous livrez, croyant mieux faire peut-être, pour des soupers en apparences plus complets, et ayant soupé une fois, voilà que vous soupez tous les jours et plutôt deux fois qu'une. La pomme du péché est un fruit redoutable, mes pauvres filles, il n'y faut goûter qu'une fois, si l'on y goûte, encore vaudrait-il mieux n'y pas toucher du tout. Ces fautes si souvent répétées, où vous mèneront-elles, si ce n'est à n'avoir plus ni faim ni soif. Gardez, gardez au moins le désir, vous qui n'avez pas su garder l'innocence. Vous riez de mon langage, et de mon costume, peut-être, vous vous étonnez que je prêche dans ce simple appareil, et vous voilà bien fières de vos pimpantes culottes de velours, de vos perruques poudrées et défrisées, de vos boutons d'argent et de vos petits souliers vernis, devant le costume un peu primitif de votre vieille grand'mère. Ne riez pas tant, mes petites, de mon temps on s'habillait moins encore que du vôtre, j'en conviens, mais, comment vous y prenez-vous ? on était plus couvert. Ce n'est pas l'habit qui fait la pudeur, et vos riches défroques vous cachent moins que ne me cachait jadis ma pauvre feuille de figuier. »

— « Oh ! trois fois vénérables grands parents, répondrait le débardeur en s'inclinant très-bas, vous parlez mieux qu'un livre, et vos leçons sont d'or ; mais qu'en pouvons-nous faire ? Depuis vous, croyez-moi, tout a bien changé, et la nature a fait comme le reste. On l'a dit en latin, — je vous épargne de l'entendre dans cette langue que vous ne comprendriez pas, — le printemps était éternel. Il ne l'est plus. Rien ne fleurit toujours sur la terre, et le ciel dont vous me parlez n'existe plus pour nous. Empruntez un paletot à quelqu'un avant de partir, pour la chère mère que voici, et mettez-la bien près de vous dans un bon fiacre, si vous ne voulez pas mourir de froid ou tout au moins prendre un fort rhume en retournant d'où vous venez. J'ai lu votre histoire dans ma jeunesse, elle est belle et sublime, votre histoire ; mais il y est parlé de tout, excepté de l'hiver. De neige, de froid, de frimas, pas un mot, avouez-le ; c'était donc le bon temps ! votre temps. Dans un jour d'humeur le bon Dieu vous avait dit : « vous suerez ; » et on raconte que vous l'avez trouvez dur ! Vous étiez difficile, grand-père. Il nous a dit à nous : « gelez ; » c'est une bien autre affaire, savez-vous ? Six mois sans chaleur, c'est un rude arrêt ? Ce que vous voyez n'a donc qu'un but, celui de laisser reposer le soleil et de se dégourdir en attendant son retour. Croyez-vous que vos enfants auraient jamais eu l'idée d'extravaguer jusqu'à inventer les bals masqués, sous un ciel comme le vôtre ! prenez-vous-en à l'hiver, grand-père, tout s'explique par l'hiver, mettez tout sur son dos; le coupable, c'est lui. Pourquoi vient-on ici? j'en sais trois raisons : parce qu'il y fait chaud, parce qu'on n'a pas de feu chez soi, et parce qu'on y trouve à souper; ces dames vous le diront. On crie que nous sommes pauvres, corrompus, mauvais genre, et notre époque est si bête, qu'elle le croit. — On nous vante; nous sommes des amours à côté des anciens. Madame que voici, ce petit monsieur est une dame, madame n'est pas pire que sa grand'mère. Qu'on lui donne mille écus de rente, et elle sera demain sage comme une image. La vertu est plus douce que le vice; elle le sait bien; mais encore faudrait-il pouvoir en vivre et s'y établir, dans la vertu! Croyez-vous que c'est par goût qu'on demeure rue Bréda, qu'on est une lorette, une feuille à la merci de tout vent, une fleur tombée, qu'après avoir ramassée chacun rejette. — Non, mais que voulez-vous? dès que l'on demande à vivre, à boire un peu, et à manger assez, on ne trouve à se satisfaire qu'ici. Où est le mal, alors; est-ce ici, ou dans le taudis d'où les chassent le manque de tout et le désespoir d'être seules au monde? Qu'elles travaillent, dites-vous! Vous êtes naïf, bon père, si vous ignorez que de notre temps la femme qui trime le plus de ses dix doigts ne gagne encore que la moitié de sa faim. D'ailleurs, pour travailler, faut savoir! et, entre nous, la plupart de celles qui se bousculent dans ce vacarme n'ont jamais rien eu pour elles que le baptême: ce qu'elles ont eut en plus, Dieu seul le sait; Dieu qui est partout, même ici par conséquent, doit les suivre quelquefois, et d'un regard miséricordieux, je pense, à l'hôpital qui toujours les attend. Pauvres filles, sont-elles gaies tout de même; tenez, obtenez qu'on leur ôte l'hiver, et je réponds de pas mal de choses. Plus d'hiver, c'est dire plus de misère, et partant plus de fautes, plus de vices, plus de maladies, plus de bals masqués même ; les anciennes modes reviennent, on se passe de tout, voire de tailleurs. Quel rêve ! quelle réforme ! En voilà une qui en aurait des partisans, et des amis !

Mais, me voici dans la politique, et, par le temps qui court, il y fait ennuyeux. Permettez-moi d'en sortir par une polka, grand-père, c'est plus gai, et aussi moral. Bonne nuit, grand'mère. »

Si cette filiation du débardeur, donnée par un débardeur sincère, n'était pas du goût de tout le monde, on pourrait, je crois, en établir une autre contre laquelle personne ne réclamerait. Le débardeur, en effet, a un second père ; ce père, c'est Gavarni, par qui le carnaval, cette réalité souvent grossière, brutale et licencieuse, est devenu une folie charmante, une comédie pleine de sel et parfois de raison, une illusion gracieuse, une image enfin et un portrait dont tout le défaut est d'être supérieur en tout à son modèle, qui s'efforcerait en vain de l'égaler.

1842.

THÉORIE

DE

L'AMOUR ET DE LA JALOUSIE.

DÉDICACE.

A MADAME***.

S'il est un sujet sur lequel il soit toujours permis à un galant homme de déraisonner, c'est à coup sûr celui qui sert de titre à ce qui va suivre.

De l'amour, en effet, et de tout ce qui touche à l'amour, on peut tout dire, le pour et le contre, le oui et le non, sans avoir jamais tout à fait tort ou tout à fait raison. C'est le texte impossible et attrayant par excellence. C'est la chose subtile et indéfinissable par essence.

Il se dit tous les jours de l'amour mille choses vraies plus contradictoires les unes que les autres, et tous les soirs il s'ajoute aux choses dites le matin mille choses fausses, les plus irréfutables du monde.

Un livre qui se proposerait de dire *ce que c'est que l'amour* ne pourrait être qu'un livre sans fin. J'estimerais déjà quelqu'un qui saurait au juste par où le bien commencer.

Un homme qui écrirait du matin jusqu'au soir, et qui vivrait cent ans, pourrait mourir avant d'en avoir achevé seulement la préface.

Il faut être bien jeune pour parler de l'amour ; et je

crois pourtant qu'eût-on l'âge du monde, on aurait encore quelque chose à en dire et tout au moins à en penser.

La vérité vraie sur l'amour, où la prendre? Serait-ce au fond d'un puits, ainsi que l'autre, la vérité mythologique, la vérité de la Fable? Quelques-uns ont été l'y chercher, hélas! sans l'y trouver.

Faut-il la demander aux sages? Mais un sage qui connaîtrait l'amour serait-il bien un sage?

Faut-il, au contraire, la chercher chez les fous? Je serais tenté de le croire. Mais la folie est un don du ciel, et il n'est donné à aucun des êtres, dont la raison peut se renfermer dans les limites du bon sens, de comprendre ces créatures privilégiées que nous accusons de folie. Tout fou est un sphinx, et nous ne sommes des Œdipes que devant les rébus des journaux à images.

Convient-il mieux de s'adresser aux médecins? Mais quoi! l'amour serait donc une maladie?

S'adressera-t-on aux savants? L'amour ne se cache pas derrière les rayons poudreux d'une bibliothèque; l'amour n'est point une science.

Aux amoureux? Mais celui que l'amour remplit s'amusera-t-il à s'interroger pour nous répondre?

A ceux qui, ayant été amoureux, ne le sont plus — et il s'en trouve? — Essayez donc de faire parler les morts!

Ou bien, enfin, à ceux qui, n'aimant point encore, ont pourtant le cœur tout grand ouvert pour aimer? Peut-être. Un peu de vérité pourrait bien sortir de ces cœurs innocents. C'est un grand peintre que le désir. Mais les palettes les plus riches ne sont pas toujours les plus fidèles.

L'amour — bien suprême! disent les uns.

Le pire des maux ! s'écrient les autres.

Il est un vieil air d'opéra dont les paroles charmantes me reviennent à l'esprit toutes les fois que je suis sur le point de médire de l'amour :

> Si l'amour ne causait que des peines,
> Les oiseaux amoureux ne chanteraient pas tant.

Qui sait ? c'est peut-être aux chansons, c'est peut-être aux oiseaux, qu'il faudrait demander *ce que c'est que l'amour !*

Il y a bien longtemps, plus de deux lustres, hélas ! douze ans tout au moins, je fus prié, un soir, par un de mes amis, d'écrire pour lui ce que je pensais de l'amour, puisque je semblais dire qu'il n'y entendait pas grand'-chose, bien qu'il eût écrit dès cette époque d'admirables livres tout remplis de passion.

Je lui répondis en quatre pages, qui furent imprimées depuis sous ce titre : *Ce que c'est que l'amour, et si l'on s'aime.*

Il est un âge où l'amour semble la chose la plus simple du monde, précisément parce qu'il en est encore la plus grande, et j'avais peut-être cru tout dire dans ces quatre pages. Je n'avais dit que tout ce que je pouvais dire alors.

Il y a quelque temps, une charmante jeune femme, la femme d'un de mes bons amis, la plus aimée et néanmoins la plus jalouse des femmes de Paris, où je crois me souvenir que l'on est très-jaloux, madame***, dis-je, piquée de certains propos que j'avais tenus devant elle contre ce péché de son cœur, me fit promettre de *rédiger* un jour, et tout à fait à son intention, quelque chose comme un mémoire, non pas sur l'amour précisément, mais sur ce sujet qui nous trouvait si peu d'accord : sur la jalousie ; s'engageant à me répondre ligne pour ligne, page pour page au besoin.

Qui a bu boira, a dit Rabelais ; qui a écrit écrira, pourrait-on dire avec non moins de raison.

Au plus paresseux, il ne faut souvent qu'un prétexte.

Si quelque chose nous manque dans la Belgique hospitalière, ce ne sont pas les loisirs ; et, bien que de ces loisirs je ne puisse pas dire avec le poète : « qu'un Dieu nous les a faits, » je me suis rappelé ma promesse et l'ai remplie de mon mieux, sinon bien, et avec toute la conscience d'un homme qui n'avait rien de mieux à faire, conscience qu'il faut mettre même dans les petites choses.

Le temps est un grand maître : peut-être madame *** est-elle guérie de son mal ; peut-être mon *mémoire* arrivera-t-il trop tard ; je le souhaite.

Qu'elle me permette, en tout cas, de lui offrir cet humble essai, dont elle voudra bien, j'ose l'espérer, accepter sans rancune la dédicace.

P. J. STAHL.

Bruxelles, décembre, 1852.

PREMIÈRE PARTIE.

SI CELUI QUI AIME PEUT ÊTRE JALOUX, ET SI L'AMOUR

EST UNE PASSION.

I

Celui qui aime d'un véritable amour n'est point jaloux. L'amour, c'est avant tout la confiance. Oter à l'amour la confiance, c'est lui ôter le sentiment de sa force et de sa durée, c'est lui ôter toute sa sérénité, partant toute sa grandeur. Si celle que tu aimes ne souffre pas de ton soupçon jaloux comme de la plus cruelle offense, elle ne t'aime pas. La jalousie, c'est de l'amour malade; or, l'amour malade ne guérit jamais, toutes les maladies de l'amour sont mortelles.

Il serait plus vrai de dire qu'on peut être jaloux sans amour que de prétendre qu'on peut aimer et être jaloux.

II

L'amour est d'invention moderne. Les anciens n'ont point, à proprement parler, connu l'amour : aussi ont-ils tous, et avec un concert auquel il n'a manqué qu'une voix (celle d'Homère, il est vrai, qu'Hélène le trouva indulgent), maudit et, qui pis est, insulté la femme et l'amour.

Écoutez-les :

— Hésiode : « Celui qui se fie à une femme se fie à un voleur. »

— Eschyle : O Jupiter ! quel présent tu nous as fait ! les femmes, quelle race !....»

— Platon : « Celui qui aura failli sera changé en femme à la seconde naissance. »

— Euripide : « On a su (c'est un dieu) trouver quelque remède à la morsure des bêtes féroces et des serpents; mais contre la femme, fléau pire que la vipère et que la flamme, on n'a rien trouvé jusqu'à ce jour. »

— Chæremon : « Il vaut mieux enterrer sa femme que de la conduire à l'autel. »

Aristophane : « Pourquoi mettre tant de soins à garder une peste ? »

— « La femme est un joli défaut de la nature, » a dit un autre Grec, moins brutal, mais plus impertinent peut-être que ceux que nous venons de citer. Etc., etc., etc.

Et rien de plus explicable que ces dédains et que ces colères, si on se place au point de vue de l'époque qui les exprimait.

Il n'y a d'amour possible qu'entre égaux : or, la femme n'était pas chez les anciens, elle est à peine aujourd'hui dans nos lois l'égale de l'homme, comment auraient-ils pu l'aimer ? Aime-t-on ce qu'on ignore ?

Les anciens n'ont donc pas connu l'amour, et cependant personne mieux qu'eux, n'a connu et représenté la jalousie. Ils en ont fait la sœur de la livide Envie ; comme elle, ils l'ont couronné de serpents.

Pour ce qui est de leur Amour, avec ses petites flèches et son absurde carquois, c'est tout au plus la caricature de l'amour. Cette grotesque image ne donne pas plus l'idée de ce sentiment divin qu'une idole chinoise ne peut donner l'idée de Dieu.

Ils ont représenté ce petit dieu (car ils ont fait de l'Amour un petit dieu, un gros enfant trop bien portant), ils l'ont représenté une torche à la main et un bandeau sur les yeux. Pourquoi la torche, ou pourquoi le bandeau ? A quoi bon ce feu, sans sa lumière ? La fable de Psyché est une insulte à l'amour. Cupidon, Vénus, tous les Cupidons, toutes les Vénus de l'univers païen, les dieux de Tibulle et d'Ovide, n'inspireront jamais de nos jours que des Gentil-Bernard ou des Parny plus ou moins licencieux. La société moderne a payé ces vieilleries plus qu'elles ne valent en les couvrant de petits vers comme les bonbons : ce sont amours de confiseurs.

L'amour est un feu qui vivifie et non une flamme qui dévore.

Entendre l'amour autrement, c'est le réduire à n'être plus que ce qu'il était au temps des faux dieux : c'est-à-dire le brutal appétit des sens, quelque chose qui a pour compagnons les jeux et les ris, quelque chose qui se fait mieux après qu'avant dîner, quelque chose à quoi aide le vin et qui complète l'orgie.

Quand Jésus-Christ, aidé de ses apôtres, n'aurait apporté au monde nouveau que l'amour chrétien, celui qui a fait de la mère l'égale du père, de la femme l'égale du mari, on comprendrait qu'on l'ait adoré et qu'on l'ait nommé le fils de Dieu.

De l'amour mythologique, mort dans nos consciences, mort dans notre poétique, pourquoi faut-il que nos mœurs aient encore gardé quelque chose, la jalousie !

III

L'amour nouveau n'aura atteint son complet développement que quand il aura répudié ce triste héritage. Tout le monde prétend aimer ; mais, au fait, qui est-ce qui aime ? S'il fallait croire tous ceux qui se disent amoureux, tous les soirs la moitié de Paris serait ivre d'amour pour l'autre moitié de cette ville fortunée. Hélas ! que n'est-ce vrai ?

Nous rions aujourd'hui, et à bon droit, des fadeurs des Amadis d'un autre temps ; les mignardises répandues sur la carte du Tendre par les deux auteurs du roman de la Rose nous paraissent des jeux d'esprit incroyables, et nous repoussons bien loin l'idée que ce qu'on appelait l'amour alors fût ce que nous savons être l'amour aujourd'hui. Il est pourtant infiniment probable que, dans une centaine d'années, dans moins peut-être, notre langue amoureuse, si poétique, si élevée, si onctueuse que nous la jugions, ne sera à son tour, pour les amoureux qui nous auront succédé, qu'un incompréhensible galimatias. Il ne faut pas défier l'avenir ; il est plus que probable qu'il renferme presque tout ce que nous nions à l'heure qu'il est. Ce que nous sommes aujourd'hui, qui donc se doutait que nous le serions jamais ? Supposons donc un instant que les lois sur lesquelles reposent les rapports des deux sexes soient un jour modifiées. Imaginez qu'une liberté égale est laissée à l'homme et à la femme ; supprimez du vocabulaire actuel deux ou trois mots qui témoignent encore de l'esclavage de la femme ; débarrassez surtout, au nom de la liberté des cœurs, les relations amoureuses de l'imbécile et féroce oppression de ce code sauvage qui assure au mari qu'on dit outragé, quand trompé seraît asséz dire, le droit de devenir impunément un assassin ; faites qu'on ne se puisse plus trahir par cela seul qu'on aurait le droit de se quitter, qu'on ne se puisse plus mentir parce que le mensonge ne serait jamais nécessaire ; faites enfin de la femme légère quelque chose de pis qu'une coupable, faites-en une femme dépravée ; qu'elle le soit sans les circonstances atténuantes qu'elle puise dans le poids même de sa chaîne ; qu'elle le soit lâchement, et il en sera ainsi du moment où elle l'aura été sans danger ; que ferez-vous alors de la jalousie ? De ce qu'elle sera devenue impossible, puisqu'elle sera sans cause, croyez-vous que l'amour en sera plus malade et la famille moins honorée ?

A l'exception des avocats de cours d'assises, qui donc y perdra quelque chose ?

IV

Incertains des autres et de nous-mêmes, comme nous le sommes, incapables de fixer notre volonté d'une façon immuable ; mais sollicités parce qu'il y a en nous de supérieur aux choses de la terre, nous avons un si naturel mépris de notre propre fragilité, une si juste défiance de nos forces, qu'au moment même où nous donnons notre cœur tout entier, nous sentons le besoin d'ajouter à ce don toutes les paroles, tous les actes qui semblent pouvoir en garantir la possession. De là ces serments téméraires, ces engagements, ces liens, ces contrats bizarres dont essayent les amants pour nouer sans retour l'avenir au présent. Fous que nous sommes ! De quoi témoignent toutes ces précautions, si ce n'est de notre infirmité ? Si la constance était de ce monde, organisé comme il l'est ; si tout ce qui commence n'était pas condamné à finir, aurions-nous besoin d'entourer de tant de solennité ce que le vœu seul de nos cœurs suffirait à accomplir ? Quand donc nous jurons, nous ne prouvons rien, si ce n'est que nous sentons que notre honneur pourrait bien avoir à payer un jour les dettes de notre cœur, et que l'amour lui-même n'est rien si la loi du devoir ne lui vient en aide.

Or, mettez donc la passion en face de cette grande idée, le devoir ! et qu'on me dise quel compte elle en pourra tenir.

Le mal vient donc de ceci surtout, qu'on a prétendu faire de l'amour une passion.

V

Quoi ! l'avarice est une passion, l'envie aussi, la luxure aussi, etc., etc. ; et c'est ce nom mérité par les plus vils instincts de notre nature que vous ne rougissez pas de donner au plus noble élan de notre âme ! Le mot amour existe, ce beau mot, si bien fait, si doux, si euphonique dans toutes les langues, et vous le déshonorez en lui donnant pour équivalent le nom dont vous flétrissez vos vices quand ils sont poussés à l'extrême ! vous osez dire indifféremment : « J'ai de l'amour » et « J'ai une passion dans le cœur ! »

Non, l'amour n'est point une passion. Le mot passion n'est que le synonyme du mot besoin. Aussi doit-on être plus touché du plus petit sentiment qu'on inspire que de la plus violente passion qu'on allume. La fin de toute passion est une satisfaction égoïste et personnelle. La fin du plus léger battement d'un cœur amoureux est une pensée de dévouement. L'amour qui n'embellit pas l'âme n'est pas de l'amour. Aimer à côté du beau et du bon, c'est avilir son goût et sa personne. Si la femme que tu aimes n'est pas pour toi une créature immaculée, si dans tes rêves elle n'a pas la blancheur des séraphins, si tu ne lui vois pas deux ailes comme aux anges, si tu ne l'aimes pas jusqu'à l'adorer, si tu lui connais une tache, tu n'as pas d'amour pour elle. J'ajoute que, si elle n'est pas pour toi une seconde conscience devant laquelle il te soit impossible de faillir, elle n'est pas digne d'être aimée. L'amour, c'est le double respect de soi-même et de l'être qu'on aime. Avec de la passion, on aime Manon Lescaut au beau milieu de ses vices, et l'on est Desgrieux. Avec de l'amour, on aime Juliette, et l'on est Roméo.

Quand je devrais passer pour une jeune fille, je dirais volontiers que les amours chastes connaissent seules les vraies voluptés. L'amour, c'est peut-être l'innocence. Que si l'on me répond qu'il est donc resté au Paradis terrestre, et qu'Adam et Ève ne nous en ont rien rapporté que la passion telle qu'on la ressent vulgairement, je dirai que les vertus dont on a le sentiment ne sont point des vertus perdues, et que les cœurs de bonne volonté ne seront jamais en peine de les retrouver.

L'amour est au-dessus de la passion, comme le ciel au-dessus de la rue, du trottoir, du ruisseau que tu viens de traverser, si ton amour descend jusqu'à la passion, il n'est déjà plus de l'amour. Pleure-le ; tes larmes pourront encore l'honorer, mais elles ne sauraient le sauver. Ce qui est fort peut-il donc être agité ? Ce qui est fort peut-il être en proie à toutes les misères, à toutes les inquiétudes, chères aux artistes, qui constituent cette sotte chose qu'on appelle la passion dans l'amour ? Ce qui est puissant a-t-il besoin d'être violent ? Direz-vous, et je cherche près de nous une comparaison qui vous saisisse, que c'est au moment où la chaudière éclate que se prouve sa solidité ? Toute passion est un excès et non une force, comme on a tenté de le dire. La passion n'est pas plus une force que l'ivresse ou la démence. Quand la passion se substitue à l'amour, cela veut dire que ce ne sont plus vos âmes immortelles qui s'aiment et que vous avez changé le feu du ciel contre le plus misérable des feux de la terre, celui qui n'échauffe plus que les corps. Or, ce feu, permettez-moi de vous le dire quelles que soient vos prétentions à cet égard, ce feu est de peu de chaleur et d'une chaleur vite éteinte. Que si vous ne vous aimez plus que parce que vous vous trouvez jeunes et beaux, je vous plains. Un plus jeune, une plus belle, moins que cela, la fatigue, la satiété, vous sépareront au premier jour. C'est sur ce terrain que votre amour matérialisé ne tarde pas à rencontrer la jalousie.

VI

Cet ennemi une fois entre vous, c'en est fait de votre amour. Il n'est rien, de ce qui hier eût fait votre joie, qui ne puisse faire aujourd'hui votre désespoir. Soyez donc père, vous qui êtes jaloux ! Devenez donc mère, pauvre femme qui êtes aimée sans confiance, et dites-moi si de la plus pure de vos joies en ce monde, le premier cri de votre enfant nouveau-né, la jalousie de votre mari, de votre amant, n'a pas d'avance empoisonné les délices, et si elle n'a pas fait des plus chères espérances de votre maternité des terreurs sans nom !

VII

Toutes les passions ne sont pas funestes au même degré. La passion de la gloire, l'ambition même, peuvent amener quelques bons effets. Notre humaine nature a besoin, on est forcé de le reconnaître, de primes pour être encouragée à bien faire. Toutes les passions, les pires et les moins mauvaises, il n'en est pas de bonnes, peuvent, j'y consens, à leurs risques et périls, mener à une satisfaction quelconque et avoir en ce monde leur heure de triomphe, leur profit d'un instant. Ainsi l'orgueil, la haine, la colère, l'envie, la passion du jeu, la soif du sang, si vous voulez. On peut donc, sinon les justifier, au moins les concevoir. Elles ont une fin, un résultat possible. Il n'en est qu'une dont on ne doive rien attendre : c'est la jalousie, la plus aveugle, la plus stérile de toutes les passions qui puissent jamais troubler le cœur de l'homme. Car, si elle a un but, ses efforts eux-mêmes, au lieu de l'en rapprocher, l'en éloignent. Son sort est de se nuire sans cesse, et, contrairement à toutes les autres passions, c'est alors qu'elle trouve des aliments plus solides, de nouvelles raisons d'être, qu'elle est plus misérable. Tout son progrès est de voir grandir ses douleurs. Elle cherche son mal avec ce soin patient qu'un avare mettrait à chercher un trésor. Tout se flétrit pour elle et autour d'elle; c'est une maladie plus encore qu'une passion, car elle connaît les douleurs de la passion sans en connaître jamais les acres voluptés. Maladie effrayante qui frappe toujours deux êtres à la fois, celui qui ressent le mal comme celui qui en est la cause innocente.

DEUXIÈME PARTIE.

CE QUE C'EST QU'UN JALOUX.

I

Tout ceci n'est que la théorie, que la philosophie de ce mal honteux : passons au fait, cherchons la preuve ; cette preuve, nous la trouverons dans les circonstances les plus vulgaires, partant les plus terribles de la vie quotidienne. Voyons la jalousie à l'œuvre.

Votre amant est jaloux... ne lui ouvrez pas vos bras. Au milieu des plus enivrantes caresses, savez-vous ce qui le préoccupe ? c'est que d'autres peut-être les ont reçues avant lui, c'est que d'autres peut-être les auront après lui. Que votre amour, meilleur, plus inventif dans sa ferveur, trouve un jour pour s'exprimer des mots nouveaux, des tendresses nouvelles, tout à coup le jaloux vous repousse ; son front se charge de nuages. Savez-vous ce qui suspend la vie de son cœur ? J'oserai vous le dire : hier vous ne l'aimiez pas ainsi ; qui donc vous a donné cette science ? d'où vient ce progrès de votre amour ?

Que si, au contraire, intimidée, glacée à votre tour par ces inexplicables défiances, vous vous retenez de l'aimer : « Elle ne m'aime plus ! » — Si vous pleurez : « Elle est coupable ! » — Si de votre cœur serré rien ne peut sortir :

« Je l'ennuie ! » — Si, plus forte, si indignée, vous faites face à ses soupçons, si vous en appelez à sa raison, à son esprit, à son cœur, c'est en vain ! L'homme jaloux n'a plus de raison, n'a plus d'esprit, n'a plus de cœur ; c'est un fou, c'est un malade, c'est un méchant.

Dans votre angoisse, une bonne inspiration vous vient, vous courez chercher vos enfants. Arrêtez-vous, pauvre mère ! celui qui ne croit pas au présent ne croit plus au passé. La jalousie empoisonne tout, jusqu'à la bonne odeur des plus saints souvenirs. Vos enfants, ses enfants, il se peut qu'il n'ose les serrer dans ses bras ; il se peut qu'il les repousse, eux aussi ! Je me trompe, dites-vous ; car ses regards inquiets se sont fixés sur eux, car ses yeux se mouillent, car il fond en larmes. Ces larmes, faut-il donc vous les traduire ? La plus abominable de toutes les pensées vient de traverser son cerveau : ce n'est pas à lui qu'ils ressemblent ; à qui ressemblent-ils donc ? » Cette pensée est si atroce, qu'il parvient à la chasser ; il s'empare d'eux, il les presse sur son cœur ; mais c'est avec une tendresse si désespérée, que les pauvres petits, effrayés, s'échappent de ses bras pour se réfugier dans les vôtres. Nouveau grief ! rien n'est plus en votre faveur, tout est contre vous. Ce qui devrait vous réunir vous sépare.

II

La jalousie ne fait pas seulement douter de l'honneur de la femme soupçonnée, mais aussi sa délicatesse, et, ne fût-ce qu'à ce titre, la plus légère s'en devrait offenser. Cependant, il n'en est rien. Pour une honnête femme d'esprit qu'un soupçon révolte, il en est cent qu'un peu de jalousie flatte sottement dans le secret de leur imprudente vanité.

— « Comment, ma chère, votre mari n'est pas jaloux !!
« mais il ne vous aime donc pas ? mais il ne vous trouve
« donc pas jolie ? Je gage que vous n'êtes point coquette !
« Prenez garde : il ne faut pas qu'un mari soit si sûr de
« sa femme ; vous serez tantôt négligée. Entre nous,
« depuis que le mien ne dort plus que d'un œil, j'en fais
« ce que je veux. Un mari qui n'est pas jaloux, c'est un
« maître : un mari jaloux, c'est un esclave, etc., etc. »

Ce qu'on oublie, c'est que, dans une voie pareille, ne s'arrête pas qui veut ; c'est que peu à peu l'esclave se fait tyran ; c'est que bientôt le jaloux est jaloux de tout et de tout le monde ; des gens que vous connaissez et de ceux que vous ne connaissez pas, de vos amis et de vos ennemis, des vieux et des jeunes, des beaux et des laids, des sots non moins que des gens d'esprit, de Dieu, enfin, des hommes et des choses ! de votre père, de votre mère, de vos enfants, de vos tantes, de vos nièces, de tout, oui, de tout, de vos robes elles-mêmes qui vous font plus belle, et de votre parure qui ne brille pas que pour lui ; de l'homme qui passe : — « Il vous a regardée, vous le
« connaissez donc ? » — du chanteur que vous applaudissez : — » Ce que vous faites est vraiment de la der-
« nière inconvenance ; cet homme vous a certainement
« remarquée, et la salle tout entière s'est retournée pour
« vous voir ! » J'ai connu un homme de beaucoup d'esprit et d'un grand goût, très-bon musicien surtout, qui avait fini par trouver très-sincèrement que Lablache, Rubini et Duprez n'avaient jamais eu l'ombre de talent : il faut dire que sa femme trouvait que Grisi était laide, Rachel commune et abominable, que Madeleine Brohan

n'avait point de beauté, et que sa sœur aînée, la soubrette, ne pouvait être qu'une pécore, affreusement laide d'ailleurs et visiblement bossue.

Vous ne faites pas un pas que le soupçon de l'homme jaloux ne vous suive. Et si ce n'était que ses soupçons ! mais il n'est nulle part où il ne prétende vous accompagner de sa personne. Comme les habitants d'un pays dont parle saint Augustin, lesquels, n'ayant qu'une jambe, ne pouvaient marcher que deux par deux, le jaloux ne comprend pas qu'on marche jamais seul. — « Est-ce bien à
« l'église que vous étiez, et à quelle place ? — Vous avez
« été au bain : bizarre idée par le temps qu'il fait ! —
« Vous revenez des Tuileries, le sot endroit ! Vous y
« enrhumerez votre fille, si vous ne l'y rôtissez pas ! »
A bout de patience, vous vous retirez dans votre appartement et le laissez seul avec votre enfant. Il hésite un instant ; puis bientôt, prenant l'innocente créature sur ses genoux, la honte et la sueur au front : — « Chère
« petite, qu'as-tu fait aujourd'hui, où as-tu été avec ta
« maman ? »

Allez-vous dans le monde ? Avez-vous été au bal de ma-
« dame A. ? — « Vous avez trop parlé à M. B. ; M. B. est
« un fat ; il en prendra avantage de façon à nuire à
« votre réputation. — Vous n'avez rien dit à M. C., il
« paraît que vous n'avez plus rien à lui dire ; il faut être
« bien d'accord pour ne se pas même aborder une fois
« pendant une nuit tout entière. — Vous avez valsé avec
« le général D., il faut espérer que cette valse sera la
« dernière. — Vous avez polké, vous ne polkerez plus ;
« un temps ne peut manquer de venir où une honnête
« femme n'osera convenir qu'elle a aimé la polka. Et,
« d'ailleurs, pourquoi dansez-vous ? Croyez-vous qu'il soit

« gai de voir la femme qu'on aime emportée par le pre-
« mier venu au son d'un orchestre endiablé? Dites que
« vous êtes malade, pardieu! Dites que vous avez la
« goutte. Vous n'avez que vingt ans? la belle réponse!
« Tout le monde sait que votre père en souffre de-
« puis trente ans, vous la tenez de lui; vous avez bien
« son nez à votre père! » Et encore : — « M. E. étalait
« à sa boutonnière une fleur pareille à celles qui com-
« posaient votre bouquet, qu'en avez-vous fait, de
« votre bouquet? » Et puis : — « Vous avez laissé tom-
« ber deux fois votre mouchoir. » Et puis : —Ne pouvez-
« vous garder votre éventail en dansant? Cela était
« convenu sans doute avec votre cousin qu'il s'en consti-
« tuerait le gardien? Veut-il votre mort, votre cousin?
« Il vous a apporté cinq glaces, je les ai comptées... »

— Mais, mon ami, il les a mangées toutes les cinq. —
« Soit, mais ce qu'il vous a dit chaque fois qu'il vous les
« a offertes, ces glaces, l'a-t-il mangé aussi? Ne serait-ce
« point indiscret de vous demander ce que ce pouvait
« être ? »

— Vous le voulez? soit. Mon cousin est gros, mon
cousin est gras, mon cousin transpire beaucoup, il m'a
dit cinq fois de suite et sans varier d'une intonation : —
« Eh bien! ma cousine, puisque vous refusez cette glace,
« je la garderai pour moi; il fait une horrible chaleur,
« je meurs de soif et suis tout en sueur. » Êtes-vous
content? bonsoir !

Enfin, vous êtes chez vous, vous êtes toute seule, vous
vous croyez tranquille : il n'en est rien. Votre mari frappe
à votre porte : — « Tiens! vous lisez; quel livre lisez-
« vous? Un livre de M. Hugo? — Non. — De M. Alfred
« de Musset, alors, ou de M. Dumas? Vraiment, nos chefs-

« d'œuvre classiques ne peuvent-ils vous suffire? Sied-il
« que vous lisiez des livres de gens que vous pouvez ren-
« contrer dans le monde? Croyez-vous peut-être que ce
« qu'ils ont mis sur le papier soit demeuré dans leur cœur?
« Détrompez-vous, le meilleur de ceux qui font ce métier
« y a usé le peu qu'il a pu valoir et ne vaut pas les quatre
« fers d'un chien. »

Vous montrez le titre du livre, la *Mare au Diable*, de George Sand. Chacun sait ce que vaut ce trésor, un des plus purs diamants de notre langue. — « Hum! répond « le jaloux, est-il bien sûr que cet homme célèbre soit « une femme? »

Que vous dirai-je? Si ce n'est pas à l'auteur que peut s'en prendre sa jalousie, il s'en prendra au héros du livre; Saint-Preux, Lovelace, Roméo, tous les amants, tous les fats célèbres sont ses ennemis personnels. Ne louez rien ni personne devant lui, tout éloge lui fait mal. Vous allez au Louvre : — « A qui ressemble cette tête que vous « trouvez si belle? » Vous répondez : — « C'est un Christ, » et vous vous croyez quitte; il n'en est rien. Pour le mari jaloux, tout homme qui a une barbe rouge est le fils de Dieu devant lequel prie sa femme.

Ne lisez pas le journal : l'orateur qui a eu un succès à la tribune, le prédicateur dans sa chaire, le général victorieux en Afrique, l'homme du peuple qui vient de faire un trait héroïque, le héros du jour quel qu'il soit, celui dont le portrait est dans l'*Illustration* de la semaine, si peu flatteurs que soient les peintres ordinaires de cet honnête journal, tout lui porte ombrage, oui, tout et tous.

Fût-il un homme de génie lui-même, et, ce qui est plus rare, un homme de cœur, l'homme jaloux en arrivera à craindre un rival jusque dans son palefrenier; car l'homme jaloux, ce n'est plus l'amant qui aime, c'est le propriétaire qui se fâche, c'est l'ennemi qui toujours veille; c'est, en un mot, l'amant qui déteste, justifiant ainsi le mot de Properce : — « Il n'y a de haines implacables que celles de l'amour. »

III

CE QUE C'EST QU'UNE FEMME JALOUSE.

Que si, quittant l'homme jaloux, nous demandons à la femme jalouse ce qu'elle est à son tour... le tableau changera peu : mêmes causes, mêmes effets. — « La jalousie est la plus dangereuse condition des femmes, dit Montaigne, comme de leurs membres la tête. »

J'ajoute seulement que, si vous êtes jalouse, il y a tout à parier que ce qui n'existe pas vous allez le créer, et que ce qui existe vous allez l'empirer. En effet, c'est dans les bras de la femme qu'il aime que l'homme intelligent doit trouver au jour le jour la force de triompher dans le dur combat de la vie. Vous êtes, vous devez être son repos, son asile, son refuge, sa consolation, sa paix. Il doit vous quitter meilleur et plus près de bien faire. Si c'est un artiste, soyez sa muse; si c'est un commerçant, vous êtes sa probité; si c'est un soldat, un homme politique, vous êtes son courage et sa raison. C'est à vous de l'envoyer au combat ou à la prison, pour son pays ou pour sa foi, si son honneur le lui commande. Blessé, c'est à vous de le guérir; vainqueur, c'est à vous de le glorifier; vaincu, c'est à vous de le relever de sa défaite; méconnu, c'est à vous de lui faire accepter l'ingratitude de ses concitoyens. Mort, vous êtes sa veuve, c'est à vous de le pleurer, et de faire que ses enfants soient ce qu'il fut.

Or, si vous êtes jalouse, vous n'êtes plus bonne à rien de tout cela; vous êtes l'ennemie de son talent, de sa gloire, de son patriotisme, de son honneur; vous êtes l'ennemie de sa vie même, car sa mort seule pourra vous rassurer. Sa mort, dites-vous?... Et vous refusez de me croire.

Suivez-moi donc.

Nous sommes à Paris en février, en juin, en décembre, je ne veux pas préciser. Nous entrons dans un hôtel bien connu, rue de ***, vous y dansez tous les hivers. Laissons le grand escalier, prenons celui-ci à droite, montons quelques marches, et taisez-vous. Vous savez où vous êtes. Ce splendide oratoire, vous le reconnaissez... C'est celui de la belle madame de B***; une femme s'y trouve; certes elle n'est pas seulement belle, elle est jolie, elle est charmante... Avez-vous jamais vu autour d'un plus attrayant visage de plus beaux et de plus doux cheveux? C'est de la soie, c'est de l'or fin, c'est tout un trésor; et ce pur ovale qu'ils encadrent, c'est celui d'un ange, que dis-je? c'est celui d'un archange.

Mais qu'a donc aujourd'hui cette suave créature? Ses paupières sont rougies, son regard est troublé. L'heureuse, la brillante Pauline de B*** aurait-elle pleuré? Hélas! elle pleure encore! et, tenez, voilà qu'elle tombe à genoux: ses yeux suppliants se tournent vers le crucifix: comme elle est pâle!... on dirait un fantôme en prière... car elle prie...

Écoutez sa prière. C'est la prière d'une femme jalouse... d'une femme jalouse qui attend. Vous connaissez George de C***? c'est lui qui est attendu.

PRIÈRE D'UNE FEMME JALOUSE.

« Mon Dieu ! il y a trois heures, trois siècles, que je
« l'attends ! Faut-il attendre, faut-il espérer, faut-il souf-
« frir encore ? Faites, ô mon Dieu ! qu'il ne soit nulle part
« où mon amour ne puisse être avec lui ! Faites que ce
« qui le retient loin de moi ne soit le vœu ni l'oubli de
« son cœur. Faites que ces heures lui soient longues,
« qu'elles lui soient mortelles et éternelles comme à moi !
« Faites, grand Dieu ! que pendant que je verse ces larmes
« amères et que ma poitrine éclate en sanglots, la joie ne
« soit point dans son âme et le sourire sur ses lèvres !
« Faites que rien de léger, que rien de sérieux surtout ne
« l'arrête !

« Où est-il, Dieu puissant ? — Dieu cruel, où peut-il
« être ?... Une autre, ah ! peut-être une autre !... — Mais,
« non, non. — Mon Dieu, soyez béni ! celui que j'aime
« n'est point coupable, je l'accuse à tort. Une voix amie
« me dit que je fais mal de me plaindre, que mes pleurs
« l'outragent.

« Lui infidèle ! lui lâche ! oh ! loin de moi, Seigneur, le
« soupçon d'une misère si grande ! Quelque obstacle im-
« prévu, matériel, insurmontable à son courage, à l'amour
« lui-même, nous sépare, et non sa volonté. Merci, Sei-
« gneur ! un accident, un piége, que sait-on ? un danger...
« Il est blessé peut-être, et non parjure... »

(Tout à coup on entend le canon gronder dans le lointain ; une
vive fusillade s'engage dans la rue voisine ; la maison s'ouvre
avec fracas ; un homme entre, pâle, ensanglanté : il tombe épuisé
aux pieds de Pauline, c'est George de C***.)

« Je le savais bien, Dieu juste ! » reprend la femme jalouse en se redressant, le regard plein de reconnaissance, et, je dois le dire, de triomphe ! « Je le savais bien, Dieu « clément, que vous l'auriez tué plutôt que de le laisser « se couvrir d'une tache si noire !... »

Pauline de B*** est un monstre, dites-vous? vous ne la reverrez de votre vie ! Dieu soit loué, chère lectrice, vous n'êtes donc pas jalouse ! Ne le soyez jamais, car cette prière barbare, cette prière impie, vous ne tarderiez guère à la comprendre et vous la retrouveriez bientôt avec épouvante, sinon sur vos lèvres, au moins au fond de votre cœur. Pauline est le plus doux être du monde, vous le savez bien ; ce n'est point elle qui est féroce, c'est la jalousie. La petite prière que vous venez de lire est, — demandez-le à celles de vos amies que vous savez capables de bonne foi, — cette petite prière, dis-je, est une des plus humaines, une des plus *clémentes*, qui puissent sortir d'un cœur jaloux. Qu'est-ce qu'un vœu cruel, après tout? Qui est-ce qui n'a pas plus ou moins massacré, par pensée, par désir, et par paroles même, l'être qu'il aime dans des heures de doute? Tant que du vœu on ne passe point à l'action, qu'importe? Où la *Gazette des Tribunaux* perd ses droits, qui pourrait trouver à redire?

La jalousie ne s'arrête pas toujours en chemin ; je n'ai pas besoin de le prouver, j'en trouverais en une heure mille exemples. Si Pauline a été servie plus qu'à souhait, est-ce sa faute? L'émeute ne gronde pas toujours dans Paris tout à point pour exaucer les pauvres femmes jalouses ou punir les amants infidèles, voire les amants qui retardent, ce qui est, j'en conviens, le commencement de l'infidélité.

Toujours est-il que vous ne danserez pas l'hiver prochain

à l'hôtel de B***, et que vous ne rencontrerez pas de sitôt au bois George de C***. Ce n'est pas qu'il soit mort ; sa blessure, grâce au ciel, n'était pas mortelle. Pauline, l'ange que vous accusiez tout à l'heure, après avoir passé quinze jours et quinze nuits à son chevet, le voyant mieux portant, obtint pour lui, secrètement, de la grâce d'un ministre qui n'avait rien à refuser à une jolie femme, un ordre d'exil, auquel d'ailleurs il avait bien quelque droit.

Un de ces jolis passeports dont la mode est venue nouvellement, et qui ont fait glisser silencieusement, de Paris à l'étranger, et en quelque sorte comme sur le velours, un grand nombre de Français, parvint un beau matin à George de C***, convalescent : il le trouva sous son oreiller. Pauline, — vous savez qu'elle était veuve et libre par conséquent, — Pauline, ivre de joie, a quitté la France avec lui ; la France, où d'autres qu'elle avaient pu l'aimer.

Ils voyagent. Leur parti est pris de ne plus s'arrêter. « Le mouvement perpétuel n'a point le temps d'être infidèle, » dit Pauline, aujourd'hui madame de C***. J'ai rencontré par un temps affreux, au plus haut du Drakenfels, en face des ruines sentimentales du Rolandsek, ces deux juifs errants de la jalousie. On s'y voyait à peine à trois pas, tant les brouillards du Rhin étaient épais, et j'aurais bien parié cent contre un que pas un autre que moi ne pouvait avoir choisi un temps pareil pour une semblable ascension. J'avais compté sans la jalousie. — « C'est le temps que nous préférons, me dit George en souriant ; quand le soleil se montre, il faut bien en prendre son parti ; mais, choisissant alors les promenades impossibles, nous allons partout où il n'y a personne. Connais-tu un désert quelque part, sur les bords que voici, où que ce soit, un lieu riche en brouillards et veuf d'habitants, une solitude, une thébaïde, indique-le-nous ; si c'est le chemin de son repos, ajouta-t-il en jetant un regard plein de tendresse et de compassion sur sa compagne, je le prendrai de grand cœur avec elle. — La jalousie a du bon, dit-il encore ; pour garder il faut qu'elle donne... Sans elle, je ne tiendrais point ainsi Pauline sous mon bras... » — « Oui, la jalousie a du bon, » me dit Pauline, essayant de répondre à ma pensée, que trahissait seul mon silence, car je n'avais rien dit : « N'être point jaloux ou jalouse, c'est être un fat ou une coquette. Est-on seul digne d'amour en ce monde, et n'est-ce point une grâce qui nous est faite d'être aimés, à côté d'autres qui vaudraient mieux que nous peut-être ? La jalousie n'est pas toujours la défiance de celui qu'on aime, c'est aussi la défiance de soi-même. La modestie est-elle un défaut ? Être jaloux, ce n'est rien qu'être modeste. » — « On ne saurait mieux défendre son mal, lui répondis-je ; j'essayerai donc de faire un jour l'éloge de la jalousie ; pour aujourd'hui, je n'y ai pas de goût. » — « L'éloge de la folie a bien été fait, » me dit-elle. Et nous nous séparâmes.

D'éloge en éloge, on en viendrait à devoir un éloge au brouillard, pensais-je tout en descendant la montée dans les ténèbres, au risque de me rompre le cou. Chose bizarre, le mal lui-même a des amis : on regrette tout en ce sot monde ; on vivrait avec la peste, et elle s'en irait un beau jour qu'elle trouverait des gens pour la pleurer.

IV

A CEUX DES LECTEURS DE CE PETIT LIVRE QUI NE SONT PAS DE L'AVIS DE L'AUTEUR.

Mais, diront les gens qui croient que tout dire est possible, et qu'il y a réponse à tout, si vous avez raison dans ce que vous venez de dire de la jalousie quand elle n'est pas justifiée, s'ensuit-il que vous ayez raison dans toute autre hypothèse ?

Il n'y a pas que des femmes, il ny 'a pas non plus que des maris fidèles en ce monde. Il n'est pas sans exemple, dit-on, que depuis notre premier père, et en le comptant, hélas ! quelques maris aient été trompés par leurs femmes, et que quelques femmes aient été trompées à leur tour par leurs maris. Ces mots : ingratitude, perfidie, trahison, n'ont pas pour rien leur place dans le dictionnaire ; leur application a trouvé, plus d'une fois sans doute, à se faire. Les liens les plus doux, les nœuds les mieux formés, se relâchent parfois, et, si quelques-uns sont à l'épreuve du temps lui-même, il en est un assez grand nombre, en revanche, qui se rompent violemment ou se dénouent tout au moins autrement qu'à l'amiable.

Que direz-vous à l'homme qui ne peut douter de son malheur ? Lui prêcherez-vous la confiance, à celui-là, cette confiance sainte, sans laquelle, selon vous, il n'est pas d'amour ?

A quoi je réponds : C'est précisément parce que, selon moi, il n'est pas d'amour sans confiance, que je refuse le droit de se dire jaloux, à l'homme qui, se sachant trompé, n'a plus l'emploi de cette confiance nécessaire à l'amour.

La probité de notre langue est telle, que le même mot ne saurait évidemment être propre à deux situations différentes : or, on ne niera pas que, si quelque chose diffère du doute, c'est à coup sûr la certitude.

Si donc l'homme aimé peut être appelé à bon droit un jaloux dès qu'il ouvre son cœur au soupçon, comment serait-il encore un jaloux quand son état est complétement changé et que le soupçon a été tué en lui par la certitude ?

Hier son bonheur n'était que malade, aujourd'hui il est mort : donnerez-vous le même nom à la maladie et à la mort !

La jalousie indique le doute ; là où il y a certitude il n'y a donc plus matière à jalousie.

A l'heure même où le sort de l'homme jaloux est fixé, son mal change de nom. Il n'est plus jaloux. Il est ce que Panurge ne voulait pas, et ce que vous-même ne voudriez point être, cher lecteur.

Son sort est-il pire? est-il moins mauvais? Ce n'est pas ici le lieu de le résoudre. Son cas n'est plus celui qui nous occupe.

On n'est jaloux que de ce qu'on possède. Celui qui ne possède plus a donc perdu le droit d'être jaloux. Celui qui ne possède pas encore ne l'a jamais eu ; le sentiment d'envie qu'allume dans son cœur la vue de ceux qu'on peut lui préférer n'est point de la jalousie.

L'homme qui n'est pas aimé n'a qu'un droit : celui de se faire aimer s'il le peut. S'il ne le peut pas, qu'il se console : les amoureux et les pêcheurs doivent savoir qu'il est des jours où on pourrait jeter à la rivière un filet d'or sans en retirer même un goujon.

V

Et d'autre part…

Beaucoup parmi les meilleurs s'élèveront, faute d'y avoir assez songé peut-être, contre ce que j'ai dit de la passion. « Quoi, diront-ils, ce qui est fort n'a pas besoin « d'être violent ? C'est votre avis ? Croyez-vous donc que « la poésie puisse s'accommoder de cette perpétuelle « domination de la mesure sur l'excès, du juste sur l'in- « juste, donnée comme dernier terme de la puissance ? « Vous mettez au cachot ce qui a besoin d'air et d'es- « pace ! » A ceux-là, ce sont les poëtes, je pourrais répondre que ce qu'il y a de plus fort au monde, je veux bien que ce soit le poëte, le poëte de génie, mais que je déclare qu'il n'en est pas de si fougueux, de si violent qui n'ait, par cela seul qu'il a su faire entrer sa pensée dans la mesure inflexible du vers, donné au monde entier une preuve de patience extrême et d'empire infini sur lui-même.

Personne plus que le vrai poëte ne sait donc la valeur des mots, car personne n'a été, aussi souvent que lui, astreint à tourner et à retourner les mots sous toutes leurs faces, à les peser, à les flairer, à les choisir, à les sentir, à les mesurer, à compter leurs membres et jusqu'aux lettres qui les composent. M. Jourdain faisait de la prose sans s'en apercevoir, le monsieur Jourdain de la poésie est certes encore à trouver ! Avec les poëtes, il doit donc être facile de s'entendre sur la valeur des mots ; or, la querelle qui pourrait m'être faite ici, n'est en effet qu'une querelle de mots.

S'il ne manque pas de gens qui confondent la passion

avec l'amour, il n'en manque pas non plus qui confondent la force avec la violence : la force, c'est-à-dire tous les efforts nécessaires au but qu'il est juste d'atteindre ; la violence, c'est-à-dire tous ceux qui le manquent, tous ceux qui passent par-dessus, par-dessous, ou à côté. Qu'est-ce que la violence, si ce n'est la force qu'on emploie mal, la force qui ne voit plus clair, qui ne dirige plus ses coups, force perdue par conséquent?

Non, la violence n'ajoute rien à la force, la force sans la violence peut seule accomplir tout ce qui constitue la vraie puissance. Son champ est immense, le juste est aussi vaste que l'injuste, la force a toujours et partout suffi à ce qui a été équitable, grand et même terrible.

Tacite, Juvénal, Dante, sont violents, direz-vous? Non, ils sont forts ; car ils sont dans le vrai. Rien de ce qui est vrai n'est violent. Jérémie appelle Achab un fumier, il a raison. David appelle Babylone une prostituée, il a raison. Si Babylone est une prostituée, comment voulez-vous qu'il l'appelle ?

La violence n'est point une affaire de simple apparence ; si elle a les mêmes allures, les mêmes armes que la force, elle n'en fait point le même usage.

Le Christ un jour s'arma d'une verge, il chassa les vendeurs du temple, et il frappait *de toutes ses forces*, dit saint Chyrsostôme. La verge était-elle violente ? non ; la verge n'est qu'un fait, ce n'est qu'un instrument. Forte dans la main du Christ contre les vendeurs, elle eût été violente dans sa main même si, confondant, contre son divin précepte, l'ivraie avec le bon grain, il eût chassé du temple ceux qui y priaient en même temps que ceux qui le souillaient.

Direz-vous que c'était la passion qui animait le Christ ?

Non. La passion aveugle n'eût pas choisi. C'était l'amour, c'était la justice, exempte de passions toujours. La passion humaine eût dit : Tue, extermine les coupables ; l'amour humain se fût borné à dire ; Amende-les et pardonne-leur, l'amour divin dit davantage encore, car il dit : Rachète leurs fautes par ta mort même. Oui, le Christ a chassé les vendeurs du temple, mais il ne les a pas tués, et il est mort pour leurs péchés, — comme pour les nôtres, chère lectrice.

BRUXELLES, 1852.

TROISIÈME PARTIE.

DES LIVRES A L'USAGE DES ENFANTS.

La Fontaine, en dédiant au dauphin fils de Louis XIV, le recueil de ses *Fables*, lui écrivait :

« C'est un entretien convenable à vos jeunes années. Vous êtes en un âge où l'amusement et les jeux sont permis aux princes ; mais en même temps vous devez donner quelques-unes de vos pensées à des réflexions sérieuses. Tout cela se rencontre aux fables que nous devons à Esope. L'apparence en est puérile, je le confesse ; mais ces puérilités servent d'enveloppe à des vérités importantes. »

Qu'il me soit permis d'ajouter une seule réflexion aux paroles de La Fontaine, de cet esprit si simple et si grand. Quand on écrit pour les enfants, c'est le cas, sans doute, ou jamais, d'amuser les lecteurs pour les instruire, et de « les amuser en exerçant leur imagination au profit de leur cœur, » comme le définit très-bien Stahl, dans le prologue de *Tom Pouce* ; cependant je ne pense pas qu'il faille leur dissimuler le but sérieux. Assurément il faut les allécher par le plaisir ; mais on ne doit pas craindre de leur montrer le devoir.

Écoutez comment ce bon et gracieux esprit, qui, de son vrai nom, s'appelle Hetzel, a résumé, dans une notice sur Florian et ses *Fables*, publiée il y a dix ans en tête de l'édition illustrée par Granville, les qualités nécessaires aux livres d'enfants :

« Parmi beaucoup d'autres préjugés, il y a en France un préjugé fatal à la jeunesse. Ce préjugé consiste à croire que, pour convenir aux enfants, un livre doit être fait dans des conditions telles que l'âge mûr n'y puisse trouver son compte.

Ceci conduirait tout simplement à dire qu'un homme de talent ne saurait se faire comprendre des enfants sans cesser d'être un homme de talent, sans se rapetisser, et que les livres qui se font aimer des enfants ne sauraient être que des livres médiocres.

« C'est calomnier à la fois les enfants et les livres qu'ils goûtent. Leur esprit est une terre féconde dans laquelle pas une semence ne se perd ; ce qui importe, c'est qu'il n'y soit semé que de bon grain. Et, dans ce qui est du ressort de l'imagination, on pourrait écrire un livre que les plus forts esprits pussent regarder comme un chef-d'œuvre, et qui pourtant, par la seule vertu de sa pureté, pût mériter d'être mis surtout entre les mains de la jeunesse.

« L'auteur de *Paul et Virginie* l'a prouvé. Florian, par ses *Fables* et dans un ordre différent, a prouvé à son tour que ce qui convenait à la maturité pouvait convenir aussi au premier âge.

« Ce qu'il faut, pour qu'un livre convienne à la jeunesse, c'est d'abord qu'il soit simple ; la simplicité, cette première condition des belles œuvres, est précisément ce qui convient à l'enfance ; c'est ensuite que, dans ce livre, il n'y ait point de confusion entre le bien et le mal, et que l'un y soit séparé de l'autre assez scrupuleusement pour qu'un méchant esprit n'y puisse trouver sa justification.

« Or, pour faire un tel livre, il faut être à la fois et un grand esprit et surtout un très-honnête homme. Et c'est précisément parce que la réunion de ces deux conditions est essentielle, que les livres qui peuvent instruire tous les âges et plaire à tous les âges sans en blesser aucun, que les bons livres enfin sont extrêmement rares.

« M. de Bonald a écrit avec beaucoup de vérité « qu'en morale il n'y avait point de petites choses. » C'est surtout lorsqu'il s'agit des enfants que cette parole devient une vérité incontestable : pour nous un livre véritablement bon serait donc celui-là seulement dans lequel l'auteur, écrivain du cœur et de talent tout ensemble, aurait si minutieusement respecté la morale qu'une conscience coupable n'en pût en quelque sorte supporter la lecture, ou ne pût au moins le lire sans remords... »

J'ai tenu à citer tout au long les paroles excellentes de ce charmant et honnête esprit, qui réunit si bien en lui toutes les qualités qu'il demande, et qui a su en faire un si bon emploi dans la *curieuse Histoire de Tom Pouce*.

Cette histoire est très-courte, c'est une qualité ; les enfants ne lisent pas vite et par conséquent ne lisent pas beaucoup, ils ne peuvent embrasser et concevoir qu'un sujet de peu d'étendue. C'est ce qu'a très bien compris Hetzel, en écrivant ce petit conte pour ses enfants Jules et Marie, après le leur avoir raconté. S'il est très-court, il est aussi très-amusant, et plein, comme le voulait La Fontaine, *de nouveauté et de gaîté*. « Je n'appelle pas gaîté, dit-il dans la Préface de ses *Fables*, ce qui excite le rire, mais un certain charme, un air agréable, qu'on peut donner à toutes sortes de sujets, mêmes les plus sérieux. »

Cette sorte de gaîté se trouve partout dans les *nouvelles et seules véritables aventures de Tom Pouce*. Ne croyez pas que ce Tom Pouce soit le petit nain très-laid, qui se fit voir pour de l'argent il y a quelques années ; non, c'est un Tom Pouce très-joli et très-généreux, un Tom Pouce comme vous n'en avez jamais vu.

Il n'était pas plus grand que le doigt. Sa première couchette fut faite « d'un sabot neuf, au fond duquel on avait mis un peu de ouate bien douce et bien chaude, pour qu'il pût y dormir tout à son aise. » Naturellement ce tout petit Tom avait une toute petite voix ; mais « sa mère distinguait aussi bien chacune de ses paroles que s'il eût eu une voix de tonnerre ; et d'ailleurs, à force de s'aimer, ils s'entendaient tous deux à ce point, qu'ils n'avaient pas besoin de parler pour se comprendre, et qu'il leur suffisait de se regarder. »

Voilà de ces traits de sentiment et de grâce qui se rencontrent à chaque page dans ce livre aimable.

Ainsi encore, lorsque Tom, fêté par le roi pour sa gentillesse, mais retenu à la cour plus longtemps qu'il ne veut, regrette la cabane de ses parents, il leur écrit cette petite lettre :

« Mon cher papa et ma chère maman, j'ai ici tout ce qu'il me faut et au-delà : je ne bois que des limonades, je ne mange que de la crème à la vanille, j'ai des gâteaux à profusion, mais je donnerais tout cela pour une seule goutte du lait de notre vache. »

Et comment s'empêcher de pleurer, lorsque le petit Tom monte sur la tour, « et là, les yeux fixés sur la route qui menait dans son pays, il regardait s'il n'apercevait pas de loin le jupon rouge de sa mère, ou le chapeau à trois cornes de son père, mais il ne vit rien. »

Tom était aussi intelligent qu'il était bon. Vous venez de voir qu'il savait écrire, et écrire le mieux du monde. « Quant à ce qui est de compter, on peut dire qu'aucun enfant ne comptait mieux que lui : il savait ses quatre règles, et s'il en eût eu plus de quatre à apprendre, il les eût apprises également. »

C'est là cette gaîté dont parle La Fontaine, cet enjouement, cette fine plaisanterie, ce sourire presque imperceptible. — Vous lisez dans un autre endroit : « Quand le roi, en levant la tête, vit le danger que courait son petit favori, il ne put que s'écrier : « Ah ! mon Dieu ! » tant il en ressentit de peine. »

Ce n'est pas un conteur sceptique que l'historien de *Tom Pouce*. Il a lui-même les naïfs étonnements des enfants pour lesquels il conte, il a leur bon cœur, leur sensibilité, leur émotion facile et sincère, leur rire mêlé de larmes. Quelle ravissante scène que celle du retour de Tom chez ses parents, après une si longue séparation !... Mais je ne puis tout citer.

L'auteur de *Tom Pouce*, outre les qualités de l'auteur du *Petit Poucet*, a les siennes à lui, et celles de notre siècle, — l'imprévu de la fantaisie et la grâce humoristique.

Si vous me reprochiez de vous avoir arrêtés à des puérilités, je vous rappellerais les deux vers par lesquels le bon La Fontaine rendait hommage au bon Perrault :

Si *Peau d'Ane* m'était conté,
J'y prendais un plaisir extrême.

Et, puisqu'on ne peut se lasser de le citer comme la loi et les prophètes en un pareil sujet, il y aurait encore lieu d'inviter les faiseurs d'objections contre les fables et les contes de fées, à méditer ces deux lignes de sa *Préface* : « Comme les enfants sont nouveaux venus dans le monde, ils n'en connaissent pas encore les habitants, ils ne se connaissent pas eux-mêmes. »

Par conséquent, dirai-je, pour ces esprits qui sont avant la vie sociale, la réalité n'est pas la même que pour nous. La réalité, pour les enfants, est hors de ce monde où ils n'ont pas encore posé leurs petits pieds. Les yeux de leur esprit, comme ceux de leur corps, ne sentent ni la distance ni la forme des objets, avant que le toucher ait instruit la vue. Ils ne connaissent point la réalité d'ici bas avant d'avoir été en contact avec elle. Et de là vient que l'imagination du conteur peut se donner carrière dans le merveilleux sans les étonner : car le merveilleux, pour les enfants, est plus réel que ce que nous appelons la réalité. Leur bonne foi accepte tout. S'ils disent souvent *pourquoi*, ce n'est pas qu'ils doutent de ce qu'on leur dit ; car la première explication venue les contente. Non, le doute est chose inconnue à ces esprits à peine éclos, qui ont plutôt des sensations comme les fleurs, que des idées comme les hommes. Tout se reflète simplement dans la grande limpidité de leur âme que rien n'a ternie. Ainsi pour eux tout est naturel, et principalement le surnaturel.

Aussi, par cette raison et par d'autres encore, les féeries et les contes imaginaires leurs sont-ils meilleurs que les récits qu'on tirerait par exemple de l'histoire. J.-J. Rousseau qui se montre un peu bien sévère pour les fables de La Fontaine, a raison du moins lorsqu'il dit que l'histoire n'est pas à la portée des enfants. On se rappelle l'anecdote d'Alexandre et du médecin Philippe que l'auteur d'*Emile* cite en exemple à ce propos. Il se trouve à la campagne avec un enfant à qui son pédagogue avait fort vanté l'intrépidité d'Alexandre vidant la coupe ; l'enfant admire plus que personne cette intrépidité, « mais savez-vous où il la voyait ? dit Rousseau ; uniquement dans le courage d'avaler d'un seul trait, un breuvage de mauvais goût, sans hésiter, sans marquer la moindre répugnance. Le pauvre enfant, à qui on avait fait prendre médecine, il n'y avait pas quinze jours, et qui ne l'avait prise qu'avec une peine infinie, en avait encore le déboire à la bouche. »

Ajoutez que l'étude de l'histoire, que les enfants ne pourraient embrasser dans son ensemble, ni même par périodes assez étendues, ne servirait qu'à ébranler dans leur âme cette croyance que le mal porte peine, comme le bien porte fruit. Car, comme les événements ne s'enchaînent quelquefois que de loin, le lien qui les unit échapperait souvent à leur vue, comme il échappe même à la vue de quelques hommes, et peut-être admettraient-ils dans leur esprit cette croyance funeste, que le droit peut avoir tort et que l'injustice peut avoir raison définitivement.

Les récits non réels leur sont donc à la fois plus croyables, plus intelligibles et plus profitables. Après tout, ces fées, ces princesses, ces bons petits garçons secourant ces pauvres vieillards, qu'est-ce autre chose que des formes vivantes de la bonté, de la beauté, de la charité ? qu'est-ce autre chose que la morale dans sa grâce native, et non avec ce visage triste que lui ont donné des sophistes qui n'y croyaient pas ?

Dites-donc avec moi : Vive le merveilleux ! Vive les contes de fées ! Vive les fables ! Vive les *Tom Pouce* ! lorsqu'ils enseignent aux enfants et à nous, de la manière la plus attrayante et la plus aimable, le devoir, le travail, la fraternité, non-seulement des hommes entre eux, mais des animaux avec l'homme, sous l'œil de Dieu, leur créateur! Vivent les beaux petits livres, lorsqu'ils sont écrits d'une plume chaste autant que légère. Ce ne sera pas sans profit ni sans plaisir que les hommes eux-mêmes liront quelquefois ces livres d'enfants : ils y rafraîchiront leur esprit, ils y réchaufferont leur cœur.

Pour moi, j'applaudis des deux mains à cette utile et difficile entreprise. Oui, difficile autant qu'utile! on ne saurait trop le répéter. Car, pour écrire de pareils livres, il ne suffit pas d'avoir beaucoup d'esprit et beaucoup de talent ; il faut avoir encore beaucoup de bon sens, et de bon goût, et de bon cœur. Il faut, de plus, aimer les enfants ; je ne dis pas les souffrir, je dis les aimer : trouver plaisir à être avec eux, à les regarder, à les amuser; être heureux de leur rire, se sentir le cœur épanoui de leur joie, et seulement de leur visage !

> Il est si beau l'enfant, avec son doux sourire,
> Sa douce bonne foi, sa voix qui veut tout dire,
> Ses pleurs vite apaisés !
> Laissant errer sa vue étonnée et ravie,
> Offrant de toutes parts sa jeune âme à la vie,
> Et sa bouche aux baisers !

J'ajoute enfin que ce n'est rien encore d'aimer les enfants, et qu'il faut en avoir, et en avoir plutôt deux qu'un, plutôt trois que deux. Sans cela, tenez pour certain que vous n'écrirez rien de bon, ni pour eux, ni pour nous, ni pour vous, ni pour personne.

Voici, en attendant, si vous la voulez, une petite fable inédite, à l'usage des vôtres, et de ceux que je compte bien avoir un jour :

Les gâteaux.

> Un beau petit garçon, un jour avec sa mère,
> Chez un bon pâtissier se bourrait de gâteaux,
> Lorsqu'il vit dans la rue, à travers les carreaux,
> Un petit ramoneur accablé de misère,
> Pâle, affamé, suivant de l'œil les bons morceaux
> Que la mère et l'enfant avalaient par monceaux.

Le beau petit garçon, à cette triste vue,
S'arrête tout à coup, et d'une voix émue :
« Maman, dit-il, vois donc ce petit malheureux,
Il a froid, il a faim, il regarde nos miettes :
Veux-tu que je lui porte un massepain ou deux
      Avec une ou deux tartelettes ?
— Bien ! mon fils, dit la mère : et j'y joins ce baiser,
      Pour qu'il ne puisse refuser.
Ce petit ramoneur dont tu vois la misère,
      Devant le bon Dieu, c'est ton frère.
      Donne, donne, mon cher petit,
      Celui qui donne s'enrichit.

              ÉMILE DESCHANEL.

AVENTURES
DE TOM POUCE.

PROLOGUE.

Octave faisait un bruit d'enfer. Il voulait absolument faire d'Emmanuel son cheval; Emmanuel s'y refusait: « J'aime mieux jouer à la diligence, s'écriait-il, et que tu sois le cheval. »

Grande bataille.

La petite Marie, assise dans un fauteuil, lisait, — à rebours, — un volume des contes des fées, et bavardait avec le petit chaperon rouge. Fanny offrait un bonbon à sa poupée. Georgette jouait toute seule, mais tout haut, à la madame. Berthe sautait à la corde. Le petit Charles soufflait dans une trompette.

« Taisez-vous, taisez vous, s'écria leur grand'maman, poussée à bout, ou je sonne votre bonne et dans un quart d'heure vous serez tous au lit... »

Grand silence.

Emmanuel respire. Octave s'essuie le front. Marie se

contente de parler par signes. La poupée ayant refusé le bonbon, Fanny le mange. Georgette réfléchit. Berthe se couche sur le tapis. Le petit Charles s'arrête tout court. Et Octave, s'approchant alors de sa grand'maman : « Grand'maman, dit-il, si tu veux nous raconter une belle histoire, je suis sûr que nous serons tous bien sages. »

— Oui, oui, s'écria toute la bande, bien sages.

— Je le veux bien, » dit la bonne mère avec résignation ; et voici ce qu'elle leur raconta, non sans l'avoir fait précéder toutefois de l'indispensable préambule qu'on met en tête de tous les contes :

« Mes enfants, c'est encore, à l'heure qu'il est, une grande question de savoir s'il y avait véritablement autrefois des fées, des enchanteurs et des génies. Il paraît à peu près certain qu'il n'y en avait pas, et que toutes les belles choses qu'on en a dites ont été inventées pour amuser des enfants comme vous. Mais ce qui ne fait pas de doute, malheureusement, c'est qu'aujourd'hui il n'y en a plus. Aussi la mode des fées a-t-elle un peu passé, et au lieu de ces jolis contes qu'on vous contait si bien, ne vous fait-on plus guère que de vilaines histoires qu'on vous conte assez mal et qui vous ennuient très-fort.

« Pour moi, qui suis presque aussi vieille et aussi passée que les fées, j'aime les fées et leurs histoires merveilleuses. Je les trouve parfaites pour les petits enfants comme vous et plus faciles à comprendre, et plus utiles à entendre, n'en déplaise à quelques jeunes dames (pour lesquelles Perrault, mesdames d'Aulnoy, le Prince de Beaumont et autres ont eu tort d'exister probablement), que toutes les dangereuses vérités qu'on vous débite. Vous êtes si petits, que je n'entreprendrai point de vous parler comme si vous étiez grands. Mon lot est de vous amuser en exerçant votre imagination au profit de votre cœur. Il sera toujours bien assez temps de s'adresser à votre raison quand vous serez en âge d'en avoir.

« Il ne faut pas demander des fruits à un jeune arbre, mais bien des fleurs seulement. Je suis trop vieille pour tomber dans une erreur comme celle-là. Aussi est-ce tout bonnement un conte des fées, — *les Nouvelles et seules véritables aventures de Tom Pouce,* que je vais vous raconter.

— « L'histoire de ce héros nous est venue jadis d'Angleterre, mais tellement défigurée et si injurieuse pour lui, et d'un si fâcheux exemple, que j'ai cru devoir la refaire à peu près tout entière pour votre usage, mes chers enfants, et sur les documents les plus authentiques.

« Vous n'apprendrez pas dans ce petit livre, j'en ai bien peur, tout ce que vous aurez à savoir un jour ; mais vous y rencontrerez, à l'occasion, quelques-unes de ces leçons dont, entre nous soit dit, vous avez bien besoin quelquefois, mes chers petits. »

AVENTURES DE TOM POUCE

I

OU IL EST QUESTION DES PARENTS DE TOM POUCE.

Il était une fois, sous le règne du roi Arthur, une brave femme qui était très-charitable, et qui avait d'autant plus de mérite à l'être qu'elle était pauvre.

Pour toute fortune, elle possédait un champ qui n'était guère grand, et une vache. Mais son mari, qui était un brave homme, comme elle, était une brave femme, remuait si bien le champ et le labourait avec tant d'ardeur; et, d'un autre côté, le lait de la vache était toujours si bon, qu'ils vivaient contents ou à peu près dans leur petite demeure. J'ai dit *à peu près*, parce qu'il leur manquait en effet, comme à bien d'autres, quelque chose pour être heureux tout à fait. « Pour qui travaillons-nous, se disaient-ils, et à qui reviendra notre cabane?

« Qu'est-ce qui labourera notre champ quand nous serons vieux ? s'écriait quelquefois le mari. Qu'est-ce qui portera à la ville le lait de la vache ? disait la femme à son tour. Il nous faudrait un enfant ! » s'écriaient-ils tous deux ! Et comme il est toujours bon d'espérer : « Attendons, reprenaient-ils, et espérons. »

II

L'ENCHANTEUR.

Un matin, dès l'aurore, l'enchanteur Merlin (c'était alors le beau temps des enchanteurs), un matin, dis-je, l'enchanteur Merlin, voulant sans doute mettre à l'épreuve la bonté de ces braves gens, s'en vint déguisé en mendiant frapper à leur porte et y demander l'aumône. La pauvre femme, qui était seule, parce que son mari était déjà dans le champ, le fit entrer pour qu'il pût se reposer, et lui donna pour se refaire tout ce qu'elle possédait, c'est-à-dire du pain noir et du lait; mais elle le fit de si bonne grâce, et la nappe sur laquelle tout cela était servi était si blanche, que le grand Merlin assura qu'il n'avait, de sa vie, fait un meilleur repas, et que pour la récompenser il se fit connaître d'elle, promettant de lui accorder tout ce qu'elle pourrait souhaiter.

« Monsieur l'enchanteur, dit la bonne femme tout émue, j'ai un bon mari, j'ai un champ ensemencé, j'ai aussi une vache et la cabane où vous êtes, mais je n'ai point d'enfant. Ah! si j'avais un enfant! » dit-elle; et elle ajouta en pleurant : « Oui, un enfant ferait notre bonheur, ne fût-il pas plus grand que mon doigt...

— Mon Dieu oui, » dit le mari, qui était revenu sur ces entrefaites.

Cette demande réjouit fort le grand Merlin, qui ayant bien regardé, sans en avoir l'air, le doigt de la pauvre femme, la quitta en lui disant qu'il ne fallait désespérer de rien, et avec l'idée de la satisfaire.

III

LA REINE DES FÉES.

Mais comme le pouvoir des enchanteurs n'allait pas jusqu'à créer, Merlin résolut de se faire aider dans cette circonstance par la reine des fées ; s'étant donc mis en route à travers les airs, il se rendit chez elle et lui exposa, après les compliments d'usage, les motifs de sa visite.

La reine des fées, qui était naturellement très-obligeante, ne se fit pas prier, quoique, dit-elle, il fût aussi difficile, en matière de création, de créer un petit enfant qu'un gros ; et dans l'année, la pauvre paysanne eut un fils, mais si petit, si petit, que quand on l'eut mesuré, on trouva qu'il n'était pas plus grand en tout que le pouce de sa mère.

« Bah ! bah ! disait le père aux voisins émerveillés, il grandira. »

Le nouveau-né, du reste, était si gentil et si bien pris dans sa petite taille, que les connaisseuses étaient obligées d'avouer que c'était une perfection. Il était aussi tellement vif et si remuant, qu'on avait toutes les peines du monde à le contenir dans sa couchette qui avait été faite, dans le premier moment, d'un sabot neuf au fond duquel on avait mis un peu de ouate bien douce et bien chaude, pour qu'il pût dormir tout à son aise.

IV

POURQUOI TOM POUCE S'APPELAIT TOM POUCE.

Il fallut lui donner un nom. Pour ne pas laisser son

œuvre imparfaite, la reine des fées voulut être sa marraine ; elle vola donc vers la cabane où reposait son nouveau protégé, et le nomma de son premier nom Tommy, dont on fit Tom par abréviation, et du second, Pouce, en raison de la petitesse de sa taille et en mémoire du souhait de sa mère.

Après l'avoir nommé, elle le doua de tous les dons précieux qui faisaient que les enfants nés au temps des fées n'avaient qu'à le vouloir pour être des enfants accomplis ; malheureusement, alors comme aujourd'hui, ils ne le voulaient pas toujours.

Pendant la cérémonie, d'autres fées, sur son ordre lui préparèrent une toilette appropriée à sa taille. La chose fut bientôt faite ; pour chemise, il eut (on l'assure, du moins) une toile d'araignée, et pour habit les deux ailes d'un brillant scarabée, qui consentit à s'en défaire quand il sut à qui on les destinait ; on découpa ses culottes dans une cosse de pois, ses bas dans la pelure d'une pomme ; ses souliers furent faits avec une peau de souris tannée, le poil en dedans ; pour coiffure enfin, d'une feuille de chêne, on lui arrangea une jolie casquette qui lui allait à ravir, et, par-dessus tout cela on lui passa une petite jaquette que sa marraine lui avait fait filer par le plus habile de ses vers à soie.

Le reste de son trousseau se composait de deux jolies cravates qui étaient si délicates, qu'elles auraient passé à travers le trou d'une aiguille, de quatre mouchoirs brodés à tous les coins, et d'un ravissant petit bonnet de coton.

La reine des fées lui fit en outre des cadeaux magnifiques qu'elle tira d'une cassette que son nain avait toujours sous le bras et en cela, toute reine des fées qu'elle était, j'oserai dire qu'elle pouvait bien avoir tort, car elle risquait de donner à Tommy, qui était pauvre, le goût des richesses, un des goûts le plus dangereux qu'on puisse avoir quand on n'a rien pour le satisfaire. Toujours est-il qu'elle lui donna, pour remplacer le sabot dans lequel elle l'avait trouvé couché, un berceau fait avec la coquille d'un œuf qui provenait de cette poule qui ne pondait que des œufs d'or. Les rideaux étaient tissus de fils de soie entremêlés de fils d'argent, et parsemés d'étoiles de diamants qui dessinaient, en caractères lisibles, l'histoire de tous les enfants célèbres depuis le commencement du monde. Des mies et des berceuses étaient occupées du soir au matin, et du matin au soir, à bercer le petit Pouce, et des colibris perchés sur le baldaquin faisaient entendre, pour l'endormir, des chansons dont voici à peu près le sens :

>   Do do
>   L'enfant do,
>   L'enfant dormira
>   Tantôt.

Mais celles-ci avaient beau bercer, et ceux-là avaient beau chanter, le petit Tom, que toutes ces cérémonies impatientaient, ne dormait guère dans son riche berceau et, ce qui prouva bien qu'il devait être un jour un garçon de sens, c'est qu'il semblait préférer le sabot dans lequel on l'avait mis avant l'arrivée de la fée sa marraine, et qu'il ne s'endormait guère que quand on l'y couchait. Il s'ensuivit que petit à petit le beau berceau fut relégué dans une armoire où il resta comme une curiosité.

Quant aux berceuses, voyant qu'elles n'avaient plus rien à bercer, elles s'en allèrent ; et quant aux colibris, ils disparurent à la grande satisfaction du père et de la mère de Tommy, dont les goûts simples s'accommodaient mal de ces colifichets.

Ce fut donc dans ce sabot que Tom grandit, ou plutôt qu'il ne grandit pas. Mais si sa taille resta la même, son intelligence fut si précoce, que ses parents ne souhaitèrent jamais qu'il fût plus grand.

Sa mère guida ses premiers pas, et elle le fit avec tant d'habileté, que bientôt Tom put marcher tout seul, et qu'il n'usa pas beaucoup de lisières.

V

VIE PRIVÉE DE TOM POUCE.

Rien n'était si agréable que de voir le petit Tommy chez lui, au milieu de tous les ustensiles qui servaient à ses usages journaliers. Sa maman lui avait acheté, chez un prédécesseur de Giroux, un beau ménage de 25 sous (dans ce temps-là, les ménages étaient encore à bon marché), et tout ce qui n'était pour les autres enfants qu'un joujou étant proportionné à sa taille, Tom se trouvait avoir pour table, pour verres et pour assiettes, les tables, les verres et les assiettes avec lesquels les autres enfants font d'ordinaire la dînette, quand ils n'ont à dîner que leur poupée. Pour tout dire, quoique Tommy eût bon appétit, il mettait six jours à manger un macaron, car c'était pour lui comme un pain de quatre livres pour un autre. Son fauteuil était une chose extrêmement curieuse; son père qui était fort adroit, l'avait fait lui-même avec des arêtes de poisson, et au lieu de paille il avait été obligé d'arracher, pour le couvrir, plusieurs cheveux à sa femme qui les avait fort beaux. Le reste était à l'avenant.

VI

ENFANCE DE TOM POUCE. — IL SAIT LIRE, ÉCRIRE, COMPTER ET DESSINER.

L'enfance de Tommy fut, assurément, le temps le plus heureux de sa vie ; comme il était presque impossible d'avoir meilleur cœur qu'il ne l'avait, sa mère avait rarement occasion de le gronder, encore était-ce bien doucement, et n'eut-elle jamais besoin de se servir contre lui ni du martinet ni de la verge, qu'il ne connaissait même pas de nom, et qui font tant de peur aux méchants petits garçons. Il apprit à lire en moins de rien, dans un joli livre que lui avait laissé sa marraine. Ce livre s'appelait le *Livre des petits Enfants,* et était rempli d'histoires qui étaient toutes plus jolies les unes que les autres, et d'images qui ne le cédaient en rien aux histoires. Tom y trouva aussi des fables qu'il apprit en un clin d'œil, et qu'il récitait à merveille et dès qu'on l'en priait.

A peine savait-il lire, qu'il demanda une plume et du papier, et se mit à écrire un beau compliment pour sa maman. Le plus difficile avait été de lui trouver une plume assez petite pour qu'il pût s'en servir, mais à la fin on en était venu à bout.

Son écriture était fine et déliée, ses lignes bien droites, et peu à peu il en vint presque à savoir aussi l'orthographe : « Je ne serai pas grand, disait-il parfois, mais je serai savant. »

VII

LA VOIX DE TOM POUCE.

Quand il sut écrire tout à fait, le goût des arts, et surtout le goût du dessin, se développa en lui; il composait déjà de fort jolies petites vignettes à un âge où les plus habiles ne font encore que des nez, des bouches et des oreilles.

C'était merveille que de voir les ravissants petits dessins qui couvraient ses cahiers. Il fit, après six mois de leçons, le portrait de son père et celui de sa mère d'une ressemblance si frappante, que, quoique ce fussent, on le pense bien, des portraits extrêmement petits, ceux qui avaient de bons yeux ne pouvaient les regarder sans s'écrier tout de suite en voyant celui du père : « C'est M. Pouce; » et en voyant celui de la mère : « C'est en vérité madame Pouce. » Car il faut dire que, contrairement à ce qui se pratique de nos jours, le père et la mère de Pouce avaient fini par prendre le nom de leur fils.

Quant à ce qui est de compter, on peut dire qu'aucun enfant ne comptait mieux que lui; il savait ses quatre règles, et s'il y en avait eu plus de quatre à apprendre, il les eût apprises également.

Dans ses heures de récréation, il suivait quelquefois son père dans les champs, et là, armé d'un petit fouet, il défendait son déjeuner contre les moineaux, auxquels le pain ne manquait pas de faire envie. Mais, par exemple, dans les moments où il faisait du vent, on était obligé de l'attacher avec un fil à la tige d'un chardon, pour qu'il ne fût pas emporté, et il s'y reposait à l'abri des plus grosses tempêtes.

Quand il jouait, c'était à des jeux dont le pauvre petit était pour ainsi dire l'inventeur, et il le fallait bien, les jeux des autres enfants étant pour lui jeux de géants.

Il s'était fabriqué à lui-même une petite charrue semblable en tout à celle de son père et qui marchait toute seule, et il s'en servait si bien pour labourer son jardin, qui se composait d'un pot à fleurs dans lequel son père avait mis de la fine terre de bruyère, que les petites graines qu'il y semait y poussaient toutes à merveille.

Aussi, M. Pouce disait-il avec fierté : « C'est égal, si ce petit-là avait été plus grand, il serait devenu le meilleur jardinier de la contrée. »

Tous les matins, au temps des fleurs, Tom en offrait une, la plus belle éclose, à sa maman, qui l'embrassait en pleurant de joie de le voir si prévenant.

Et quand il y en avait assez, le charmant enfant tressait deux petites couronnes qu'il accrochait au-dessus des deux portraits de ses parents.

Je n'ai pas encore parlé de la voix de Tom ; aussi est-il bien temps que je dise que cette voix était la plus aimable et la plus flatteuse qu'on pût entendre, mais si faible, si faible, qu'il fallait y être bien habitué, ou avoir l'oreille aux aguets pour ne rien perdre de ce qu'il disait.

Sa mère, par exemple, distinguait aussi bien chacune de ses paroles que s'il eût eu une voix de tonnerre ; et d'ailleurs, à force de s'aimer, ils s'entendaient tous deux à ce point qu'ils n'avaient pas besoin de parler pour se comprendre, et qu'il leur suffisait de se regarder.

La faiblesse de la voix de Tom avait pour résultat qu'il parlait rarement, car s'il avait parlé davantage, il se serait nécessairement fatigué la poitrine.

Mais ceci même eut un avantage pour lui ; car, parlant peu, il écouta beaucoup, et acquit ainsi une foule de connaissances utiles, qui échappent nécessairement à celui qui ne fait que bavarder.

VIII

LES OREILLES DE TOM POUCE ET LES COLIMAÇONS.

Chose surprenante, Tommy avait l'oreille si subtile et si délicate, qu'il en vint à entendre parler des êtres que nous autres, avec nos grandes oreilles, nous croyons tout à fait dépourvus de l'usage de la parole.

Un jour Tom demanda à son père si les colimaçons parlaient ; son père n'hésita pas à lui répondre que les colimaçons ne parlaient pas. « Je crois pourtant qu'ils parlent, dit Tom, en demandant pardon à son père de n'être point de son avis, et je le crois parce que ce matin même j'en ai entendu deux tout au bas de la porte qui se parlaient entre eux.

— Et comment as-tu fait pour les entendre ? dit M. Pouce, en riant dans sa barbe.

— Ma foi, dit Tom, je ne songeais guère à surprendre leur secret. Je m'étais mis, pour être à l'ombre, dans une coquille abandonnée ; ils vinrent à côté de moi sans se douter de rien, puis ils se mirent à parler, et je les ai entendus.

— Et que se disaient-ils? dit M. Pouce, riant encore plus fort.

— Celui qui était le plus près de moi, répondit le petit Pouce, disait : « Il y a là-bas dans le jardin de M. Tom père deux abricots superbes qui ont l'air d'être mûrs et bons à manger. — Est-ce loin ? dit l'autre. — Non, répondit la première voix. Quand donc le soleil sera couché et que la nuit sera venue, nous sortirons de notre trou, et nous ferons un fameux souper. — Et celui qui nous le payera, ce sera M. Pouce père, » reprit la seconde voix.

— Les brigands ! s'écria M. Pouce indigné. Mais bah ! dit-il, c'est un conte que tu me fais là.

— Ce n'est pas un conte, dit le petit Pouce en engageant son père à guetter les deux colimaçons.

— Pardieu ? reprit le père, si tu pouvais entendre le langage des bêtes, tu aurais là un singulier talent.

Mais qui fut bien étonné quand le soir fut venu ? ce fut M. Pouce, qui, s'étant mis en embuscade, surprit bientôt les deux voleurs, qu'il prit, comme on dit, en flagrant délit. Les deux abricots étaient déjà entamés.

Et qui fut bien attrapé ? ce furent les deux colimaçons qui payèrent de leur vie leur gourmandise, et qui, de plus, ne surent jamais comment on avait pu déjouer leur complot.

Une autre fois, il entendit pendant la nuit, comme un bruit de scie ; il réveilla aussitôt sa maman. C'étaient les vers qui s'étaient mis dans le sac aux noisettes, et il y en avait déjà beaucoup de trouées ; grâce à Tom, celles qui ne l'étaient pas encore furent préservées. Mais en voilà plus qu'il n'en faut pour montrer que Tom avait des oreilles surprenantes.

IX

L'ÉPÉE DE TOM POUCE.

Nous avons oublié de dire que Pouce avait une épée ; cette épée était faite de la moitié d'une petite aiguille à coudre que sa marraine avait fait aiguiser et damasquiner à son intention, prévoyant bien qu'étant faible comme il l'était, il aurait souvent à se mettre en défense. Tom ne quittait jamais cette épée ; il couchait même avec elle, car il avait des ennemis auxquels des enfants d'une taille ordinaire sont rarement exposés. Une puce était pour lui un animal véritablement féroce, une araignée était un monstre redoutable, et quand il lui arrivait de rencontrer l'une ou l'autre, le pauvre Tom n'en était pas toujours quitte pour une piqûre ; et tout ce qu'il pouvait faire, c'était de tenir en respect son ennemi, jusqu'à ce que sa bonne mère vînt à son secours.

Un jour que Tom, après toute une matinée passée à sarcler son petit jardin, à ratisser les allées, à arroser une plate-bande de pâquerettes qu'il venait de semer, et à faire la guerre aux insectes, se reposait sur le bord d'un frais ruisseau sous une feuille qui le couvrait presque tout entier comme un immense parasol, il se sentit tout d'un coup piqué à la main ; il se leva, plein de colère, et n'apercevant autour de lui qu'un papillon de l'espèce qu'on nomme amiral, il crut que c'était là l'ennemi qui avait lâchement profité de son sommeil pour venir le blesser. Ayant donc dégainé, il leva sa formidable épée sur le malheureux papillon : c'en était fait du bel insecte, quand Tom, dont la colère commençait à se calmer, réfléchit qu'un papillon n'ayant point de dard, ce n'était point le papillon qui avait pu le piquer, et qu'il allait peut-être faire périr un innocent à la place d'un coupable. Ayant donc fait de plus actives recherches, regardé autour de lui, en bas et en haut, et passé successivement en revue tous les buissons, il découvrit, bourdonnant dans une épaisse touffe d'herbes, trois guêpes monstrueuses.

Si c'eût été des abeilles, Tom leur aurait peut-être pardonné ; car enfin, si les abeilles piquent, en revanche elles sont bonnes à quelque chose, et le miel qu'elles fabriquent est bien fait pour plaider en leur faveur. Mais des guêpes, des êtres inutiles et malfaisants, c'était débarrasser la terre d'un fléau. Tom les attaqua bravement, et les ayant vaincues toutes trois, l'une après l'autre, et mises à mort, il les emporta chez lui comme un trophée de sa victoire.

Ce que nous en disons, c'est pour prouver que Tom était brave, et que dans son petit cœur il y avait un grand courage. La taille ne fait pas le héros, et il y a eu de par le monde de fort grands hommes qui n'avaient pas plus de quatre ou cinq pieds; on a vu très-peu de tambours-majors devenir colonels, et pour tout dire, l'histoire de David et de Goliath est une vieille histoire qui prouve du reste ce que je viens d'avancer.

X

OU IL EST QUESTION DES DÉFAUTS DE TOM POUCE, ET SURTOUT DE SA CURIOSITÉ.

Si tout ce que nous venons de dire donne à penser que Tom avait un grand nombre de qualités, il ne faut pas en conclure pourtant qu'il fût sans défauts.

Tom était curieux, et ce défaut unique fut cause que la jeunesse du pauvre enfant fut souvent fort orageuse.

Ses camarades jouaient une fois, devant lui, à la fossette; l'un deux, qui ne l'avait pas aperçu, vint cacher, avec un air de mystère, derrière la pierre sur laquelle Tom avait grimpé pour mieux juger les coups, un sac qui se fermait par deux cordons. Tom, intrigué, ne dit rien; mais quand son camarade fut retourné au jeu, il se laissa glisser tout le long de la pierre du côté du sac, jusqu'au fond duquel il parvint à s'introduire. Pauvre Tom ! au moment où il allait sortir, après avoir vu qu'il n'y avait rien dans ce sac que des noyaux d'abricots, comme il s'en trouve dans tous les sacs des écoliers, au moment, dis-je, où il allait sortir, le propriétaire du sac, qui avait perdu déjà les noyaux qu'il en avait tirés, revint pour faire une nouvelle provision, et prit Tom sur le fait. Comme la chance était contre lui, il était de mauvaise humeur : « Tu as voulu voler mes noyaux, dit-il à Pouce, je vais te punir. » Et ayant serré les cordons du sac, il secoua Tom si fort, que le malheureux, tout meurtri, fut obligé de demander grâce. Mais il eut beau protester de son innocence, et assurer que la curiosité seule l'avait conduit au fond de ce maudit sac, comme les apparences étaient contre lui, on refusa de le croire, et son honneur, ce jour-là, reçut une cruelle atteinte.

« Je ne serai plus curieux, » se dit Tom en sortant du sac.

XI

AFFAIRE DU PUDDING.

Mais un malheur n'arrive jamais seul, et, en cela, je trouve que la Providence, qui nous envoie plusieurs malheurs à la suite les uns des autres, n'a pas tort, comme on pourrait le croire ; car un seul, si gros qu'il fût, ne suffirait peut-être pas pour nous corriger.

Après cette aventure, Tom confus n'eut rien de plus pressé que de s'en retourner chez sa mère. Le hasard, qui voulait sans doute lui réserver une nouvelle leçon, le hasard fit que madame Pouce était absente, et que Tom ne trouva rien à la maison qu'un grand pot dont la vue l'intrigua d'autant plus qu'il était recouvert d'une feuille de papier. Il voulut savoir ce qu'il y avait dans ce grand pot, et il le sut ; car étant, en se servant comme d'une échelle d'une fourchette qui était là, parvenu à grimper jusque sur les bords, son pied glissa ; et le papier, qui n'était point attaché, céda sous le poids du petit curieux. Ce pot était plein d'une pâte liquide que sa mère avait préparée pour faire un gâteau ; on croit généralement que c'était un pudding. Plaignez notre héros, quoiqu'il fût bien coupable ! car ce fut la tête la première qu'il tomba dans cet océan enfariné.

En ce moment, madame Pouce rentra ; et ayant regardé sa terrine, que devint-elle quand elle s'aperçut que sa pâte remuait toute seule, comme si le diable lui-même eût été au fond ?

C'était le pauvre Tom qui se démenait, qui se démenait, il fallait voir ! Pour madame Pouce, elle était bien loin de penser à son fils qu'elle avait vu sortir quelque temps auparavant.

Elle crut d'abord qu'une souris s'était peut-être laissée choir dans sa pâte ; mais elle réfléchit qu'une souris n'eût point pris la chose tant à cœur ; et comme elle était superstitieuse, elle s'arrêta à l'idée que son gâteau était ensorcelé. C'est pourquoi, saisie de frayeur, elle prit sa terrine en détournant la tête, et en versa tout le contenu par la croisée, sans s'apercevoir qu'elle y jetait en même temps le pauvre Tom.

XII

TOM EST AVALÉ PAR UN MEUNIER.

Un meunier, qui revenait de la ville à cheval sur son âne, passait au même moment sous la fenêtre, en chantant à tue-tête. La partie du pudding dans laquelle le pauvre Tom se trouvait tomba juste dans la bouche du meunier, à l'instant où celui ci aspirait l'air à pleine poitrine pour faire une de ses plus belles roulades ; de sorte que l'infortuné Tom entra comme une lettre à la poste dans ce gosier bien ouvert. Le fait, je le sais, est invraisemblable ; mais l'histoire est là, et je n'y dois rien changer, quoique, à vrai dire, cette partie des aventures de Tom soit fort peu de mon goût.

Le meunier fut si étonné, que son âne, qui allait d'un bon pas, eut le temps de le mener bien loin de la maison de M. Pouce avant qu'il fût revenu de son étonnement, de façon qu'il lui aurait été tout à fait impossible de dire d'où était tombé le pudding ; et comme, après tout, il finit par s'apercevoir qu'il avait eu plus de peur que de mal, il oublia ce qui venait de lui arriver et voulut se remettre à chanter. Mais c'était peine perdue ; il eut beau faire, il ne put y parvenir : d'où il conclut qu'il avait un chat dans la gorge.

Or, le chat, c'était le pauvre petit Tom, qui aurait bien donné tous les trésors de sa marraine, s'il les avait eus, pour être hors d'embarras.

Le meunier, à peine rentré chez lui, se plaignit d'un violent mal de gorge ; et voyant qu'autour de lui personne ne comprenait rien à la nature de son mal, il songea à se mettre au lit et commença à s'inquiéter sérieusement ;

puis, comme le mal ne diminuait pas, il fit venir cinq docteurs et autant de prud'hommes; mais ils seraient venus au nombre de cinquante, que le patient n'aurait pas été plus avancé. Et en effet, comment expliquer un mal si étrange ? On entendait sortir de son gosier comme une petite voix lamentable qui criait de temps en temps : Maman ! maman !

Tandis que les médecins étaient à se disputer sur les causes de ce phénomène, notre meunier vint à bâiller (que n'avait-il bâillé plus tôt?), et Tom, saisissant l'occasion, piqua hardiment une tête et retomba adroitement sur ses pieds au beau milieu des docteurs assemblés.

Qui fut penaud ?

Ce fut le doyen des médecins, qui ne put nier que, dans cette occasion, toute sa science avait été en défaut.

Quant au meunier, voyant le pygmée qui l'avait tant inquiété, il l'empoigna brutalement par les cheveux et le lança dans la rivière.

XIII

TOM DANS LE VENTRE D'UN POISSON.

Il semblerait, en vérité, que le pauvre Tom fût venu au monde (comme les pilules) pour être avalé; car un énorme poisson qui passait par là, l'ayant vu tomber, le happa au passage, et l'avala à son tour, comme il eût fait d'une mouche. Après quoi, ayant été pris lui-même par des pêcheurs, il fut trouvé si beau, qu'on le porta au cuisinier du roi Arthur.

On ne peut se faire une idée de la surprise du cuisinier, quand, ayant ouvert le poisson, il en vit sortir le petit

Tommy ; peu s'en fallut qu'il ne crût avoir devant les yeux, d'un côté une baleine, et de l'autre le prophète Jonas. Mais, quel que fût son étonnement, la joie de Tom fut plus grande encore.

« Monsieur le cuisinier, dit-il, vous venez de me rendre là un service que je n'oublierai de longtemps. »

Mais le cuisinier était si troublé, qu'il n'entendit pas un mot de la harangue du petit Pouce, et l'ayant mis dans son bonnet de coton, il s'empressa de le porter au roi lui-même.

XIV

TOM POUCE CHEZ LE ROI ARTHUR.

Quand le cuisinier arriva chez le roi, Sa Majesté était encore couchée. Mais le cuisinier ayant crié à travers la porte qu'il avait quelque chose d'extraordinaire à lui montrer, le roi, qui avait assez dormi, ordonna qu'on le laissât entrer.

Sa Majesté n'eut pas plutôt aperçu le petit Tom, qu'elle le prit en affection : « Je n'ai jamais rien vu d'aussi petit, s'écriait-elle à chaque instant. Venez-vous de Lilliput, mon petit ami ? »

Tom répondit au roi en lui contant son histoire, et il termina en disant : « Sire, je serais bien aise de retourner chez mes parents, qui doivent être inquiets de mon absence. »

Le roi répondit à Tom d'être tranquille, qu'il allait leur écrire pour les rassurer, et qu'il pourrait d'ailleurs bientôt s'en retourner. Tom, voyant qu'il avait affaire à un bon prince, lui demanda sa main à baiser, ce qui lui fut accordé.

Le roi, qui se sentait en appétit, ayant alors assigné à Tom pour gouvernante une des princesses de la cour, le pria de s'en aller, en lui disant qu'il avait à s'occuper des affaires de l'État, mais qu'il le reverrait dans la soirée, et qu'en tout cas il ne manquerait pas d'écrire à ses parents avant le départ du courrier. Mais il l'oublia; parmi tant de promesses qu'ils ont à faire, les rois peuvent bien en négliger quelques-unes.

Tom n'était plus là, que le roi Arthur disait encore, en prenant son chocolat : « Je n'ai rien vu d'aussi petit. »

XV

TOM RÉUSSIT A LA COUR.

Le petit Tom, du reste, avait été aussi surpris de voir le roi que le roi l'avait été de voir le petit Tom : car le pauvre garçon, élevé dans la cabane de son père, s'était toujours imaginé qu'un roi devait avoir quelque chose de particulier, et qu'il ne pouvait être fait comme un autre homme; aussi eut-il besoin de se le faire dire et redire plusieurs fois, pour croire que ce monsieur, qui ressemblait à tout le monde, était le fameux roi Arthur dont il avait tant entendu parler.

Mais, à part le premier moment de déconvenue, il faut dire que Tom, qui était philosophe, avait fini par s'arranger du roi tel qu'il était; ils devinrent même si bons amis, le roi et lui, que ce grand prince faisait ordinairement dîner Tom sur sa table, à côté de son assiette.

L'arrivée de Tom à la cour devint bientôt l'objet de toutes les conversations. Chacun voulait le voir, le toucher, l'entendre causer, l'embrasser, de façon que, dès le lendemain de son arrivée, le pauvre Tom était exténué. C'était à qui le tournerait, et le retournerait ; et le général en chef des armées du roi, qui avait de grandes moustaches et la vue basse, l'ayant pris maladroitement par les jambes, au lieu de le prendre par les bras pour l'approcher de son œil et le voir de plus près, Tom faillit avoir une congestion au cerveau.

« Où est donc mon sabot, s'écriait-il, ce sabot dans lequel j'ai passé de si douces nuits ? Et ma bonne mère, et mon père ? Fatale curiosité ! où m'as-tu conduit ! »

XVI

ON CONSTRUIT A TOM UN PALAIS, MAIS IL N'EST PAS AMBITIEUX.

Si Tom eût été ambitieux, il eût pourtant pu être satisfait, car il n'y avait pas huit jours qu'il était à la cour, que le menuisier du roi lui avait bâti un fort joli petit palais qu'on avait placé tout meublé dans la chambre à coucher de la reine, dont notre héros était devenu le favori.

Ce petit palais améliora beaucoup le sort de Tom, car, au moins, avait-il de cette façon un chez lui, d'où il ne sortait que pour recevoir la visite des gens qui lui plaisaient.

Par exemple, il fallait obéir au roi, et ce n'était pas toujours fort agréable ; car le roi, qui aimait à rire, forçait le pauvre Tom à faire devant lui des gambades, à marcher sur les mains, et à exécuter encore bien d'autres tours pour s'en amuser. Et Tom, qui avait de la dignité, souffrait d'être obligé de faire ce métier de baladin ; car, disait-il : « Sauter devant le roi, comme je le fais, ou devant de pauvres diables, comme le font les saltimbanques, c'est toujours sauter. »

XVII

TOM POUCE PENSE A SES PARENTS, A LA CABANE ET A LA VACHE.

Il n'osait plus reparler du désir qu'il avait eu d'aller revoir ses parents, car il s'apercevait bien qu'il était gardé à vue, et qu'on ne le laisserait pas partir volontiers.

Le roi couchait dans une vieille tour au haut de laquelle il y avait une terrasse. Tom, pendant que le roi était absent, montait prendre l'air sur cette tour, et il ne manquait jamais de se tourner, en pleurant, du côté où était la cabane de ses parents.

Voyant bien que le roi avait oublié la promesse qu'il lui avait faite de leur écrire, il prit le parti de leur écrire lui-même pour leur faire savoir qu'il n'était pas mort et où il était, leur recommandant bien de venir le chercher dès qu'ils le pourraient.

« Mon cher papa et ma chère maman, leur disait-il, j'ai ici tout ce qu'il me faut et au delà : je ne bois que des limonades, je ne mange que de la crème, j'ai des gâteaux à profusion, mais je donnerais tout cela pour une seule goutte du lait de notre vache. »

La lettre écrite, comment l'envoyer ? Il mit un grain de plomb dans l'enveloppe, et la jeta par la fenêtre. « Quelque âme charitable passera peut-être, se disait-il, qui mettra ma lettre à la poste. »

Dès le lendemain, le petit Tom profita du premier moment de liberté qu'il eut pour monter sur la tour, et là, les yeux fixés sur la route qui menait dans son pays, il regardait s'il n'apercevait point de loin le jupon rouge de sa mère, ou le chapeau à trois cornes de son père, mais il ne vit rien. Les jours suivants, le pauvre Tom remonta bien souvent à son observatoire. Il y avait tout au fond du paysage une grande forêt. Plus de cent fois Tom s'imagina voir sortir de cette forêt sa tendre mère qui lui tendait les bras, mais il se trompait ; car ses parents, qui le pleuraient comme mort après l'avoir attendu bien longtemps, n'avaient pas même reçu sa lettre qui s'était, tant elle était légère, perdue dans les airs, le grain de plomb ayant crevé le papier avant qu'elle fût par terre.

Il s'adressa alors à sa marraine, la reine des fées ; mais les fées avaient alors tant de filleuls, qu'elles ne pouvaient être toujours prêtes à les servir. Et qui sait, d'ailleurs, si cette sage fée ne voulut pas, dans l'intérêt même de Tom et pour le corriger tout à fait, le forcer à se tirer d'embarras lui-même ?

Tom, qui ne savait que faire, s'amusa un jour à dessiner. La reine, qui vit son dessin, en fut tellement enthousiasmée, qu'elle le montra à tout le monde, et il ne fut bientôt plus bruit d'autre chose que du talent extraordinaire de Pouce pour la peinture.

XVIII

TOM EST FAIT CHEVALIER DE LA TABLE RONDE.

Le roi, qui aimait les arts par-dessus tout, fut enchanté de voir que son petit Tom avait une qualité de plus ; et voulant lui donner une marque de satisfaction, non content de lui conférer tous les ordres du royaume, il le fit chevalier de la Table ronde, et l'appela Tom Ier.

L'habit de Tom, qui était fort râpé et même percé en plusieurs endroits, et notamment aux coudes, n'étant plus en rapport avec sa nouvelle condition, on fit venir le tailleur de la cour qui lui confectionna un équipement complet, habit, veste et culotte; le tout en étoffe du plus haut prix et fait à la dernière mode.

La reine ajouta à ce don, pour les cas de guerre ou de tournoi, une cuirasse faite d'un seul diamant, un fort beau sabre bien affilé et une cotte de mailles, tout en or et d'un travail si fin, que la pointe de la plus fine aiguille n'aurait pu la traverser. Le reste était à l'avenant, et se composait d'un casque taillé dans une opale, qui jetait ses feux chaque fois que Tom remuait la tête, et dont l'aigrette, qu se balançait au moindre vent, était faite d'une petite pluie fine d'eau de senteur solidifiée, et enfin d'un superbe cheval de bataille richement caparaçonné; ce cheval était un rat musqué de la plus rare espèce. Nous nous garderons bien d'oublier le beau carrosse d'apparat, dans lequel tous ces cadeaux furent apportés au nouveau chevalier, et qui était traîné par quatre petites souris blanches.

XIX

TOM FAIT DES CARICATURES.

Le roi ayant remarqué que Pouce, tout petit qu'il était, voyait très-juste et saisissait parfaitement les travers des gens, lui envoya son album, sur lequel il lui dit de traduire à sa façon tout ce qu'il verrait, et surtout de ne pas épargner ses amis ni les gens de sa cour.

Ce fut alors que Tom fit cette fameuse série de dessins qui donnèrent tant de prix à ce qu'on appelait alors l'*album du roi*. Ces dessins étaient sans doute presque imperceptibles; mais en les regardant avec un verre grossissant, comme le roi ne manquait pas de le faire, ils prenaient des proportions raisonnables et étaient véritablement fort amusants; car ils formaient une critique spirituelle des choses et des gens de ce temps-là.

Tom, sur les ordres du roi, et avec le roi lui-même, qui sortait souvent déguisé, avait été dans tous les endroits où il y avait à exercer sa verve, les théâtres, les musées, les concerts, tous les lieux publics, les grands et les petits, les hommes d'État, les artistes, les gens de lettres, les livres, etc. Tout le royaume avait payé tribut à son crayon.

Tant et si bien que le roi n'eut de cesse que quand il eut fait, au grand désespoir de tous ceux qui s'y trouvaient attaqués, graver la collection des œuvres de Pouce.

Mais ce n'est pas tout rose que le métier de frondeur. A peine l'album du roi fut-il publié, que le petit Pouce eut des ennemis; car, si petit qu'il fût, son crayon le rendait redoutable.

XXI

GRAND COMBAT. — TOM A UN CHEVAL TUÉ SOUS LUI.

Plus d'une fois il eut à se repentir de s'être laissé aller à son goût pour la critique, et notamment dans quelques circonstances malencontreuses où, ayant besoin de secours, il n'en trouva pas.

Un jour que Tom, monté sur son rat musqué, accompagnait le roi à la chasse, un chat énorme sortit tout à coup d'un fourré, s'élança d'un bond sur lui, et, avant que Tom eût le temps de se mettre en défense, emporta sur un arbre la monture et le cavalier; les courtisans qui se trouvaient là avaient bien vu la maudite bête, et rien ne leur aurait été plus facile que de lui barrer le passage, mais ils avaient profité de la distraction du roi, qui, en ce moment, regardait d'un autre côté, pour n'en rien faire. « Qu'il s'en tire comme il pourra, se disaient-ils, pourquoi s'est-il moqué de nous? »

Et ils n'eurent l'air de s'apercevoir de ce qui venait de se passer que lorsqu'il était déjà trop tard pour y porter remède. Quand le roi, en levant la tête, vit le danger que courait son petit favori, il ne put que s'écrier : « Ah! mon Dieu! » tant il en ressentit de peine.

Cependant Tom, quoique blessé, était parvenu à se débarrasser des griffes de son terrible adversaire, et, ayant dégainé, il le chargea si fort, qu'il le mit en fuite en le forçant d'abandonner son coursier. Malheureusement le pauvre rat musqué était mort dans la bagarre.

Ce combat fut d'autant plus glorieux, qu'ainsi que nous l'avons dit, il se passait sur un arbre, ce qui donnait tout l'avantage au chat, qui s'y tenait comme sur son terrain naturel.

Mais la victoire coûta cher au pauvre Tom; on le vit tout à coup chanceler, puis tomber. C'en était fait de notre héros, si le roi n'eût obligeamment tendu pour le recevoir son chapeau, dans lequel se trouvait par bonheur un mouchoir qui amortit la chute.

La chasse fut aussitôt interrompue, et on reporta Tom évanoui dans le palais du roi; quand la bonne reine le vit revenir dans cet état, elle faillit s'évanouir aussi, et renvoya toute sa suite, en ordonnant à chacune de ses femmes de ne parler que tout bas tant que la santé de Tom serait en péril; puis s'étant enfermée avec lui dans ses appartements, elle le soigna de son mieux, et le mit dans du coton avec des coussins de velours sous sa tête. Mais rien n'y fit, soins, ni peines, ni caresses. Et Tom, qui se sentait mourir, n'avait plus qu'un regret, c'était de mourir sans avoir revu son père et sa mère.

XXII

LE GRAND MERLIN VIENT A SON AIDE.

Le grand Merlin, qui n'avait pas perdu Tom de vue un seul instant depuis le jour de sa naissance à laquelle il avait, on s'en souvient, si fort contribué; le grand Merlin, dis-je, ayant vu le danger où se trouvait Pouce, alla trouver sa marraine et lui dit : « Pour cette fois, il faut le sauver, car il n'y a pas de sa faute. »

La reine des fées aussitôt monta avec l'enchanteur, qui se rendit invisible, dans son chariot volant, auquel étaient attelés plusieurs petits oiseaux, et elle entra par une fenêtre du palais dans la chambre de la reine, qui était encore au lit, car il était bon matin.

« Je viens chercher Tom, dit la fée à la reine, quand il sera guéri je vous le rendrai; » puis elle l'emmena dans son royaume.

La reine ne s'opposa point à ce brusque départ. Car enfin, se dit-elle : « C'est pour son bien qu'on me l'enlève. »

Mais quand le roi sut ce qui s'était passé, il entra dans une fureur épouvantable, et sortit pour rattraper Tom si c'était possible; mais il ne vit plus rien en l'air que quelques suivantes de la reine des fées qui volaient derrière son char. Il leur cria si fort de s'arrêter, et d'une façon si brutale, que l'une d'elles, s'étant retournée, lui cria du haut des airs qu'il était un mal appris.

Et c'est tout ce qu'il put en obtenir.

« Mais, lui dit la reine, pourquoi aussi vous fâcher, puisque j'ai la parole de la fée, et que Tom nous sera rendu ?

— Au fait, c'est vrai, dit le roi, et j'ai eu tort. Mais je ne saurais me passer longtemps de ce cher petit-là, je l'aime comme mon enfant, s'il avait seulement un pied de plus, j'en ferais l'héritier présomptif de ma couronne, et mes sujets auraient en lui un fameux monarque. »

Tom, arrivé chez sa marraine, n'eut pas de peine à guérir, car elle avait un baume qui guérissait toutes les blessures.

Dans le royaume des fées, Tom eût joui du parfait bonheur s'il n'avait été tourmenté par le louable désir de retourner chez ses parents. Il pria tant la fée, qu'elle se laissa fléchir, mais à condition qu'il ne resterait qu'une journée à la cabane où il avait vu le jour. Tom promit ; il le fallait bien.

XXIII

TOM REVOIT SES PARENTS.

Avant de partir, sa marraine lui dit d'aller prendre dans son trésor autant d'or qu'il en voudrait pour le porter à ses parents. La fée voulait par là l'éprouver, et voir si Tom aimait assez son père et sa mère pour se donner beaucoup de mal pour eux ; mais Tom se tira de cette épreuve comme un bon fils le devait. Dès qu'il fut revenu de l'étonnement que lui avait causé la vue d'un si riche trésor, il prit, sans consulter ses forces, le plus gros écu d'or qu'il put trouver, et quoiqu'il eût à peine la force de le soulever et beaucoup de chemin à faire, il s'en chargea bravement, ne pensant qu'au bien-être que cette petite somme procurerait à ses pauvres parents.

Plus d'une fois les forces du pauvre garçon trahirent son courage, et il lui arrivait souvent dans le trajet de s'arrêter épuisé de fatigue, et de pleurer à côté de sa pièce d'or. Mais, bah ! il reprenait bientôt sa route et sa pièce. « Quand je vais revoir notre cabane, se disait-il, je serai bien payé de mes peines. »

La bonne fée, qui le voyait du haut des airs où elle était, avait bien envie d'en descendre pour l'embrasser, mais elle voulait lui laisser le mérite de sa bonne action pour qu'il l'accomplît jusqu'au bout.

A la fin, Tom s'avisa d'un expédient auquel il regretta de n'avoir pas songé plus tôt ; au lieu de porter cette pièce d'or, dont le poids l'écrasait, l'idée lui vint de la mettre sur le côté, et de la pousser devant lui comme un cerceau. L'idée était bonne, et elle lui réussit, aussi le reste de la route fut-il pour lui fort agréable, puisque chaque minute le rapprochait davantage de son but et sans fatigue.

Enfin il arriva.

XXIV

TOM REVOIT SON PÈRE ET SA MÈRE.

Toc, toc.

« Qui est là ? dit tristement une voix dans la cabane.

— C'est moi, dit Tom tout palpitant ; moi, le petit Tom, votre fils. »

La pauvre madame Pouce, entendant cette voix qui lui parlait, ne pouvait en croire ses oreilles. Bien sûr je rêve, se disait-elle, et je n'aurai point tant de bonheur de voir revenir mon cher enfant; personne n'a frappé.

Toc, toc, fit Tom pour la seconde fois, et pour la seconde fois il disait : « C'est moi, mère, votre petit Tom que vous croyez perdu. »

Il n'y avait plus à s'y tromper, c'était bien lui; la pauvre femme, toute tremblante, ouvre la porte, et Tom et elle étaient si heureux, qu'ils ne pouvaient parler.

Quand ils se furent bien embrassés, Tom, dont la petite figure s'attrista, dit : « Où est mon père? » Mais sa mère le rassura : « Il va venir, » dit-elle. Et au même instant M. Pouce entra.

Quand il vit son fils, il faillit tomber à la renverse.

Le roi dans son palais, et la reine des fées elle-même au haut des cieux, n'étaient pas si heureux que Tom, son père et sa mère dans leur pauvre cabane.

Quand le premier moment fut passé, Tom montra la pièce d'or; mais la pauvre mère le regardant, disait à son mari : « La plus belle fortune, la voilà. »

Après quoi Tom raconta ses aventures. Quand il arriva à la fin, et qu'il eut dit à ses parents qu'il avait promis de retourner, ce furent des larmes et des sanglots à fendre les rochers, mais ces braves gens n'essayèrent point de le retenir : « Va, lui dirent-ils en pleurant, un honnête homme n'a que sa parole. »

Et quand le jour fut écoulé, lui ayant donné une belle grappe de raisin pour sa route, ils ouvrirent la porte au pauvre Pouce désolé.

Mais derrière la porte ils trouvèrent la bonne fée qui leur dit tout bas : « Ne craignez rien pour votre fils, qui vous sera rendu ; vous êtes de braves gens, et le ciel vous doit le bonheur. Ne murmurez point et laissez-moi faire.

Ayant alors pris Tom dans sa manche, elle retourna avec lui dans son brillant palais.

« Ce n'est pas tout, dit-elle à Tom quand ils y furent arrivés, j'ai promis à la reine, épouse du roi Arthur, que tu lui serais rendu, il faut tenir sa promesse.

— Oui, sans doute, » dit Tom en poussant un gros soupir.

XXV

LE PAUVRE TOM RETOURNE A LA COUR. — LE BOUILLON DU ROI.

Un matin que le vent soufflait du côté du palais du roi Arthur, la reine des fées embrassa Tom et lui dit adieu ; puis l'ayant mis à cheval sur un courant d'air, elle souffla sur lui.

Et Tom flottant dans l'espace comme le liége sur l'eau, eut bientôt perdu de vue le palais de sa marraine.

Le voilà parti et volant sur des ailes invisibles, un peu essoufflé d'une course si rapide, et demandant quelquefois au vent de ne pas aller si vite. Mais bah ! le vent ne l'écoutait pas, et allait suivant ses caprices ordinaires; le malheur voulut qu'il fût dans un de ses mauvais jours, et il lui prit une bourrasque telle, qu'une petite ombrelle que la marraine de Tom lui avait donnée en partant pour qu'il pût s'en servir au besoin comme d'un parachute, fut arrachée de ses mains, et que d'un seul coup le petit voyageur fut précipité dans la cour du palais.

La mauvaise étoile de Tom voulut que le cuisinier qui

l'avait trouvé dans le ventre du poisson, passât par là portant une soupière contenant un bouillon pour le roi. Voyez le malheur! Tom s'abattit au milieu de la soupière, et la soupe toute chaude jaillit en éclaboussures au visage du cuisinier qui, dans son effroi, laissa tomber le déjeuner du roi en criant au feu, au meurtre et à l'assassin.

Ce jour-là, le roi ne déjeuna pas, parce qu'il n'y avait plus de soupe dans le palais, et il en fut de si mauvaise humeur, qu'il écouta les mauvais rapports qui lui furent faits sur son favori par tous ceux que Tom avait blessés autrefois dans ses caricatures. Tom eut beau dire que c'était le vent, et que d'ailleurs il avait failli y perdre la vie, ce qui devait prouver à chacun qu'il n'avait pas voulu en faire un jeu, on n'en voulut rien croire, et pour qu'il ne pût s'échapper, on l'enferma, sans plus tarder, sous le chapeau du Roi, dont les bords furent assujettis avec soin par de grosses pierres.

XXVI

LES PRISONS DE TOM POUCE.

Tom dans ce noir cachot, se sentant fort de son innocence, ne perdit pas courage, et, tirant son épée, il tailla avec une adresse merveilleuse, une porte qui avait, ma foi, fort bonne grâce, dans la forme du chapeau sous lequel on l'avait emprisonné. Puis il sortit résolument et l'épée en main, bien décidé à vendre chèrement sa vie.

Mais Tom n'était pas encore au bout de ses disgrâces, car il était séparé de la liberté par tant d'obstacles (le palais était gardé de tous côtés), qu'il fut repris avant d'avoir pu les vaincre tous. Un hercule y eût succombé.

Pour cette fois ce fut, j'ai honte de le dire (tout est bon aux méchants pour arriver à leurs fins), ce fut dans une souricière qu'on l'emprisonna, lui, un chevalier de la Table ronde !

Là, pendant huit jours et huit nuits, l'innocent languit; sa fermeté, du reste, et son calme ne l'abandonnèrent pas, quoiqu'il n'eût pour toute distraction, en attendant la mort, que de regarder un peu au dehors, et d'entendre au loin hurler les chiens de garde et crier les hiboux de la tour.

« Sans ma curiosité, disait-il, je serais libre et courant à ma fantaisie dans le jardin de mes parents. O ma bonne mère, je ne te reverrai plus ! »

Au moment où il s'enfonçait dans ses souvenirs d'enfance, se rappelant jusqu'aux plus petits détails de cette heureuse époque de sa vie, un juge chargé de lui lire sa sentence s'approcha de la souricière.

XXVII

CONDAMNATION DE TOM POUCE.

Le tribunal l'avait tout d'une voix condamné à avoir la tête tranchée ; et telle était la frayeur qu'inspirait la colère du roi, que, quand les causes les plus injustes trouvent des défenseurs, la juste cause de Pouce n'en avait pas trouvé !

On raconte que quand on annonça à l'exécuteur des hautes œuvres, qui pourtant était un géant, qu'il allait avoir à mettre à mort l'infortuné Tom Pouce, son cœur de tigre fut attendri, et qu'il fut obligé de se faire servir quelque chose pour ne pas s'évanouir.

Pour Tom, une pareille nouvelle était bien faite pour lui causer une grande émotion ; il fit un tel soubresaut, qu'il brisa la souricière, et, se jetant alors sur le juge, il lui arracha des mains l'inique sentence, puis, s'en étant faite une espèce de ballon, il s'y accrocha, et, grâce à un vent très-fort qui soufflait en ce moment, s'éleva dans l'air, aux acclamations du peuple, qui lui portait beaucoup d'intérêt.

La reine des fées, qui veillait sur lui, lui envoya alors un de ses papillons, sur le dos duquel il s'assit, et qui l'emmena dans le royaume des fées, à la barbe des satellites du roi Arthur.

On assure, du reste, qu'au moment où le pauvre Tom avait échappé à la mort d'une façon si miraculeuse, le roi Arthur, reconnaissant tout à coup son innocence, lui avait envoyé sa grâce. Mais il n'était plus temps. Tom était perdu pour lui. Et c'est ainsi que ce grand roi, si grand qu'il fût, trouva dans la perte de son petit favori le châtiment que méritait son aveugle emportement.

XXVIII

CONCLUSION.

Le papillon guida son léger fardeau jusqu'au palais de la reine des fées, où Tom était attendu.

Et ce fut là qu'il reçut sa récompense ; car, sans parler d'une brillante réception qui lui fut faite par toutes les fées, que sa marraine avait réunies pour fêter l'arrivée d'un si bon fils, il y trouva son père et sa mère, que la bonne fée y avait fait venir, et en outre la cabane, le jardin, le champ, et la vache elle-même qu'elle y avait transportés d'un seul coup de baguette. Tout était encore dans l'état où Tom l'avait laissé, si ce n'est pourtant le sabot, que madame Pouce avait usé pendant le temps où elle avait désespéré de revoir son cher petit Pouce, et qui avait été remplacé par un nid de roitelet.

La bonne fée garda dans son palais cette aimable famille, ils y vécurent tous heureux jusque dans un âge avancé.

Et s'ils ne sont pas morts, ils vivent encore.

ÉPILOGUE.

L'histoire de Tom était finie.

Tous les enfants s'étaient peu à peu rapprochés de leur grand'maman.

« Tom Pouce était brave, dit Octave. — Il aimait bien sa maman, dit Jules. — Déjà fini ! dit Valentine. — Encore, dit Anna. — C'est bien joli, dit la petite Marie. — Ma poupée a été bien sage, » s'écria Marguerite à son tour.

Le petit Jean Paul dormait.

« Allons nous coucher, dit la bonne maman, et puisque, vous avez été de bons petits enfants, je vous conterai dès demain, une autre histoire, qui sera bien plus jolie encore que celle de Tom Pouce, car celui de qui je la tiens n'en sait que de belles. »

1843.

LES AVENTURES
D'UNE POUPÉE

ET D'UN SOLDAT DE PLOMB.

HISTOIRE COMPLIQUÉE.

Je ne t'aime plus, dit à sa poupée la petite Bébé, qui n'était pas bonne tous les jours. Et l'ayant jetée dans un coin, elle alla se coucher, parce qu'il était temps.

La pauvre poupée étant tombée sur le nez, se l'était cassé.

Mais, comme elle était la douceur même, elle souffrit sans mot dire, et resta patiemment à la place où elle était tombée.

Pendant ce temps-là Bébé dormait.

Et voilà ce qui se passa :
— Que je suis malheureuse ! dit la poupée, quand elle vit que tout le monde reposait et qu'elle pouvait parler

sans danger, que je suis malheureuse! Parce que je ne parle presque pas, parce que je ne mange jamais trop, parce que je ne casse rien et que je me prête à tout, et que je ne pleure jamais, c'est-à-dire parce que je ne suis ni bavarde, ni gourmande, ni maladroite, ni turbulente, parce que je n'ai point de défauts enfin, on s'imagine que je ne pense à rien, que je ne vis pas et que je ne sens rien ! On a bien tort !

— Je le crois fichtre bien qu'on a tort! dit, après lui avoir demandé poliment la permission de lui couper la parole, un petit soldat de plomb qu'elle n'avait point aperçu, et qui se trouvait dans le même coin qu'elle, parce que, dans un moment de mauvaise humeur, Paul, le frère de Bébé, l'y avait jeté lui aussi. Mais qu'y faire? ajouta-t-il. Les enfants croient tous que, du moment où on ne crie pas comme eux, c'est qu'on ne souffre pas. Nous souffrons, pourtant ! dit-il encore après un moment de silence et en poussant un profond soupir.

Voyant que le petit soldat de plomb, tout soldat qu'il était, et quoiqu'il eût presque commencé par jurer, avait l'air de savoir à peu près ce qu'on doit aux dames, et lui parlait fort respectueusement, la poupée, qui n'était pas fâchée d'avoir un peu de compagnie, lui fit une réponse obligeante, de façon que la connaissance fut bientôt faite ; et la conversation continua ainsi :

— Être battue du matin au soir, quel triste sort ! disait la poupée de Bébé ; c'est bien la peine d'avoir des yeux à coulisse, des joues bien peintes et des pantalons de gaze pour être traitée ainsi. Bien sûr, j'en mourrai. Voyez plutôt mon nez, dit-elle.

— Je vous plains bien, madame la poupée, répondit le petit soldat de plomb en regardant d'un air attendri le nez qu'on lui montrait. Mais qu'y faire ? j'essaierais en vain de vous consoler et de rajuster votre nez : je suis aussi malheureux que vous, et notre malheur est sans remède !

— Non pas le mien, monsieur le militaire dit alors la poupée d'un air mystérieux, ni le vôtre non plus, je l'espère. Et, comme elle voyait à son air que le petit soldat de plomb était curieux : « Voulez-vous que je vous raconte mon histoire ? ajouta-t-elle. »

— J'aime beaucoup les histoires, répondit galamment le petit soldat de plomb.

La poupée parla alors en ces termes :

Et pendant ce temps-là Bébé dormait toujours ; mais comme elle remuait beaucoup en dormant, on aurait presque dit qu'elle rêvait.

HISTOIRE DE LA POUPÉE RACONTÉE PAR ELLE-MÊME.

« Telle que vous me voyez, dit-elle, je n'ai pas toujours été une poupée de peau rose et de papier mâché comme aujourd'hui. J'étais, il n'y a pas bien longtemps encore, une belle petite fille bien heureuse, bien choyée par tout le monde, mais un peu gâtée ; ce qui veut dire que tout le monde était si bon pour moi, qu'on me passait tous mes caprices. Une bonne petite fille n'aurait abusé de la bonté de personne, et se serait dit : Plus on sera bon pour moi, plus je serai bonne pour les autres ; mais bah ! je ne me disais rien du tout ; je n'en faisais qu'à ma tête ; je battais tout le monde ; j'étais insupportable ; en un mot, je ne valais pas grand'chose. — Si bien qu'un jour que j'avais été cent fois plus méchante encore qu'à l'ordinaire, une fée, qui pouvait tout, me changea en poupée : « Et poupée tu seras, ajouta-t-elle d'une voix formidable, tant qu'une petite fille aussi méchante que toi ne t'aura pas fait souffrir comme tu as fait souffrir les autres, et ne se sera pas corrigée. » Or, dit la petite poupée, je crois bien que Bébé est aussi méchante que je l'étais ; mais se corrigera-t-elle ?

Et pendant ce temps-là Bébé dormait toujours ; mais son sommeil était de moment en moment plus agité.

— Madame la poupée, dit alors le soldat de plomb, votre histoire ressemble extrêmement à la mienne. J'ai été un méchant garçon très-turbulent ; je ne rêvais que sabres de bois, que canons de vingt-cinq sous, que meurtre et que carnage ; je voulais la guerre à tout prix enfin, ce qui désolait mon oncle le député. Mais le bon Dieu m'a puni, et je fus un beau matin changé en soldat de plomb, ainsi que vous pouvez le voir ; et, comme vous, je ne serai délivré que quand je trouverai pour maître un petit garçon bien méchant qui deviendra bien bon. Mais quel espoir que ce méchant Paul se corrige jamais, et par là me délivre ! Hélas ! vous voyez en moi les débris d'une grande armée. Oui, dit-il, nous étions plus de deux douzaines dans du papier de soie au fond d'une boîte de bois blanc ; mais, aujourd'hui, mes compagnons d'armes sont tous morts, et leurs membres épars jonchent le parquet ; les uns ont été foulés aux pieds, et les autres, mollement fondus à la chandelle !!! Celui qui a fait tout ce mal, c'est Paul, le frère de votre Bébé.....

En ce moment Bébé se réveilla en sursaut, et elle regarda partout ; mais elle ne vit rien et n'entendit rien ; sa poupée était toujours sur son nez, et voilà tout. De façon qu'elle vit bien que tout ce qui venait de se passer n'était qu'un rêve. Mais c'est égal, elle se leva, et étant allée réveiller son frère Paul, elle lui raconta tout ce que vous venez de lire.

Ce que Paul ayant écouté avec beaucoup d'attention :

— Je n'ai pas peur que tu deviennes une poupée, ni de devenir moi-même un soldat de plomb, dit-il à sa sœur ; je sais bien que c'est impossible; mais, pourtant, corrigeons-nous, car ta poupée t'a dit de bonnes choses cette nuit.

Et après avoir relevé, lui son soldat de plomb, et Bébé sa poupée, ils s'assirent tous les deux devant leur table; et quoiqu'il fut de bonne heure pour travailler, ils se mirent à écrire chacun une belle page en tête de laquelle on lisait ces mots :

Page pour faire plaisir à maman.

Et quand elle fut écrite, leur maman étant venue, elle fut si contente, qu'elle les embrassa de tout son cœur.

Bébé et Paul ont tenu parole : ils se sont corrigés. Bébé est devenue sage comme une image, Paul vient d'avoir quatre ou cinq prix à sa pension. — Et ceci prouve qu'il faut écouter les rêves — quand ils sont bons.

1843.

L'ADOPTION.

Tout au fond, il y avait une montagne ; à droite, une belle forêt ; à gauche, un village ; au milieu, s'étendaient des champs de blé, des vignes et de riches pâturages ; plus près, coulait une rivière, et au-dessus de tout cela, brillait un soleil resplendissant.

Tout au bord de la rivière, on apercevait à demi caché par les herbes, un enfant qui regardait l'eau couler et qui sanglottait.

Une femme vêtue de deuil passait par là, et elle s'arrêta : « Tu as perdu ta mère, dit-elle à l'orphelin ; j'ai perdu mon fils, viens avec moi. »

Et l'enfant l'ayant regardée, ils s'en retournèrent tous deux au village.

1843.

LES FLEURS DES BOIS.

« . . . . Et jam flevere mœricæ.
Les bruyères elles-mêmes ont pleuré.
. . . . O ubi campi. . . »
Où sont les campagnes ..
« Et nobis placeant ante omnia sylvæ. » .
Et que les forêts nous plaisent avant tout.

(Virgile.)

I

Il y a bien des siècles ! les petites fleurs qui fleurissaient solitaires et paisibles dans la forêt de*** s'avisèrent de se plaindre de leur solitude et de leur délaissement.

— C'est bien la peine, disaient-elles, d'être fraîches, d'être jolies et parfumées, pour vivre et mourir au fond d'un bois, et pour donner au vent, qui n'en sait que faire, nos plus doux parfums. Oh ! que les fleurs des jardins sont heureuses ? La culture les embellit, on les admire, et leur vie est une fête continuelle ! Notre exil dure depuis trop longtemps ; il faut nous plaindre, et demander à celui qui nous a créées de nous tirer d'où nous sommes ; c'est à y mourir d'ennui. —

— Y pensez-vous, mes filles, de vouloir quitter cette sûre retraite pour aller vivre au milieu du monde? reprit une fleur déjà un peu fanée et qui avait quelque expérience de la vie. Croyez-moi, Dieu fait bien ce qu'il fait, et s'il nous a semées ici, c'est que nous y sommes mieux qu'ailleurs. Où est le bonheur, si ce n'est à l'ombre de ces beaux arbres, dont le vert feuillage vous protégé contre le vent du Nord ou contre les ardeurs de l'été, et qui ne s'entr'ouvre sur vos têtes que pour vous laisser apercevoir le ciel? où retrouverez-vous ce merveilleux tapis de mousse qui va si bien à vos couleurs?

Vous vous plaignez de votre isolement! N'est-ce donc rien que de vivre pendant le jour en compagnie avec des papillons toujours amoureux, et aussi, d'être visitées pendant la nuit par les esprits invisibles qui habitent les forêts, et qui, pour vous, n'ont point de secrets!

Oh! mes filles, le monde est plein d'embûches pour les pauvres fleurs. Heureuses celles qui, comme nous, vivent dans des retraites où le souffle du mal n'a jamais pénétré! —

Un petit chuchottement qui courait de fleurs en fleurs suivit ce long discours. Il est facile de deviner tout ce qui se dit à cette occasion, et avec quelle irrévérence furent écoutés par de jeunes fleurs fraîches écloses les sages conseils d'une vieille fleur... La jeunesse est la même partout et agit toujours à l'étourdie.

Quelques-unes cependant, et des plus raisonnables, — parmi elles se trouvaient la vertueuse Menthe, l'honnête Fougère, et le constant Asphodèle, — disaient, mais pas bien haut, qu'il fallait réfléchir,— qu'il se faisait tard, — que l'heure était venue de dormir, et qu'il fallait prendre conseil de la nuit, — que la chose était assez grave pour qu'on ne se décidât pas à la légère, etc.

Elles disaient, enfin, ce qu'on dit quand on a peur et qu'on veut gagner du temps.

Mais les plus impatientes répondaient qu'il n'est jamais trop tard pour bien faire, que la vie est courte, que les fleurs n'ont que des jours et point de lendemain, et qu'il fallait enfin jouir au moment même.

II.

— Ouf ? j'ai cru que cette vieille racine de Patience n'en finirait jamais, dit avec aigreur une grosse Bourrache à un Grateron qui s'agitait à ses côtés.

— Ma chère, disait à une Valériane, dont la facilité était connue, un Coquelicot très-égrillard, — quand on craint le danger, c'est qu'on le connaît, et je gagerais la plus rouge de mes feuilles, que la vieille Patience a été, dans son temps, faire un tour dans les villes, où elle aura trouvé, pour l'endormir, quelques-uns de ces Pavots blancs dont la pâleur a eu, vous le savez, un moment de succès.

— Ne me parlez pas des vieilles gens, criait une de ces petites fleurs jaunes qui se mangent en salade, et qui ont donné, on ne sait pourquoi, leur nom à de certains petits garçons. — Ne me parlez pas des vieilles gens : ils disent tous la même chose.

Comme toujours, enfin, c'étaient ceux qui auraient mieux fait de se taire qui parlaient le plus haut.

III.

Pendant tous ces débats la nuit était venue, et avec elle son compagnon le sommeil. Tous les deux étendaient leurs ailes sur la nature. Déjà les petites fleurs penchaient leurs calices vers la terre, et commençaient à s'endormir; il y en avait même qui dormaient tout à fait.

Mais pourtant le désir veillait en elles, et il sortit du fond de leurs pauvres petits cœurs désolés, mêlé à leurs plus doux parfums.

IV.

Le parfum des fleurs, c'est leur prière et l'encens qu'elles offrent au ciel.

Ce soir-là, il y monta plus suave encore que de coutume, et arriva jusqu'au pied du trône de Dieu, apporté sur les ailes de leurs anges gardiens.

Dieu écouta la prière des petites fleurs des bois, — et, voulant leur être agréable, il dit :

— Qu'il soit fait comme elles l'ont voulu !

V.

En un instant, toutes celles qui avaient maudit leur destinée furent transplantées, comme par miracle, au milieu du monde et dans un grand jardin; — le Lierre lui-même avait quitté l'Ormeau, le Roseau l'harmonieux murmure de sa source, et la Pervenche ses doux souvenirs; — et, quand elles s'éveillèrent le lendemain dès l'aube du jour, et qu'après avoir secoué leurs petites robes toutes couvertes de perles de rosée elles reconnurent que leur vœu le plus ardent était exaucé, elles demeurèrent si émerveillées, qu'elles ne pouvaient croire à tant de bonheur.

VI.

— Oh! qu'il fait beau ici! s'écrièrent-elles, ravies, dès qu'elles furent remises de leur étonnement. Quelle différence de ce beau jardin qui reçoit la lumière éclatante du soleil avec notre noire forêt!

On pourra du moins être jolie tout à son aise ici, et s'étaler, et se faire voir, et se faire aimer, et se faire admirer, enfin! (Les folles ignoraient qu'on n'aime pas, hélas! tout ce qu'on admire.)

Toutes relevaient fièrement la tête et essayaient de se grandir et de se hausser pour égaler leurs redoutables rivales. Mais en vain! le bon Dieu les avait semées petites fleurs, et petites fleurs elles restaient. Pour comble de malheur, elles ne pouvaient se plaindre les unes aux autres, car on les avait séparées : les sœurs étaient loin des sœurs, les amants loin de celles qu'ils aimaient, et il n'y avait plus ni lien ni famille. La symétrie le voulait ainsi; chacune avait sa place marquée. Il s'agissait bien d'être heureuses, vraiment! mais d'être belles et de servir à l'ornement de ce beau lieu.

VII.

Les voilà bien tristes, — mais pourtant se consolant un peu avec l'idée que bientôt on va les trouver superbes et le leur dire, et ce bonheur ne leur semble pas trop chèrement acheté. Elles l'appellent de tous leurs vœux. — Il va venir. — Elles s'y préparent, et font de leur mieux pour être avenantes.

VIII.

Mais, ô surprise ! ô douleur ! ô disgrâce ! ô confusion ! elles n'attirent point les regards, on ne les remarque pas, et, si elles n'étaient point en sûreté dans les plates-bandes, on les écraserait peut-être ; — les Roses à cent feuilles les plus épanouies, celles qui montrent sans pudeur leurs attraits, les Dahlias qui cachent sous leur robe d'un gros rouge leur orgueilleuse nullité, et toutes les fleurs qui n'ont d'autres charmes que leur toilette, que leur éclat, sont les seules fleurs dont on s'occupe et semblent seules les reines de ce jardin ; elles sont là chez elles, recevant les hommages d'une cour empressée et paraissant s'en soucier à peine.

Et, je vous le demande, quelle figure pouvaient faire les simples Liserons, la naïve Argentine, la douce Mauve, le bon petit Perce-Neige, l'estimable Sauge, la Brize tremblante, la folle Ancolie, l'humble Primevère, l'imperceptible Muguet, l'innocent Bluet, l'étourdi Sanfoin, la Scabieuse en deuil, la Mandragore elle-même malgré sa rareté, la Rose sauvage et la sentimentale Pâquerette, à côté de l'orgueilleuse Reine-Marguerite, et des Roses musquées, et des Roses pompons, et des Roses des quatre saisons, et des Roses à mille feuilles, et des Roses mousseuses, et des Roses-Roi, et des sept mille neuf cent sept variétés de Roses, enfin, qui font la gloire des jardins cultivés, — sans oublier les Dahlias, les Camélias, les Hortensias, les Belles-de-Jour, les Belles-de-Nuit, et les Narcisses, et les Soleils, et les Oreilles-d'Ours, et les Gueules-de-Loup... et tant d'autres !..

IX.

Ah ! qu'il y eut alors de pleurs versés, de calices desséchés, et comme les petites fleurs regrettaient leur ombre des bois, et la mousse, et le silence, et le repos ! Ce fut bien pis quand le jardinier vint à passer la bêche à la main tout près d'elles ! pas une n'avait une goutte de sang dans les veines, et toutes tremblaient si fort, qu'elles auraient voulu être à cent pieds sous terre. Mais elles en furent quittes pour la peur. L'heure de la mort n'était pas encore venue pour elles, mort violente, mort affreuse dont elles n'avaient pas l'idée ; car, dans les forêts, les fleurs meurent toutes de leur belle mort et seulement quand il plaît à Dieu, qui est le maître de tout ce qui vit.

X.

Mais, pour n'être par mortes, elles n'en valaient guère mieux.

Le soleil de midi, qui tombait d'aplomb sur elles, accoutumées à ne recevoir ses rayons qu'à travers un voile de verdure, les brûlait sans merci, et autour d'elles pas une source qui apportât à leur pied desséché un peu de fraîcheur ! — Sans doute on leur jetait bien de temps en temps un peu d'eau, mais quelle eau ! et d'ailleurs ce secours n'arrivait jamais à point, et plus d'une fut en

danger de mourir pour avoir été arrosée hors de propos ;
— Pas un pauvre petit brin d'herbe ni de mousse dans
tout le voisinage, et il fallait se résigner à pousser dans
une terre aride et noire, remuée et tourmentée tous les
jours, dans la crainte qu'une plante amie vînt à y germer
d'aventure.

XI.

Ah ! fuyons ce sol inhospitalier, dirent un beau matin
les plus sincères, et retournons dans notre pays ; — partons. Mais comment se mettre en route quand on n'a
pas l'habitude de marcher ? Une fois encore les voilà toutes
en prières ; — chacune fit son vœu (le vœu du naufragé !)
en attendant le miracle qui devait les tirer de ce lieu
maudit. Mais de miracle, point. — Il ne s'en fait pas autant qu'on en voudrait, et les anges de bonne volonté ne
sont pas toujours prêts à se faire les serviteurs des habitants de la terre. Ils essayèrent pourtant d'obtenir de
Dieu le retour des pauvres exilées dans leur forêt natale ;
Dieu fut sourd à leurs prières.

XII.

C'est depuis ce temps qu'il y a des fleurs des bois dans
les jardins, et, comme si la malédiction du ciel pesait
sur leur race infortunée, jamais les pauvrettes n'ont pu
s'élever ni devenir plus belles ; elles sont encore et seront
toujours ce qu'elles étaient au moment où elles ont quitté
leurs bois, et la culture n'a jamais pu parvenir à les
changer. Dieu l'a voulu ainsi pour les punir de leur envie de courir et de leur vanité...

XIII.

C'est ainsi que l'orgueil et la curiosité, qui ont perdu le premier homme, ont perdu aussi les fleurs des bois et les fleurs des champs.

Et ayant ainsi parlé, la bonne vieille se leva, disparut, et on ne trouva rien à sa place, qu'une fleur des champs un peu fanée, de celles dont on fait de la tisane pour les enfants qui ne peuvent pas rester en place.

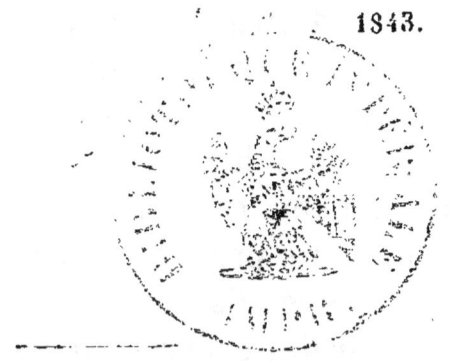

1843.

TABLE

DES MATIÈRES.

PREMIÈRE PARTIE.

Préface par M. Louis Ratisbonne....................	v
Les amours du petit Job et de la belle Blandine...........	1
Vie et opinions philosophiques d'un Pingouin racontées par lui-même...	17
A quoi tient le cœur d'un lézard......................	51
Le septième ciel, voyage au-delà des nuages.............	65
Les aventures d'un papillon, racontées par sa gouvernante...	79
Oraison funèbre d'un ver à soie.......................	97
Le navire l'Espérance...............................	101
La Vie et la Mort..................................	107
Pourquoi voyage-t-on ? — Un vieux château. — M. le duc et Mme la duchesse. — Histoire des hôtes du Château-Neuf. — Faites-vous donc grand duc. — Une carpe magicienne. —Chant de la carpe. — Chœur de poissons, de grenouilles et d'écrevisses. — Comment un hibou meurt d'amour. — Triste fin d'une chouette. — Histoire lamentable d'un grand duc et d'une grande duchesse.....................	111
Une scène de l'autre monde..........................	131
Réponse d'un voyageur fatigué des voyages à deux allemands	

qui l'invitaient à venir faire avec eux le tour du monde..... 153
Les Étoiles....... 163

DEUXIÈME PARTIE.

Du monde à Paris et des gens du monde................. 171
Les passants à Paris. — Ce que c'est qu'un passant........ 185
Ce que c'est que l'aumône, et comme on entend l'aumône à
    Paris... 189
La vie de jeune homme................................... 201
Après un bal de l'Opéra.................................. 207

Théorie de l'amour et de la jalousie................... 213
DÉDICACE. — A MADAME***.
Première partie. — A qui il convient de demander si celui
    qui aime peut être jaloux, et si l'amour est une passion.. 219
    I. — La confiance nécessaire à l'amour................. *id*
    II. — L'amour est d'invention moderne. — Ce que les Grecs
        prenaient des femmes de l'amour païen............... *id*
    III. — L'amour nouveau............................... 222
    IV. — Des serments. — Ce qu'ils prouvent............. 223
    V. — L'amour est une passion. — Définition de la passion. 224
    VI. — Suite... 226
    VII. — La jalousie, la plus stérile des passions........... 227

Deuxième partie. — Ce que c'est qu'un jaloux............. 229
    I. — Effet de la jalousie............................... *id*
    II. — La jalousie n'est point un hommage. — C'est une of-
        fense... 230
    III. — Ce que c'est qu'une femme jalouse................ 235
    id. — Elle est l'ennemie de celui qu'elle aime........... 236
    id. — Prière d'une femme jalouse...................... 237
    id. — Jalousie, défiance de soi-même.................. 240

IV. — A ceux des lecteurs de ce petit livre qui ne sont pas de l'avis de l'auteur........................... 241

id. — Où il y a certitude, il n'y a plus matière à jalousie... 242

V. — Ce qui est fort n'a pas besoin d'être violent. — Définition de la force et de la violence. — La première finit où la seconde commence........................... 243

TROISIÈME PARTIE.

CONTES POUR MES ENFANTS.

Des livres à l'usage des enfants, par E. Deschanel.......... 247

AVENTURES DE TOM POUCE........................... 253

Prologue........................... 253

    I. Où il est question des parents de Tom Pouce....... 256

    II. L'enchanteur........................... 256

    III. La reine des fées........................... 257

    IV. Pourquoi Tom Pouce s'appelait Tom Pouce......... 258

    V. Vie privée de Tom Pouce........................... 261

    VI. Enfance de Tom Pouce. — Il sait lire, écrire, compter et dessiner........................... 261

    VII. La voix de Tom Pouce........................... 262

    VIII. Les oreilles de Tom Pouce et les colimaçons........ 264

    IX. L'épée de Tom Pouce........................... 266

    X. Où il est question des défauts de Tom Pouce, et surtout de sa curiosité........................... 268

    XI. Affaire du pudding........................... 269

    XII. Tom est avalé par un meunier........................... 270

    XIII. Tom dans le ventre d'un poisson........................... 272

    XIV. Tom Pouce chez le roi Arthur........................... 273

    XV. Tom réussit à la cour........................... 274

    XVI. On construit à Tom un palais ; mais il n'est pas am-

bitieux....................................... 275
XVII. Tom Pouce pense à ses parents, à la cabane et à la vache.. 276
XVIII. Tom Pouce est fait chevalier de la Table ronde..... 277
XIX. Tom fait des caricatures........................ 278
XX. Dessins tirés de l'album du roi................. 278
XXI. Grand combat. — Tom a un cheval tué sous lui..... 279
XXII. Le grand Merlin vient à son aide................ 281
XXIII. Tom revoit ses parents........................ 282
XXIV. Tom revoit son père et sa mère................. 283
XXV. Le pauvre Tom retourne à la cour. — Le bouillon du roi.. 285
XXVI. Les prisons de Tom Pouce..................... 286
XXVII. Condamnation de Tom Pouce................... 287
XXVIII. Conclusion................................. 288
Épilogue.. 293
Les aventures d'une poupée et d'un soldat de plomb........ 295
L'adoption.. 301
Les fleurs des bois.................................. 303

FIN DE LA TABLE DES MATIÈRES.

Corbeil, typ. et stér. de Crété.

www.ingramcontent.com/pod-product-compliance
Lightning Source LLC
Chambersburg PA
CBHW060627170426
43199CB00012B/1463